司法学研究·2014

JURIDICAL SCIENCES · 2014

崔永东◎主编

人民出版社

《司法学研究》编委会名单

序

在深化司法改革的大背景下，《司法学研究》应运而生，这对法学界和法律实务界来说都具有重要意义。她必将成为荟萃法学界与实务界精英的思想平台、沟通理论界与实务界人才的精神纽带，同时也将会成为展示当代司法智慧和司法思想的高端智库。

司法学是一门新兴学科，属于法学之下的二级学科，具有无限的发展前景、重要的学术价值和重大的现实意义。司法学的独立性与交叉性兼备。独立性是指其具有独立存在的价值和地位，它表现在如下子学科（即三级学科）方面：司法制度学、司法程序学、司法方法学、司法监督学、民间司法学、国际司法学及司法传统学等等；交叉性是指其可以用其他学科的视角和方法来研究司法问题，它表现在如下子学科方面：司法哲学、司法文化学、司法伦理学、司法社会学、司法行政学及司法管理学等等。

司法学在研究方法上强调对司法现象进行整体观察与综合研究，不仅研究"司法事实"，还研究其背后的思想基础；不仅研究司法现实，还研究司法传统；不仅研究国家司法，还研究"民间司法"，如调解、仲裁之类；不仅研究国法，还研究"活法"（社会规则）；不仅研究司法权的运行，还研究辅助司法权运行的各种制度安排；等等。因此，它与诉讼法学、司法制度等既有学科颇为不同。

司法学的兴起，标志着我国在社会主义法律体系形成后，人们关注的焦点开始从立法转向了司法。因为司法是法治从"应然"走向"实然"的关键。优良的国家治理体系是法治体系，优良的国家治理能力是法治能力；而司法体系的完善是国家治理体系完善的关键，司法能力的现代化是国家治理能力现代化的关键。

"好风凭借力，送我上青云。"深化司法体制改革的号角将司法学的学科建设推上了奔向"法治中国"的征程。司法学学科的构建和完善，不仅可以完善我国法学的学科体系，丰富我国法律人才的知识结构，而且还有助于社会主义法治理论体系的完善，并为司法改革实践提供学术引领、学理支撑和智力支持。

在华东政法大学领导班子的关怀和支持下，我国第一个专门研究司法学的实体科研平台——司法学研究院成立了，而《司法学研究》也将成为我院主办的系列出版物之一，今后将每年出版一卷。我们相信，通过大家的共同努力，一定会把司法学研究院做大做强，一定会把《司法学研究》办成高水平的展示学术智慧的思想平台！

期待着各位同道的鼎力相助！

2014 年 11 月 16 日

于上海

目　录

【案件管理】

【公安管理】

【司法传统】

【会议综述】

深化司法学学科研究 推进司法体制改革

——在华东政法大学首届司法学论坛上的讲话

王秀红 *

刚刚结束的党的十八届四中全会是我们党第一次召开全会专题研究依法治国问题，对深化司法体制和工作机制改革作出了新的全面的部署，对建设公正高效权威的社会主义司法制度提出了明确具体的要求，可以说此次会议为全面推进依法治国设计出了宏伟蓝图，成为中国法制史上的标志性事件，对法治中国建设具有里程碑式的意义。

目前全党全国上下正在深入贯彻学习十八届四中全会精神，特别是法律界等相关部门正在以党的十八届四中全会精神为引领，认真结合本部门工作实际制定措施狠抓落实。此时此刻华东政法大学司法学研究院以"司法改革与司法管理"为题举办研讨会，对于深入贯彻党的十八届四中全会精神既有理论意义，又有实践意义。

首先，此次研讨会举办的时机非常好。当前正值党的十八届四中全会结束不久，司法学研究院在此时举办研讨会，探讨、交流司法改革与司法管理问题，正是将会议精神落到实处的具体体现，是形势的需要，更是工作的需要。

其次，此次研讨会确定的主题非常好。当前"深化司法体制改革"已成为举国上下的呼声，研讨会以司法改革与司法管理为主题，正是顺应了当前的时代潮流和工作热点。通过此次研讨会，大家一定能够将理论成果转化成指导司法实践的有力依据，为当前的司法体制改革提供理论支撑和智力支持。

再次，本次研讨会举办的形式非常好。来自全国各地的五十余位专家、学者，共聚一堂，相互交流，共同探讨。各位不仅撰写了高质量的论文，还要进

---

* 王秀红，最高人民法院咨询委员会副主任，中国女法官协会会长，中国行为法学会副会长。

行主题发言，相信必然能够产生丰富的理论成果，为全面推进依法治国贡献智慧和力量。

下面，我想结合工作实际和论坛主题提几点希望，与大家共勉。

一、统一思想，提高认识，结合当前形势做好理论研究

党的十八大以来，习近平总书记就法治建设发表了一系列重要讲话，为全面推进依法治国指明了前进方向，提供了重要遵循。党的十八届三中全会对深化司法体制改革作出了全面部署，明确了司法改革的时间表和路线图。党的十八届四中全会通过的《中共中央关于全面推进依法治国若干重大问题的决定》，指出了要坚持走中国特色社会主义法治道路、建设中国特色社会主义法治体系，明确了建设社会主义法治国家的性质、方向、道路、抓手，提出了关于依法治国的一系列新观点、新举措，进一步明确和细化了中央关于司法体制改革的要求，为全面推进司法体制改革指明了方向。

可以说，现在"法治中国"已经不仅仅是法律人的中国梦，而是成了所有中国人的"中国梦"，而司法则是"化梦成真"的关键。本次研讨会正是在党的十八届四中全会明确提出全面推进依法治国和司法体制改革的大背景下召开的，希望各位学者能够认真领会会议精神，统一思想，提高认识，结合当前形势做好理论研究，为法治中国的建设、为司法体制改革贡献智慧和力量。

二、联系实际，深入探讨，将司法学的研究与司法改革、司法管理紧密结合起来

司法学既是一门探讨司法理念、司法制度和司法实践的学科，也是一门探索司法传统及其现代转化的学科，同时还是一门总结司法管理规律、探索司法运作程序、论证司法改革问题的学科。因此，对于司法学的研究与当前正在进行的司法体制改革是紧密关联的。通过对司法学的研究，不仅可以完善法学的学科体系、深化对司法现象的理论研究，更可以为司法改革与司法实践提供理论指导、学术支撑及方法优化。因为司法是使法治从"应然"走向"实然"的必由之路。只有深化司法改革和加强司法管理，才能使国家的法律得以更好地

实施，更好地实现公平正义，进而树立起法律的权威，更有力地推进国家治理体系和治理能力的现代化。我相信深化司法改革的号角必然要将司法学的学科建设推上"法治中国"的征程。希望各位专家、学者在工作中能够紧密联系实际，将司法学与司法改革和司法管理紧密结合起来，一起认真做好调查研究，使得司法学学科的研究能够有助于"法治国家、法治政府、法治社会的一体化建设"，有助于司法体制改革的推进。

三、不辱使命，身体力行，为推进司法体制改革贡献力量

党的十八届四中全会提出全面推进依法治国，这不仅是司法工作者义不容辞的责任和义务，也是对全党全国人民提出的新任务、新要求，在座的各位专家、学者更是责无旁贷。此次司法体制改革着力于解决影响司法公正和制约司法能力的深层次问题，提出的各项司法改革措施为今后破解司法工作发展的体制机制障碍提供了强大武器，改革力度之大前所未有，对于法律界的每一位人士来说都是机遇和挑战。希望各位学者能够坚定理想信念，带着信仰进行研究，做中国特色社会主义法治道路的拥护者、捍卫者和践行者；在研究中同时要能够带着问题进行研究，以问题为导向，寻找解决问题的思路和方法；结合实际进行研究，与司法实践紧密结合，让研究内容接地气，提出对于司法实践切实可行的意见和建议。希望大家认真领会改革精神，坚持理论联系实际，紧紧围绕深化司法体制改革中的重大理论和实践问题，认认真真调查研究，毫无保留提出意见，身体力行，建言献策，为法治中国建设添砖加瓦。

华东政法大学司法学研究院自成立以来，非常注重培育学术创新团队，不断推出精品科研成果。崔永东教授主编的"司法学研究丛书"正在陆续推出高质量的学术专著，并正在推出这部连续性出版物《司法学研究》，致力于向学界展示司法学研究的前沿成果。

相信在司法改革的大潮中，司法学研究院的发展一定会更加蓬勃向前！相信通过各位的努力，大家一定能够在此次司法改革中有所作为，有所建树！

【司法学理论】

司法学学科的内容和意义

崔永东 *

目前，所谓"法治中国"已经不仅仅是法律人的"中国梦"，而是成了所有中国人的"中国梦"。而司法是"化梦成真"的关键，是"法治中国"从"应然"向"实然"转换的必经之途。随着人们对此认识的趋同，"深化司法体制改革"便成了举国上下的呼声。司法学——一门新兴学科也在此时破土而出、应运而生，因此也就具有了广阔和无限的前景。

在国家权力谱系中，较为重要的权力有立法权、行政权和司法权。按常理言，对应这三种权力的应当有三个学科，以分别研究其运行体制、机制和方式等问题。但遗憾的是，虽然与立法权对应的有立法学学科，与行政权对应的有行政学或行政法学学科，但迄今为止尚无与司法权对应的学科——司法学存在（当然，司法学并不单纯研究国家司法权），这与司法权在国家权力结构中的重要地位及司法理论在法学学科领域的重要地位极不相称。

司法学是一门有着丰富内容和广阔边界的学科，它集理论性与应用性、超越性与现实性、交叉性与独立性于一身，融思想与制度、学术与实践、传统与现实于一炉。

---

* 崔永东，华东政法大学司法学研究院院长、科学研究院副院长，教授、博士生导师。

一、司法学的概念

司法学既是一门探讨司法理念、司法制度和司法实践的学问，也是一门探索司法传统及其现代转化的学问，同时还是一门总结司法管理规律、探索司法运作程序、论证司法改革问题的学问。它不仅研究司法权的行使问题，还研究辅助司法权行使的体制、机制及方式问题（如属于"司法行政"领域的体制、机制和方式等等）。从学科建设的角度看，司法学应当是法学下面的二级学科，其下还有众多的子学科（即法学下面的三级学科）。

二、司法学的学科性质

从学科性质上看，司法学的交叉性与独立性兼备。司法学的交叉性是指用其他学科的视角和方法来研究司法问题，比如用哲学、文化学、伦理学、社会学、行政学、管理学、心理学等学科的视角与方法来研究司法问题，因而可以派生出如下的子学科：司法哲学、司法文化学、司法伦理学、司法社会学、司法行政学、司法管理学、司法心理学等等。司法学的独立性是指司法学具有独立存在的价值和地位，或者说具有独立的品格和属性，这主要表现在如下子学科：司法体制学、司法理念学、司法制度学、司法监督学、司法方法学、司法行为学、司法传统学、民间司法学、国际司法学等等。

三、司法学的研究对象

关于司法学的研究对象，笔者的看法是：（1）司法学不仅仅研究司法事实，还要研究司法事实背后的司法理念、司法思想及司法观念，后者往往对前者发挥着决定性影响；（2）司法学也不仅仅研究当下的司法现实，还要研究司法传统，因为司法传统总是对司法现实产生潜移默化的影响；（3）"司法"是一个广义概念，司法权也不仅仅是一种国家权力，同时还是一种社会权力；不仅有"国家司法"，还有"社会司法"或"准司法"；（4）司法学不仅要研究国家司法权的运行机制、体制及方式问题，还要研究辅助司法权的运行机制、体制及方式问题（如律师、公证、司法鉴定、人民调解及法治宣传等等属于

"司法行政"领域的内容)。

过去学界对"司法"或"司法权"的理解过于强调了国家对司法或司法权的垄断性，突出了司法的国家强制性与司法权行使中的程序性及国家意志的主宰性，在内涵上略显单一和闭塞，因而展示了一种相当的局限性，它并未穷尽"司法"或"司法权"的全部应有之义。因此，全面理解和把握上述两个概念的含义很有必要，这需要拥有一种宏观和开放的视野，即超越国家意志、国家权力之外，具备一种社会视野或民间视野，领会司法或司法权的社会属性或民间属性。

我认为，"司法"与"司法权"都是弹性概念，具有很强的包容性，它们既包括国家司法（权），也包括"民间司法"（权），两种司法权可以并行不悖、互相补充，共同发挥着维护社会秩序的功能。

四、司法学的研究范围

司法学是一门独立的学科，有独立的研究范围，它与诉讼法学、司法制度、司法文明虽有一定的联系，但也存在很大的区别。司法学的研究范围既有国家司法，也有民间司法；既有"国法"，也有"活法"；既有国家司法层面的诉讼程序，也有民间司法层面的多元化解纷机制；既有司法现实，也有司法传统；既有司法理念，也有司法实践；既有司法制度，也有司法制度背后的思想基础；既有"形而上"的成分，也有"形而下"的内容；等等。

（一）司法学与诉讼法学有别

第一，诉讼法学只关注国家制定的程序法，不关注民间司法。诉讼法学研究的对象主要是国家制定的三大诉讼法，即刑事诉讼法、民事诉讼法和行政诉讼法，而对人民调解、行政调解之类的"民间司法"活动不去关注，"民间司法"属于"准司法"。第二，在司法的根据方面，诉讼法学只关注"国法"（国家制定法），不关注"活法"（社会规则）。根据西方法社会学派的理论，"活法"是支配社会生活本身的法律，在维系社会秩序方面的作用远远超过国家制定法，国家司法不但要以国家制定法为依据，还要以"活法"为依据。第三，诉讼法学只关注国家司法层面的"诉讼"，不关注社会层面的"争讼"。社会层面的争讼需要社会力量的介入即可，国家司法力量的介入反而使问题复杂化。

第四，诉讼法学只关注当今的诉讼制度，不关注诉讼法传统。构建现代诉讼制度需要借鉴中国的诉讼法传统，因为传统是"源头活水"。

诉讼法制背后的理念基础及其与文化传统、道德观念及社会生活之间的关系，诉讼法学一般也不做探讨。简言之，诉讼法学只是一种"形而下"的、具有很强的现实针对性的部门法学，缺乏一种宏观的理论视野、超越的文化审视。而司法学则有高远的文化视野、深厚的理论基础，并将"形而上"理论与"形而下"现实结合起来，它不仅研究国家司法权在处理纠纷中的运行机制，还研究"准司法"权力（社会权力或民间权力）在处理纠纷中的运行机制，而后者对社会的和谐稳定可能具有更加重要的作用。

司法学对上述问题进行综合关注。司法学不但关注国家司法活动，也关注民间的"准司法"活动；不但关注"国法"（国家的程序法），也关注"活法"（对司法产生影响的社会规则）；不但关注国家司法中的"诉讼"，还关注民间司法中的"争讼"；不但关注当今的诉讼制度，也关注历史上的诉讼法传统；不但关注诉讼法制，还关注诉讼法制背后的思想基础。

（二）司法学与司法制度有别

第一，司法制度学科只关注国家司法，不关注民间司法；第二，司法制度学科只关注"国法"，不关注"活法"；第三，司法制度学科只关注国家制定的司法制度，不关注这些制度背后的理论基础、文化基础和社会基础；第四，司法制度学科只关注当今的司法制度，不关注司法传统。而司法学对上述问题进行综合关注。

司法学与司法制度虽有一定的关系，但司法学的研究领域却不仅仅限于司法制度，司法制度学只是司法学下面众多的子学科之一。目前被一些高校当成一个学科的司法制度，只是将静态的、由国家制定的司法制度作为研究的对象，而对该司法制度背后的思想基础、文化基础等等不做研究，对国家司法制度之外的、与"准司法"密切关联的社会规则也不予探讨，因此该学科体现了封闭性、狭隘性的特点，甚至还在一定程度上表现出了脱离社会现实的落后性。

（三）司法学与"司法文明"有别

第一，"司法文明"是一个"大词"（广义概念），包括人类司法活动中创造的物质成果、精神成果和制度成果；第二，"司法文明"在研究方法上重宏观而不重微观，这是其内在性质决定的；第三，"司法文明"的研究内容和研究对象应当是：总结人类司法文明的不同类型，解释司法文明发展演变的规律，阐释现代司法文明的内涵和特征，论证现代司法文明的发展路径，揭示司法文明的未来发展趋势，等等；第四，"司法文明"在学术风格上带有"宏大叙事"的特色，是一种"高大上"的学问，而不是"低小下"的学问，是一种"顶天"（超越现实）而不"立地"（立足现实）的学问；第五，对"司法文明"的学术定位：它不是一个学科而是一个项目，不是一个体系而是一个概念。

司法学学科在研究方法上强调宏观与微观结合、理论与实践结合、思想与制度结合、传统与现实结合；在学术风格上既有"宏大叙事"，也有"精雕细琢"，既是"高大上"也是"低小下"，既能"顶天"也能"立地"；在学术定位上，它是一个学科而不是一个项目，是一个体系而不是一个概念。司法学也研究"司法文明"，但不是将它作为一个独立的学科来研究，而是作为一种研究的素材来使用。

五、司法学的学科意义、理论意义和实践意义

（一）学科意义

长期以来，法学的学科体系并不完整，与国外法治发达国家相比，我们缺乏司法学这一重要学科。这也影响到法学的教育和法律人才的培养。残缺的学科体系必然也导致法学人才知识结构的残缺，对健全法学人才的知识结构无益。目前教育部确定的高等学校法学教育的核心课程体系中并未给司法学留下一席之地，可见如此法学教育是跛足或残缺的，这与司法在法治国家建设中举足轻重的地位是极不相称的。

（二）理论意义

构建司法学学科的理论意义在于，通过对司法学及其与子学科之间关系的研究，弄清其理论体系及其与各部分之间的内在关联，对司法现象的各个侧面进行深度的理论思考，并将这种理论思考变成指导司法实践的精神资源，同时为司法改革与司法文化建设提供必要的理论支撑。另外，通过对司法问题进行宏观与微观、制度与思想、历史与现实的综合研究，借鉴传统资源、总结历史规律，提出前瞻性、创新性的学说，为司法学的学术发展贡献一份心力。

（三）实践意义

构建司法学学科的实践意义可谓巨大，尤其是在党的十八届四中全会提出"完善司法体制""建设社会主义法治国家"的号召这一新的背景下。其实践意义主要表现在：第一，用创新性的司法理论来指导中国司法实践；第二，为当前的司法改革提供理念引领、理论支撑、智力支持、方法优化和制度创新。

"好风凭借力，送我上青云。"深化司法改革的号角也将司法学的学科建设推上了奔向"法治中国"的征程。毫无疑问，司法学学科的创立有助于"法治国家、法治政府、法治社会一体建设"，有助于司法体制改革的推进。因为司法是使法治从"应然"到"实然"的必由之路，只有深化司法改革，才能使国家的法律得以实施，才能保障各种利益冲突协调平衡，才能实现公平正义，才能树立法律权威，才能推进国家治理体系和治理能力的现代化。

司法权威的权力保障①

李桂林 *

"司法权威"这一主题早已成为学术界的热点。司法权威的形成需要若干重要条件，包括合道德性、知识优越性、权力排他性等要素缺一不可，事涉多个方面。因此，培育司法权威是一个系统工程，需要国家政治权力配置与体制改革、法学教育与人才培养、法官遴选与职业伦理的培养等多个方面努力才能养成。本文将集中讨论司法权的权力要件，其核心在于在国家政治权力的配置中如何维护司法权和限制司法权，使其满足"司法机关依法独立行使职权"的要求，实现司法公正。

一、司法权保障的必要性

司法权的配置必须以实现司法公正为目的。任何司法权配置的制度设计，只有在有利于维护司法机关的中立地位，保障其依法独立行使司法权，实现司法公正的情况下，才是正当合理的；否则，就是不正当，不合理的。从"手段——目的"理性的角度来讲，这一命题理所当然。司法权的设立其目的就是要实现社会公正，这既体现在社会整体的公正，也体现在具体个案中当事人的公正上。任何制度设计，如果无助于甚至阻碍这一目的的达成，就是不可接受的。

---

① 本文是对《司法权威及其实现条件》一文（《华东政法大学学报》2013 年第 6 期）的发展。文中观点以司法权威的三方面条件为框架，进一步探求保障"人民法院依法独立行使审判权"这一原则与要求之实现的司法权力要求，即司法权威的权力保障。在我国，司法权包括审判权和检察权，本文所指的"司法权"限于审判权。
* 李桂林，华东政法大学教授，博士生导师。

　　法院和法官在审判活动中是否能够实现司法公正，取决于多方面的要素。司法公正是多因之果，任何必要条件的欠缺，都使这一目标难以达成。例如，司法的道德性，法官的知识与经验，都会对司法公正的目标之达成产生决定性的影响；同样，司法机关是否具有确保其"依法独立行使职权"的权力，也是决定性条件，这一点最终归结为司法权力的保障与约束。如果法院的"应有"权力不能得到保障，它就没有力量维护其审判活动的"独立性"，无法在诉讼的两造之间维持不偏不倚的中立地位，因而也无法做出公正的判决。如果法院的权力不受应有的约束，同样也无法保障其公正性，法院或法官很可能滥用手中的权力以谋求私利。

　　司法权的赋权和限权，是司法权配置的一体两面，两者缺一不可。赋权与限权，看起来自相矛盾，但两者各有特定的涵义，各有其边界。两者边界之划分，以塑造司法权的现代品质或现代性格为依归。现代司法，"作为化解社会纠纷的一项国家权力，其内在的固有性格依然较为稳定"[①]，司法的应有品性包括独立性、被动性和终局性。它们是现代司法承担实现社会公正之目的的必要属性。从近代国家权力实行立法、行政和司法三种权力划分与权力分工以来，在实现国家政治职能与社会职能的分工中，司法承担了解决纠纷、维护社会公正的职能。而这一职能的完成，必以司法权保持这三种品性作为重要条件。中西各国现代司法的经验与教训表明，司法如果缺乏独立性、被动性和终局性，就难以实现司法公正，不可能具有司法权威。司法机关的独立性以及指令的排他性效力提出要求司法具有权威性；而司法权的被动性，从另一个角度提出了司法权的自我限制问题，如果不能通过内在的和外在的约束达成司法被动性，那么，司法公正也会难以实现，也会损害司法权威。

　　司法的品格，可以理解为达成上述目标、完成其固有职能所不可缺少的属性。司法权的品性属于"应然"范畴，而非对司法机关或司法权的"实然"描述。即是说，并非所有司法机关必定具有"独立性、被动性和终局性"。但是，严重偏离这些属性的司法机关，将无以达成上述目标。司法公正和司法权威是目的范畴，而独立性、被动性和终局性则属于手段范畴。司法改革就是通过创设司法的独立性、被动性和终局性的制度条件，从而实现司法公正，树立司法

---

① 　胡夏冰著：《司法权：性质与构成的分析》，人民法院出版社 2003 年版，第 215 页。

权威。就司法权力而言，就是要认识司法权的范围与边界，并以此为指导设立相关的制度，作为司法改革的指导。司法改革的核心，实质上是在国家政治权力体系中赋予司法机关以应有权力，使其有力量抵御其他权力对司法权的干涉；同时，也应该采取合理方法限制和约束司法权，防止司法权越出其合理的边界，与立法权、行政权发生非正当勾连。司法改革是按照司法权威的要件或实现条件，重塑中国司法体制，既维护司法机关的正当权力，也约束和限制司法机关的权力。

在中国当下，法学界对司法权威的关注由来已久。但是，对于司法权威的研究多数都是出于"司法腐败"的现实而强调强化对司法权的约束与限制的一面，强化对司法机关的监督、提高司法的公信力、强调司法说理与论证、司法责任制等热门主题都体现了对司法机关适法行为的合道德性和知识优越性方面的关注，但却缺少对司法的政治权力条件的关注。但是，种种理论主张都表现出重约束限制而轻维护与保障的倾向，而有些做法也包含削减司法权力、损害司法权威的危险。例如，为了增强司法的公信力，学术界强调法院判决书的说理与论证，要求司法机关将裁判理由公之于众，受公众的监督，使法官和法院更好地行使司法权。① 这对于防止司法权的专横与武断，增强法官思维的透明性，让法官思维受制于司法理性的约束具有重要意义。但是，司法裁判即使说理透彻、论证严谨，当事人仍然可能不遵从法院判决。没有充分的权力，法院成为没有牙齿的老虎，难以得到其他机构的尊重和服从，难以履行其职责，完成其功能。这是因为，在绝大多数案件中，司法审判对双方当事人而言是一种零和游戏之中，败诉方竭尽所能动员其各种"资源"（包括政治权力和社会权力）影响判决结果，甚至拒绝不利于己的判决，这种现象屡见不鲜。事实证明，在法院缺乏充分权力的情况下，相关当事人不会因为法官判决书的说理论证而服从司法裁判。任何机构和个人，只要有足够力量拒绝履行义务，它就会力图免受司法追究和制裁，法院在相关案件中就会丧失权威地位。如果这种权力或力量得到制度保障，对司法权威就会欠缺结构性条件。

---

① "司法权威需要以理为前提。只有充分说理，司法判决才能说服当事人与社会公众，以理服人"。参见孙笑侠：《以理树立司法权威》，《中国法学》2010 年第 1 期。

任何权威都要有权力向其管辖下的人创设义务。"义务观念是由权威者引入人心的，该权威者不仅有能力对不服从者实施伤害，而且还可以限制我们的意志自由，使我们朝向他指引的方向。如果处于这种权威地位的人已表明了自己的意愿，恐惧和尊重的感觉必然在人心中产生"，"如果一个人有理由让我服从他，但是却缺乏对我施加伤害的能力，那么我就可以忽视他的命令而不受惩罚，除非比他更强大的人出来支持被我蔑视的权威。"① 司法权威必须要得到充分的司法权力的支撑和保障，否则，它在更强大的权力面前势必被要求屈从，从长期的角度来讲，也难以保持独立与公正。没有足够的权力保障，司法必定遭当事人蔑视：在司法机关的指令不符合其利益要求时，并且在违背司法指令而不受制裁时，违背司法指令而行为是一种必然选择；如果可以通过求助于其他更高权力的介入而免除司法机关加于自己的不利，那么，违背司法指令也是一种"理性"选择。

司法权威又不同于纯粹的权力，除了权力要素之外，它还应该有要求他人服从、促使人们服从的正当理由。② 这种理由可以是多种多样的，例如普芬道夫认为："一个人要求他人服从于自己的正当理由有：他给了他人非同寻常的利益；他具有明显的利他之心，并且可以为他人谋求更多的他们自己无法谋求的利益；他在为上述行为的同时提出了支配他的要求；最后，另一方自愿地服从他并接受他的支配。"③ 就司法而言，司法权要求人们服从于它的正当理由包括知识优越性、权力行使的合道德性和权力的排他性。司法权威离不开权力，同时也不同于赤裸裸的权力；它离不开道德性和知识优越性，同时又不同于道德说教。"如果要给权威下一个完整定义，那么就必须使其既区别于依靠武力的压服，又区别于运用论争的说服。"④

---

① ［德］塞缪尔·普芬道夫著：《人和公民的自然法义务》，鞠成伟译，商务印书馆2010年版，第74页。
② 李桂林：《司法权威及其实现条件》，《华东政法大学学报》2013年第6期。
③ ［德］塞缪尔·普芬道夫著：《人和公民的自然法义务》，鞠成伟译，商务印书馆2010年版，第75页。
④ ［英］戴维·米勒、韦农·波格丹诺编：《布莱克维尔政治学百科全书》，邓正来译，中国政法大学出版社2002年版，第47页。

二、司法权保障困境之原因

司法权力如此重要，但维护与保障司法权的独立并非易事。司法在国家政权中的地位，受历史传统、政治等方面因素的影响。在英国，法院曾是资产阶级对抗封建王权的"战友"。在英国法律人和公众对普通法院抱持信任，而对曾经代表王权的行政权力则抱畏惧心理。因此，在英国光荣革命之后，对行政权的约束与限制成为宪政的重点，司法的独立成为英国法治原则的重要内容。① 政府行为不得违法和越权无效的原则统治英国法律界已有几百年之久。尽管在顶层设计上，仍然推行"议会至上"制度，但对行政权力的监督则主要通过普通法院实现，普通法院始终扮演着重要角色。普通法院在光荣革命中成为资产阶级权利和利益的保护者。但是，在法国，情况则大为不同。在法国，司法的保守性使它在法国革命中被认为是革命的异己力量。因此，在革命者建立政权之后，司法不能作为一支独立的政治力量分享国家权力。尽管受孟德斯鸠三权分立学说的影响，法国在资产阶级革命建立政权之后建立了权力分工的体制，但是，在立法、行政和司法三种权力之中，司法权受到削弱，并且在早期没有被赋予司法审查的权力。通过革命建立起来的国家，在争夺政权过程中司法从来都难以成为一种独立力量，这对于政权建立之后的权力分配起到非常重大的影响。尽管在西方法律文化之中，司法独立成为近代法治文明的重要内容，但是在现实的政治权力分配中，司法权的维护却历经艰难。司法作为国家政治权力的组成部分，"在国家机构之间，存在着权力争夺和此消彼长。人为设定的职能很可能在具体运行的过程中被其他主体侵夺。有时法院为避免专制权力的侵害，争取独立地位，会与其他民主权力联合起来。在革命后，专制权力被扫荡一空，但法院还是不能获得真正的独立，因为革命进程的推进并不是由法院本身自行推进和完成的，所以，那些使革命最终成功的力量仍能位居法院系统之上，并通过相应的机构实现对后者的统领和管制"②。

这种情况也发生在中国。在中国共产党领导的暴力革命中司法没有地位，

---

① 英国法学家戴雪关于法治原则的论述。任何人都要服从普通法，服从普通法院的管辖。

② [美]马丁·夏皮罗著：《法院：比较法上和政治学上的分析》，张生、李彤译，中国政法大学出版社 2005 年版，译前序，第 2—3 页。

即使是在革命根据地，司法只是政治斗争的附属物。在长期的革命过程中司法没有独立的地位。对于国民政府的司法，则持否定态度，视之为反动机构。因此，对国民党统治的否定，因"恨屋及乌"而连累国民政府的司法，因仇恨国民党的司法而否定和仇恨一切司法。在通过暴力革命取得政权之后，政治权力格局中司法更是处于附庸地位，更谈不上独立。在中华人民共和国成立之后，无论是在观念上还是在制度上，司法都处于附庸地位。司法被看成是执政党从而也是立法权的附庸，甚至事实上也是行政权的附庸。[①] 这种状况的出现，既与中国的传统法律文化有关，也与现实的政治有关。所以，在革命后的论功行赏中，司法是没有地位可言的。在中国，现代政治权力体制也对司法权的维护与保障施加了难度，为立法、行政和司法三种权力相互勾结提供了现实的正当性。立法、行政和司法都是国家机关的有机组成部分，它们被认为是实现执政党的目标的工具，是贯彻执政党的执政理念的工具。这种思想不仅使司法附属于执政党，而且也使三者统为一体，不分彼此。分工不分家，分工固然重要，"协作"则理所当然。司法可以介入立法权和行政权，协助立法机关和行政机关完成其追求的政治与社会目标；反过来，立法权和行政权同样可以介入、干涉司法权，既可敦促司法完成立法机关和行政机关所追求的目标，同时也以监督、防止司法腐败之名监督司法。三者的相互协作或"勾连"理所当然，在现实的政治理念中具有政治上的正当性。"法院作为国家机构中不可或缺的组成部分，在运行过程中必然会和国家体制中的其他机构产生关联，包括法院组织在内的所有国家机构都以实现国家基本的统治目标为价值取向，这是法院组织与其他机构实现合作的基础。……国家事务的繁杂和机构的有限使得法院组织在必要时也会承担司法职能之外的其他职能。法院组织或明或暗地发挥造法功能以及行政管理的职能就是对这一要求在现实层面的直接回应。那么这种权力扩张本身也就是对三权分立的政治模式的破坏，司法权与立法权、行政权界限的模式化，使法院组织与其他机构的界限不再泾渭分明。"[②] 与此同时，还存在另一种可能性，在当代中国法律文化中，法院作为国家权力体系中相对弱势的

---

① 李清伟：《司法权威的中国语境与路径选择》，《华东政法大学学报》2013年第6期。

② [美] 马丁·夏皮罗著：《法院：比较法上和政治学上的分析》，张生、李彤译，中国政法大学出版社2005年版，译前序，第2页。

分支，也自觉地把追求或实现执政党和政府的特定目标作为司法的目标，自觉地把自己界定为政府的帮手，在权力分工与制约上难以发挥其法定职责。例如，最高人民法院在不同阶段所确定的司法政策，都带有浓厚政治色彩：以维稳为己任；以促进经济增长为目标；以产业结构转型为服务；等等。这些表述与政府行政部门几乎没有差别。所以，尽管在现代国家的政治权力配置之中，立法、行政和司法三权的分工，普遍存在。但是，在缺乏严格的权力制衡因素的情况下，三种权力之间相互的渗透，似乎成为必然的倾向。在多数情况下，人们会认为执政党、立法机关和行政机关在干涉司法权，立法权和行政权在向司法权领域渗透，但通过对法院院长，包括最高人民法院所制定的司法政策的分析，可以看出，司法权也在向行政权和立法权领域渗透。

此外，社会权力向司法权专属领域的渗透，使法院在纠纷解决领域有丧失司法专属权的危险。司法权不仅面临着其他国家机构的政治权力侵夺的可能性，而且还面临着被社会权力侵夺的过程性。而且，为了缓和司法的强制性，中国学术界也试图将司法权纳入社会权力的范畴；其逻辑结果是将社会权力纳入司法的范畴[1]，从而各种非正式纠纷解决机制分享着司法权，"调解似乎也就成为了非正式的审判"。[2] 通过社会权力的介入，在限制司法权力，防止司法专横方面固然用心良苦，但也应该注意任何权力都有扩张倾向，无论是政治权力还是社会权力。社会权力在向司法领域扩张过程中也会利用自己的力量来谋求自己的利益，而这种利益可能是正当的也可能是不正当的。此时，司法权正应该成为超越政治与社会两者之上的中立力量，而不应该落于任何单方手中。所以，司法权社会化，将社会权力引入司法权之中；或者将纠纷解决的职能交由社会权力来承担，同样也有可能损害社会公正。

---

[1] 徐昕：《西南政法大学教授徐昕点评 2009 年中国十大司法改革措施》，http://www.legal-daily.com.cn/zbzk/content/2010-09/21/content_2296748.htm?node=25492。"社区法官的设立在理论上提出司法权的社会化问题，在实践中暗示了司法制度改进的一大方向——大力发展司法 ADR（代替性纠纷解决机制）。各种形式的司法 ADR 皆可探索，如强制性诉前调解，法院调解的社会化，民间调解机构、退休法官等主持或参与法院调解，诉前和解制度，早期中立评价，法院设立纠纷解决咨询机构，法院附设的仲裁，甚至私人法官。"

[2] ［美］马丁·夏皮罗著：《法院：比较法上和政治学上的分析》，张生、李彤译，中国政法大学出版社 2005 年版，译前序，第 3 页。

三、对法院权力关系的分析

司法权属于政治权力的范畴。它本身就是一种支配力，在存在政治权力的地方就存在着权力行使者与权力承受者之间的关系。要树立司法机关的权威，就必须从这些权力关系的角度入手，分析司法权的排他性与终局性所需条件与要素。司法权力包含如下几种权力关系：

（一）司法机关与案件当事人之间的关系

这是司法审判中诉讼法律关系的核心。[①] 在这一权力关系中，司法机关要有力量"依法独立审判"，实现个案公正，"让人民群众在每一个司法案件中都感受到公平正义"[②]。司法机关是"司法公正"理想的承担者与实践者，在权力配置中应该责权相称，如果不被赋予其充分的权力，就无以承担这一责任。司法机关在案件审判中对当事人的权力关系是一种支配力，其权威的构成条件之一，就在于它能够在司法审判之中构成一种裁断并施加义务的支配力，体现在司法机关的行为对当事人的权利义务产生直接影响，关系到他们的生命、自由、财产等方面的重大利益。法院对案件当事人的权力，体现在审判的管辖权、审判权，以及执行裁判结果的权力。与此同时，案件当事人也有权利参与诉讼，享有法定诉讼权利。

在此，法院对当事人的权力关系，是理与力的结合。"理"即合理性、合道德性的一面，不可缺乏，在此不作为讨论的要点。"力"即是管理与被管理、服从与被服从关系中不可缺少的力量，是法律和司法不可缺的要素，这也使诉讼法律关系成为公法法律关系。如果权力相对人拒不服从，则构成了对司法权威的挑战。司法机关不能对当事人行使其权力，无论当事人不服从或抗命背后的原因或动机何在，都表征着司法权威的未然或缺失。这里的案件当事人包括当事人的律师在内。当事人及其律师完全可能并且经常在揭示案件真相、追求公平正义的名义下藐视法庭，操纵媒体影响司法，拒不尊重和接受法

---

① 在民事案件和刑事案件中，两者有所不同。民事案件中的当事人，是平等的私人主体；刑事案件中的当事人，一方是刑事案件的被告，另一方则是国家公诉机关。

② 习近平：《努力让人民群众在每一个司法案件中都感受到公平正义》，http://news.xinhuanet.com/politics/2013-02/24/c_114782198.htm。

院判决。① 特别指出的是，在行政诉讼案件中被告兼具双重身份，既是国家行政机关，同时也是案件被告。法院在此类案件中与被告的关系受到下述第二类关系、甚至第三类权力关系的影响。不仅如此，如果司法审判中（无论是刑事案件还是民事案件）当事人都试图通过各种"关系"影响法院的审判行为，那么，审判及其结果在最终意义上还是取决于法院与其他政治权力的关系。案件当事人试图不正当影响司法审判过程与结果的第二种方式是通过金钱"收买"负责审理案件的法官，此时就需要对司法权实行监督来维护司法中立、实现公正。

在司法机关与当事人的权力关系中，有些显见的因素损害司法权威的权力基础。审判权的相对人过于强势，即是一例。"只有人们相信法律，只有强者服从司法裁判，才会有法律和公正维持的良好社会秩序。"在这里，所谓的"强者"是指权力方面的强者。在我国政治权力的格局中，行政权和立法权都可纳入"强者"的范畴；在与政党的关系中，要求执政党服从司法裁判；在与社会权力的关系中，任何社会组织都必须服从司法裁判。现实的情况是，一些强势的国家机关、社会团体和组织，不服从司法权的管辖，并试图影响或干涉司法审判工作。行政案件中的行政机关，刑事案件中的公诉方，作为国家权力机关主体，都可能损害司法权威。考虑到纠纷解决中的利益内核，司法权的配置是保证"强者"服从司法的首要条件。司法机关在第一类关系中的地位，表面上是司法机关与案件当事人关系的体现；但其是否享有权威，实质上取决于司法机关与其他政治权力机构、政党和社会组织的权力关系，其中最重要的是与政党的关系以及与立法机关、行政机关的关系。只有当司法机关具有抵御其他机构或组织的权力时，它才能得到案件当事人应有的尊重与服从。"公正就

---

① 李天一案6名律师被给予行业纪律处分。2013年11月28日和12月2日，北京市律师协会向李天一等人强奸案中7名相关辩护及代理律师正式发出立案通知。经过答辩、调查、听证、讨论等相关程序，北京律协对该7名律师作出了处理决定。其中，6名律师被分别给予训诫、通报批评、公开谴责的行业纪律处分。据法制网报道，与此同时，北京律协在《北京市律师执业规范》修订工作中针对该案专门增加了相关内容，并组织起草了北京市律师协会第9号规范执业指引和《北京市律师办理不公开审理刑事案件业务操作指引》，就律师不得利用媒介干扰正常司法，不得提供不实或误导性信息，不得对案件进行歪曲、不实的评论或宣传，不得泄露案件信息等内容提出了明确要求。

不允许司法求着当事人，而必须宣示国家或立法的意志。"①司法公正、司法权威和法律权威，就不允许司法机关求着当事人。司法必须宣示国家意志，既包括立法意志，也包括司法的意志；尽管司法权威要求司法权的行使合道德性，但是，司法权威内含着司法权的意志性要素，它要求当事人必须排他性地服从司法判决。

尽管在过去若干年内关于司法与传媒、司法与民意的关系受到普遍关注，司法应当受到民意或舆论的监督，但是，司法权威或法律权威的重要条件在于，司法判决的产生，判决的执行，应该有国家意志或国家强制力的保障，不能取决于甚至也不能取悦于民意或舆论。只有这样，司法才有力量维持不偏不倚的立场，在案件双方当事人之间坚持中立，达成公正的判决。

一方面，法院以国家意志和国家强制力来维护司法权威，对于一般当事人而言，这一要求无疑没有问题。另一方面，当案件当事人求助于第二类权力主体，即立法机关、行政机关、执政党的机构和掌权者，以及第三类权力主体之时，当事人就会借助于政治权力和社会权力的力量损害司法权威，破坏司法公正。正是在这种意义上，以权力对权力，让法院有力量来抵御其他政治权力和社会权力的干涉，这是司法权威之权力保障的关键与核心所在。

（二）司法权与其他政治权力的关系

在这里是指司法权与司法权之外的"其他"政治权力的关系。主要包括：司法权与立法权、行政权的关系；司法机关与政党的关系；广义地讲，还包括司法权中审判权与检察权之间的关系。司法权威的基本品性包括一种基本要求：法院必须有能力依法独立行使审判权，这实际上要求审判机关在与立法机关、行政机关、政党（在中国，最重要的就是执政党）、检察机关的关系中，有能力抵御它们对审判活动的干涉。一种健全的政治体制，必须要为宪法和法律所规定的"人民法院依法独立行使审判权"原则提供制度保障。

第二类权力关系体现在两个方面。一是，在具体案件的审判过程中法院与其他机构和组织的关系；二是，法院与其他机构之间的一般关系，在司法的理念、政策中体现出来，确定了在特定时期司法机关与立法机关、行政机关、政党之间关系的一般定位。因此，在分析司法权力所涉及的第二类权力关系，不

---

① 苏力：《关于能动司法与大调解》，《中国法学》2010 年第 1 期。

仅要求在具体案件中司法机关审判权力不受其他机构和团体干涉，而且还要求在一般政策、指导方针中体现出司法机关（法院）不受其他机构和团体的干涉，体现出司法的相对独立性。

在前一方面中，在个案审判中的外部权力关系，防止其他机关对案件审判的干涉，是宪法和法律的要求。我国宪法规定：人民法院依法行使审判权，不受行政机关的干涉。同样的，学者们也要求，人民法院依法独立行使审判权，不受任何机关干涉，只服从法律。人民法院"依法独立"行使审判权，可以归纳为"审判独立"。这一原则之所以重要，是因为只有坚持审判独立，才有可能维护司法公正。在我国，第一类内部诉讼法律关系中内部权力关系的当事人一方，往往会与司法机关之外的人大、政府、执政党中执掌权柄者，寻求这类机构或机构中的个人力图通过执掌的权力干涉司法审判。此时，为了保证司法审判的公正性，法院应该具有防御力量抵制非法的或不正当的干涉。例如，当行政机关作为行政诉讼案件的当事方时，行政机关对司法的不当干预；又如，在案件当事人涉及党政机关干部时，这些机关对司法的不当干预。这些情形都要求司法具有独立审判、维护审判公正的权力和力量。缺少这种力量，司法公正就成为空中楼阁。

在外部权力关系的第二个方面，也要防止立法机关、行政机关和执政党通过确立违反宪法和法律的一般性原则、规则和政策来干涉司法。根据宪法和法律的规定，人民法院的职能是适用法律，解决纠纷。在民法法系的传统中，法院不应该以确立一般原则的方式进行审判，不应该僭越立法权的范围。同样，我国法院也不得超越解决个案纠纷的范围，为追求特定的政治和社会发展目标服务，否则它就会僭越行政权的范围，或者自觉地与行政权勾连在一起。①

基于国家权力分工的原则，在一般性社会治理中，司法机关也不应该通过确立一般性原则或规则的方式，侵入或僭越立法、行政机关的事务，干涉检察机关办案。同时，作为一种消极被动的权力，司法机关也应该排除立法机关、行政机关、检察机关、政党组织对个案审判的干涉。在一般政策和规则层面上讲，司法机关只服从法律，不服从于任何其他机关和团体组织。党通过政策、

---

① 例如，如果法院为地方政府招商引资服务，那么，就会为了招商引资目标之达成而在个案审判中持偏颇立场。

人事和组织来领导立法和司法，但不干涉具体个案。人大对司法，只是通过确立一般规则的方式来对审判工作进行规制；不对个案的审判进行干涉。在三类权力关系中，第二类外部权力关系最为重要。尽管存在三类关系（法院与当事人的关系，法院与其他权力机关的关系以及法院与社会权力的关系），但是第二类外部权力关系具有决定性作用，它决定了法院是否有"以权力抵御不当干涉权力"的能力。没有充分的权力，势必难以保证司法中立和司法公正。

除了干涉个案审判之外，还要防止其他政治权力介入司法权的专属领域，行使准司法权。防止其他权力主体侵入司法权的领域，行使"准司法权"，甚至违法行使司法权或审判权。[①] 而且，只有认真对待并消除这类现象，才能确立司法在处理社会矛盾与纠纷中的排他性、终局性地位，维护国家宪法所赋予的公民基本权利。

（三）司法权与社会权力的关系

社会权力的主体包括各种社会组织、新闻媒体以及社会公众等。社会权力在当代中国往往被设想为公民社会的基石，被寄予法治社会的厚望。但是，一个不容否认的事实是，任何权力都有作恶的倾向，国家权力如此，社会权力也是如此。社会权力的扩张倾向体现在，它们在道德、荣誉和利益等因素驱使或诱惑下，试图支配或控制其他主体，包括各类国家政治权力。在法治国家与法治社会还没有完全实现的条件下，既存在社会不足以抵御国家权力不当干预的现象，也存在国家权力在某些情况下无力抵御社会权力干涉的可能性，社会权力甚至以黑社会的形式出现，干扰和破坏国家权力的合法行使。在司法领域，社会权力或社会力量也会力图影响司法审判的过程与结果，企图促使法院作出有利于某一方当事人的判决，使判决偏离法律的正义，使司法丧失公正。[②] 在

---

① 例如劳动教养制度，从立法上讲僭越了全国人大的立法权，从执行上僭越了法院的审判权，未经法院的审判即决定对公民进行劳动教养。又如，执政党的"双规"制度，也在分享着司法权（广义的司法权，包括侦查权、检察权和审判权），"未审先定"，同样也有僭越审判权之嫌。

② 媒体以先入为主的偏见，发表对某些问题的看法，监督司法；但如果另一方当事人，没有同等的媒体力量保护其正当权利，在没有健全而平衡的新闻监督的情况下，媒体对司法的影响也会是消极的。社会权力是法治建设中的重要力量。但是，对于国家权力的监督，在于国家权力与社会权力两者之间的平衡。不是在任何情况下，某种力量被贴上社会的标签，就具有正当性了。

此情况下，司法机关如果没有足够的权力抵御社会权力的影响和干涉，同样也会丧失"依法独立行使审判权"的能力。社会权力影响甚至干涉司法的动因多种多样：追求司法公正的良好愿望；对司法腐败的痛恨；案件与自己所在群体有利害关系；因利害关系而炒作，因媒体（包括网络）炒作而关注并涉入①……。在"司法尊重民意"的政策导向下②，司法受社会权力影响的程度与负面效果不容忽视。

此外，社会权力还以另一种重要方式影响着司法权的运行，向司法领域渗透，即社会权力利用非正式纠纷解决机制，介入纠纷解决之中。这一实践对缓解司法机关的审判压力有帮助作用，但是，这种纠纷解决机制并不必然带来"社会公正"；调解中的"群众路线"政治色彩，也有消解和侵越司法的"正式"权力之虞。在司法权与社会权力两者的互动之中，有的学者努力将社会在纠纷解决中的权力诠释为司法权，也有的学者努力将司法权转化为一种社会权力。③例如，在能动司法的政策中，法官应该通过审判以及司法主导的各种替代纠纷解决方法，有效解决社会各种复杂的纠纷和案件，努力做到案结事了，实现司法的政治效果、社会效果和法律效果的统一。大调解是指人民调解、行政调解（协调）和司法调解的整合和联动。大调解将社会权力的要素引入纠纷解决机制之中，将协商与合意思想引入纠纷解决之中。"判决和调解之间有一种长期的制度互补又相互竞争的关系"。"判决一般更适用于陌生人之间的纠纷，而调解等方式更适用于熟人之间的纠纷。"④在某些地方、社区或行业，调解是比判决更公正有效的纠纷解决方式，也是相对便宜的纠纷解决方式；使用判决，从社会角度甚至从司法的角度来看，都可能得不偿失。调解的

---

① 李天一案件、药家鑫案件中，代理律师在媒体上的大肆炒作，使人们开始对所谓的网络民意产生质疑，民意本身可能是自称为民意代言人的意见，也可能是受到误导后的民意。

② "司法尊重民意"被当作是对司法机关（法院）的政治评价标准。"有利于赢得人民群众对法官的支持和信任，有利于人民群众对法院工作的充分理解，有利于人民群众对人民司法事业充满信心。"参见《人民司法越来越尊重和体现民意》，中国法院网：http://www.chinacourt.org/article/detail/2010/03/id/398092.shtml。这种"政治正确性"，影响甚至决定着司法机关、法院院长和法官的政治前途，因而使民意直接并间接地对司法审判活动产生干涉作用：直接影响体现在司法审判直接迎合民意；间接影响则是通过党的组织和领导人、人大、政府等媒介施加压力，影响审判结果。

③ 范愉著：《纠纷解决的理论与实践》，清华大学出版社2007年版。

④ 苏力：《关于能动司法与大调解》，《中国法学》2010年第1期。

影响在于：社会主体也能成为纠纷解决的主体；当事人的协商成为达成纠纷解决办法的核心；当事人的接受成为解决方案正当性的依据。正是在这种思路影响下，调解一度成为中国司法的"主旋律"，成为司法改革的方向。这一政策思路带来了不可忽视的负面影响：淡化司法权的排他性，试图过分地美化替代性纠纷解决机制，使社会权力侵越司法权的疆域；弱化司法权的意志性，从而使司法丧失树立权威所需的必要条件。

树立司法权威的关键在于两点：第一，明确界定司法权属于国家政治权力的范围，不能将司法权界定为社会权力，拒绝司法权的社会化，也拒绝社会权力司法化。第二，在政治权力系统中，明确划分司法权与立法权、行政权等政治权力的边界。要反对立法权和行政权对审判权的干涉，反对检察权对审判权的干涉，要使审判权有力量抵御立法权、行政权和检察权对审判权的干涉，捍卫审判权的独立性和公正性。同时，也要反对审判权与立法权、行政权和检察权的勾连。正如孟德斯鸠所言：司法权、立法权、行政权三种政治权力之中有任何两者结合在一起，公民的政治自由就完了。第三，反对司法权僭越立法权和行政权的范围，以捍卫司法权的被动性和独立性。人们通常注意到立法权和行政权对司法权（审判权）的渗透和干涉，但是却没有注意到司法权向立法权和行政权的专属领域扩张所带来的危害。审判权向立法权扩张，会侵害公民的政治权利与自由，以司法机关自己的恣意所创设的规则来作为审判依据。司法权向行政权领域渗透，就会使审判权主动服务于某些政治和社会发展目标，避离法律或法律规则的规定，避免不符合这种目标之达成的判决。其直接结果就是司法主动或心甘情愿地臣服于行政权，迎合行政权的要求。

四、司法权配置与运用中涉及的原则

（一）法院服从法律且只服从法律

人民法院审判活动不受任何机关干涉。宪法和法律至上是"法治"固有含义。在中国，宪法和法律是在执政党领导下由人民或人民选举产生的权威机构制定或产生的，既体现了执政党的治国思想，也体现了人民的意志和利益。服从宪法和法律，就是服从执政党的领导，就是在最高层次上遵循"人民利益至上"的原则要求。在立法领域，立法受宪法和法律的约束，这是法律权威的体现。在司法领域，法律至上既是法律权威的要求和体现，也是司法权威的要求和体现。从司法权威的内在涵义讲，如果任何机构在纠纷解决领域具有凌驾于司法机关之上的权力，司法就要服从于该机构或团体。司法服从于任何机构或团体，这本身就是对"司法权威"含义的悖离。

司法机关服从且只服从法律，既是对司法权的约束，同时也是对司法权的保障。只服从宪法和法律意味着法院受宪法和法律约束，也意味着司法机关不受立法机关、行政机关和团体的干涉。司法权威要求法院审判活动中不受任何机关的干涉；同时司法权威意味着司法机关的权威来源于宪法和法律，是一种合法或正当的权威，不服从宪法和法律，司法机关就无权威可言，尊重和遵循宪法和法律才使司法机关获得正当性。

司法权与立法权、行政权，以及执政党的权力，只有在各自的范围内正确行使，才可能各不冲突，并各自享有其权威。任何一种权力，如果超越其正当权力的范围，就必然会与其他权力发生冲突，损害其自身正当性，也损害其他权力的权威性。与此同时，由于权力的扩张本性，每一种权力对其他权力也要有防御力量。在现代社会，政治权力主体的多元，是与政治权力的分工联系在一起的。任何机构都不可能负责所有领域的公共决策。相反，在专业化与权力制衡的要求下，各种机构都必须在各自的权力范围内行使。而且，在法治体制下，这种分工不只是一种道德上的自律，而且还是一种宪制和法制的制度安排，才能保障各种权威并行不悖，相得益彰，从最大功能上完成国家治理和社会治理的任务。司法之外的政治机构要恪守其发挥作用的范围与方式。

如果在司法审判中，司法机关必须听命于其他机构，那么，它就无权威可言：在"最终该怎么做？"的问题上，它就成为可以向它发号施令的机关或团体的附庸或傀儡。既不会具有独立自主做出裁判的权力，也会受到案件当事人和社会公众的藐视。"只有在听众承认他们并不是依赖于自己对所听到的话语得以成立的理由所下的判断和评价，而只是考虑到这些词句出自某个特定的说话者——这个说话者因其被公认的特性而区别于常人，且被人们接受为应当有权获得听众的反应——之口的时候，这些话语才被认为是有权威的。"[1]在知识

---

① [英]戴维·米勒、韦农·波格丹诺编：《布莱克维尔政治学百科全书》，邓正来译，中国政法大学出版社2002年版，第47页。

优越性上讲，如果个人要对司法机关所作出的判决，还要作出审慎的独立的评判，在作出接受或认同的结论之后，才对司法判决予以认同，那么，司法机关就不具有权威。在权力保障上讲，司法权威体现在当事人和社会公众服从法院的判决，是因为并且仅仅是因为这些判决出自于法院的生效判决，他（它）们不是因为司法机关获得其他权力的保障而听命于法院。如果当事人因为其他机构的保障而服从司法，此时，有权威的不是司法机关，而是使司法得到服从的那一（些）机构或政治权力。

有研究者担心，司法机关不受其他机构的干涉，是否会使司法不受限制与约束？主权者既具有至上性也受约束，同样，司法机关既具有权威也受宪法和法律约束。这样的说法是不矛盾的，哈特已经对其作了理论上的充分论述。国家立法机关是国家立法权的行使者，立法权受限并不影响主权对内的至上性和对外的独立性；设立立法机关的规则，宪法对立法的实体内容的限制，以及立法的程序性内容这三者都构成了对立法的限制。① 同样，如果以构建司法权威为目标，那么，就必须承认司法机关在司法审判中的权力排他性和至上性。但是，司法机关在"司法领域"的至上性与权力排他性，同样不是不受限制的，它受到三方面的限制：创设法院的规则（其中就包括授予司法权的规则与设定司法权范围的规则）；裁判案件所依据的实体法规则的约束以及诉讼程序法规则的约束。反过来讲，司法权威的题中应有之义在于：如果司法机关在司法领域服从于其他任何机构、组织或个人，它就不具有权威；同时，司法机关不服从于任何机构、组织，并不意味着司法不受限制，它必须服从法律，且只服从法律。

司法权威就意味着在司法领域，法院不服从于任何其他机关，只服从这三个方面的法律与规则。"在司法审判中不服从于任何机关或个人，只服从法律"，这是司法权威的题中应有之义。这一命题同样也符合"法律权威"的要求，也是"法律权威"的题中应有之义。从消极角度来看，法律权威同样也要求任何机构或个人都不得凌驾于法律之上，否则，真正的权威就是该机构或个人而不是法律；从积极角度来讲，任何机构或个人的行为都必须服从法律（包括作为根本法的宪法），包括司法机构。司法机关根据法律而享有司法权，依程序法

———————————
① ［英］哈特：《法律的概念》，张文显等译，中国大百科全书出版社 2003 年版。

行使审判权，依实体法的规定作出司法判决。

司法机关只服从法律，不服从任何个人或机构，有利于纠纷的解决，同时也有利于树立公正、中立的形象。法院或法官的判决是一种指令，司法机关借助于它迫使当事人的行为与司法机关的命令相符合。司法判决依据法律创设了个别权利和义务，从而使受损害的权利得到恢复和救济，伸张正义，恢复和维护秩序。这样，司法机关就会树立起一种正面的公正形象，一切人，包括罪犯，其权利都能得到司法机关的维护：尽管罪犯会遭到制裁，但这种制裁不是来自于法院和法官，他（她）只是在承受由自己的违法行为所导致的惩罚性后果。在这一方面，法院既不新增也不减轻法律所规定的惩罚。正因如此，制裁出于法院和法官的裁判，但却被归于法律，缘于犯罪行为，因犯罪行为而触发司法机关制裁。因此，法院和法官就会避免受制裁的当事人对它产生怨恨，以中立而权威的形象示人，同时也因法律而产生尊严。在这个意义上讲，法院和法官的权威和尊严来自于法律，来自于其中立以及由中立而致的公正，由公正而致的道德性。此时，司法做到了强制性与道德性的有机结合，成为知识优越性、合道德性和权力强制性的有机体。相反，如果司法机关在审判活动中服从于其他机构或机构中的个人，那就是服从于权力（政治权力或社会权力）而不是服从法律，由于这些机构或机构中的个人完全可能成为某种利益的代言人，使审判偏离"自然正义"的原则，理所当然成为受质疑的对象。[1] 然而，在此情况下受质疑、遭诟病的往往是司法行为和司法机关本身，审判机关和审判者个人会直接面对着当事人和公众的责难。

（二）以实现个案公正为首要价值

司法机关作为公共权威机构，负有责任向全社会提供公共产品。与立法权和行政权一样，司法权是国家政治系统的组成部分，承担着政治和社会功能。提供何种公共产品，则仁者见仁、智者见智，意见纷纭。同时，我们也应该认识到，不同国家机构在达成政治功能上的分工各有不同。只有恪守本分，各尽其责，才能既行使其权力，也不超越其权力。

---

[1] 例如，在河北三聚氰胺案件中，法院在面对受害者的索赔诉求时拒绝受理，声称要等到政府确立相关政策时才立案受理，而该企业又是当地的国有企业。这一做法无疑是法院自我屈从于行政机关或政府的指令之下，使其后续的审判带上不公正的色彩。

　　法院任务何在？法官通过在个案中适用法律、制裁违法者，为受损害者提供救济，通过这种方式来在个案中实现公正，通过提供个案公平来向社会输送社会正义。法院提供的公共产品是个案中的裁判，这一裁判依法作出，体现了法律的公平与正义。这一公共产品与立法机关所提供的公共产品不同，后者是一般性规则。因此，尽管立法机关和司法机关都是社会公平之实现的不可或缺的环节，但两者各自的功能不可能相互取代，并且任何一方都无可代替。

　　实现个案正义，让当事人在当下司法案件中感受到案件得到了公正的审判，结果是公正的。法官只能努力在个案中，努力使审判程序与审判结果具有可接受性，建立于合理性基础上的可接受性。法律的社会功能是由立法、行政和司法等多个分支来承担的，不能靠单一的机构，特别是不能靠司法机关来完成法律所要承担或完成的所有功能。例如，对于我国人民法院系统的任务，最高人民法院院长周强提出：法院通过审判好各类经济案件，能促进经济结构调整、产业转型升级，2013 年最高法最高检共同发布了几个重要的司法解释，如惩治危害食品药品安全犯罪，惩治污染环境犯罪等，加大惩治力度。周强进一步要求，要为改革提供司法保障。"2014 年的工作重点之一是为产业结构调整和转型升级提供司法保障。举例说，比如在产业转型的过程中，河北要关闭一些钢厂，削减过剩产能，这些企业并不是不达标，是为了治理雾霾而被淘汰，最后赔偿的问题怎么办？这些都将成为司法问题，法院需要通过妥善处理这些案件来促进产业结构调整。"① 在这里，作为最高人民法院院长的周强，实际上制定了司法政策，为全国法院系统下达了工作重点的指示。但是，对于具体法院和法官而言，法院和法官理应无偏倚地对待一切案件：只要是在社会中产生纠纷，无论是何种刑事案件，无论是何种民事案件，都要同等地得到重视，依法审判。如果把司法机关的任务确定为促进产业结构调整和转型升级，为改革提供司法保障，其结果必然是司法为行政服务，为特定的政治和社会目标服务。然而，只要法院依法审判，为当事人合法权益提供法律保障，创造良好的法治环境，人民法院就可以为一切市场活动提供良好的法治环境，提供良好的司法保障。所以，将保障促进经济结构调整、产业转型升级作为司法机关

---

① 　周强：《要为结构调整提供司法保障》，http://www.ccement.com/news/content/4479386155831.html。

的工作任务，只是司法机关履行其公平公正地解决社会纠纷、依法审判案件带来的副产品而已，尽管这一副产品并不是不重要的产品，而且还是非常重要的产品。但是，从更广泛的角度来讲，司法机关履行其职责的副产品可谓不胜枚举，司法公正之善将惠及一切社会活动。

在实现执政党和政府的政治目标和社会目标方面，立法机关、行政机关和司法机关肩负的任务各有不同。司法的任务就是在公民、法人、团体以及国家机关之间发挥平衡器的作用，通过裁断合法与非法，处理纠纷，提供司法救济，使任何执政和施政行为都处于法律的轨道之内，从而间接地维护良好的社会秩序，提供和谐的社会环境。当达到这种效果时，信访、上访、仇杀等破坏社会秩序的行为自然得到遏制。司法既是社会正义的最后一道防线，也是社会秩序的稳定器。司法维护社会稳定的方式与方法，不同于公安机关：当人们对司法的公平正义持坚定信心时，就会有很大的可能通过司法这一和平而非暴力的、由国家强制力保障而不是私力的路径来寻求救济。产业结构升级、环境污染治理、维护社会稳定，都不能被当成是法院的直接功能。只要法院在所有社会纠纷领域中公正地适用法律，践行法治，这一切社会矛盾和社会问题都会迎刃而解。头痛医头、脚痛医脚，就会顾此失彼。"坚决落实'努力让人民群众在每一个司法案件中都感受到公平正义'的目标。公平正义是中国特色社会主义的内在要求。随着经济社会的发展进步，人民群众更加期待平等参与、平等发展，更加关注社会公平正义。特别是在法治条件下，公正司法在消除社会不公、维护公平正义方面扮演着重要角色，是维护社会公平正义的最后一道防线。公正是公信的基础，而公信力则是司法权威的前提。司法机关应当切实肩负起维护公平正义的神圣职责，牢牢坚持司法为民、公正司法，严肃认真地对待每一起案件，坚决防止和依法纠正冤假错案，靠一个个具体案件的公正审判，提升司法公信力，维护司法权威。"①

（三）维护法院在各种社会纠纷解决机制中的权威地位

社会纠纷的解决机制可以多元化，除了正式的司法解纷之外，各种社会纠纷解决机制都可以在其合理范围内发挥应有的作用。法律权威并不体现在一切

---

① 周强：《积极推进社会主义法治国家建设——学习习近平同志关于法治建设的重要论述》，http://theory.people.com.cn/n/2013/0812/c40531-22525264-3.html。

行为都必须以法律作为行为理由，道德、宗教、习惯都可以成为人们守法的理由；任何非法律的理由都不得成为行为人违法的借口。在纠纷解决领域，这体现在，即使调解也必须依法调解：调解必须是自愿的，不能强制调解；调解所依据的实体规则不得与法律的规定相违背；纠纷解决的最后手段必须是司法。然而，过去十年，在我国提倡甚至推行的"大调解"格局，采取了当局非常熟悉的运动式推行方式，把调解当成政治任务和政治目标来抓。

在这一逻辑背后，我们经常忽视了背后的权力保障：法律赋予司法机关的管辖权和审判权，赋予法院和法官以支持力量，这种权力看起来是理所当然的，但是，无论是在对纠纷的管辖权还是审判权方面，我们都可以看到，这是需要相关制度保障的，因为我们可以看到，如果法院对违法和犯罪行为的管辖权和审判权被削弱或者不具有排他性，那么，法院在纠纷解决领域就不再有权威。调解作为一种非正式纠纷解决机制，其根基在于自愿，自愿达成协议是纠纷解决的生命力所在。但是，作为一种政策，划定调解结案的比例要求，其结果必然是为调解而调解，并进而损害法院的管辖权和审判权，并且殃及社会公平正义。

【司法改革】

善于用法治思维推进司法改革

朱　明*

习近平总书记指出，全面深化改革需要法治保障，全面推进依法治国也需要深化改革。学习贯彻党的十八届四中全会精神是当前和今后一个时期全党全国的重大政治任务，各地区各部门务必抓紧抓好，切实提高运用法治思维和法治方法推进改革的能力和水平。人民法院在贯彻落实党的十八届四中全会精神、积极稳妥推进司法改革中责任重大，任务艰巨，各级法院特别是领导干部要善于运用法治思维和法治方式破解改革难题，推进司法改革。

法治思维是基于法治的固有特性和对法治的信念，认识事物，判断是非、解决问题的思维方式。它以合法性为起点，以公平正义为核心，以法律规范、精神、逻辑为尺度。法治方式是运用法治思维处理和解决问题的行为方式。法治思维产生并支配法治方式。法治思维在不同领域、不同问题上的运用，大致可分为三个层次：一是认知判断层次，即运用法治原理和法律规定，对社会问题进行观察、认识，自行得出初步判断。如酒驾违法、闯灯违规等，这是普通社会成员应具有的法治思维。二是逻辑推理层次，即运用法治原理和法律规定，对社会问题进行分析判断、综合推理，得出相应结论或者拿出解决办法。这是法律职业人员应具备的法治思维。三是综合决策层次和制度建构层次，即

---

*　朱明，山西省高级人民法院党组副书记、副院长。

在前两个层次基础上结合其他因素进行综合性衡量，作出符合法治要求的决策。或者在此基础上进一步深化、抽象，结合经济、政治、文化、社会等因素进行综合衡量，通过建构或者改革法律制度，对更宏观的问题提出长远的解决方案，这是领导干部特别是高层级领导干部应具备的法治思维。

一、法治思维是规则思维，要求我们深化司法改革，优化运行机制

规则是一定程度上凝聚了众人意志，并为众人所认同的行为模式，它具有确定性、可预期和可执行的特点。确定性规范了个人和团体可为、不可为以及如何行为的界限标准，可预期明确了人和团体不同行为的不同后果，并且这种确定性和可预期性都是可兑现的，规则之下，人的行为是理性的，心理是安宁的，社会是有序的、和谐的。规则如遇破坏，没有确定性，不可预期，不能兑现，理性就会变成感性，心安就会变成恐惧，有序就会变成无序，和谐就会变成冲突矛盾。规则思维的特性一是普遍性优于特殊性，即使普遍规则效果不尽如人意，也不允许以需要解决问题的特殊性来排斥既定规则的普遍性，甚至"下不为例"。二是恪守非人格化权威。接受非人格化制约，用法律规则来推动工作，解决问题。

法院的审判工作本身就是靠证据按程序依法律进行的规则化、程序化活动。要着力解决影响司法公正和制约司法能力的深层次问题，就要通过深化改革解决突出问题，健全司法管理体制和司法权力运行机制。要尊重司法活动的被动性、司法裁判的中立性、司法判断的自主性、司法程序的正当性、司法权力的权威性和司法主体的职业性，使司法权力依照法律逻辑、司法规律运行，不受外部因素干扰。司法体制改革的实质也就是改革和调整附加在司法体制上那些违背司法运行规律的东西，解决影响和制约司法公正和司法能力的突出问题，真正按照司法运行规律配置司法资源，完善司法程序，规范司法管理，强化司法责任，加强司法监督，健全司法保障。党的十八届四中全会通过的《中共中央关于全面推进依法治国若干重大问题的决定》在"保证公正司法，提高司法公信力"部分明确提出完善确保依法独立公正行使审判权和检察权、优化司法职权配置、推进严格司法、保障人民群众参与司法、加强人权司法保障、加强对司法活动的监督六个方面的改革要求和相应的改革措施，目的就是建立公正高效权威的社会主义司法制度。也就是说，无论是宏观的体制改革，还是微观的专项制度；无论是外部的环境改善，还是内部的机制建设；无论是审级、管辖制度的改革，巡回、专门法院的设置，还是审判责任制的强化和审判流程的科学再造；无论是以审判为中心的诉讼制度改革推进的司法资源的合理配置，还是保障主体独立公正的专业性、职业化建设的保障、保护机制，各项改革措施既是规则的调整和细化，又是规则的规范和完善。所以，善于运用规则思维就是要求以法治方式不断深化司法改革，不断优化司法运行机制；而不断深化司法改革、优化司法运行机制过程也是规则思维的具体实践过程。

二、法治思维是权利义务思维，要求我们制约权力，保障权利

法律对人们行为的调整主要是通过权利义务的设定和运行来实现的，权利和义务是法律规范的核心内容，是法律关系的关键要素，是判断是非对错的标准。法治思维的实质就是从权利和义务这个特定的角度来观察、分析、处理问题，通过权利和义务的运行，实现法的指引、评价、预测、教育、惩罚功能。有了权利义务思维人们就知道自己有权做什么，无权做什么，有权要求对方做什么，对方有权要求自己做什么，什么事情不能做，自己的行为后果有确定的预期，而且遇到发生矛盾时，当事人与裁判者能找到共同的评价标准和处理结论。法治的根本问题是制约权力、保护权利，法治思维是不断确定谁有权利、谁有义务及其权利和义务限度的思维。把权力关进制度的笼子里，首先要在观念上把公权力关进法治思维的笼子中，坚持公权力"法无授权不可为"和私权利"法无禁止即可为"的法治原则，知道权力的边界，行使的原则、程序，不依法行使权力需承担什么后果，切实依照法定权限、程序行使权力，切实依法充分保障公民的权利，依法及时解决公民的合法合理诉求，教育引导公民，依法行使权利，在法治轨道上反映诉求，解决问题。

《决定》提出"完善司法管理体制和司法权力运行机制"，从多个方面明确了制约权力、保护权利的改革任务和要求，如在制约权力方面，既有从体制环境方面的配套改革，建立各级党政机关和领导干部支持法院、检察院依法独立公正行使职权的制度机制；健全维护司法权威的法律制度，建立健全司法人员履行法定职责保护机制。又有优化司法职责配置的改革内容，健全司法权力

分工负责、互相配合、互相制约的体制机制；推动实行审判权和执行权相分离的体制改革试点；完善刑罚执行制度，统一刑罚执行体制；探索实行法院、检察院司法行政事务管理权和审判权、检察权相分离。还有完善司法管理体制、强化内部监督制约的改革举措，最高人民法院设立巡回法庭，探索设立跨行政区划的人民法院和人民检察院，完善行政诉讼体制机制，改革法院案件受理制度，完善审级制度，实行办案质量终身负责制和错案责任倒查问责制。在保护权利方面，既有从体制机制层面的改革措施，如最高人民法院设立巡回法庭，探索设立跨行政区划的人民法院，合理调整行政诉讼管辖制度，探索建立检察机关提起公益诉讼制度；也有运行机制和工作规则方面的改革内容，如建立健全司法人员履行法定职责保护机制，健全司法机关内部监督制约机制防止侵害当事人权利，保障人民群众参与司法，构建开放、动态、透明、便民的阳光司法体制，加强对司法活动的监督等，还有加强人权司法保障的专项措施，以及配套的司法救济体系建设等。

三、法治思维是责任思维，要求我们履职尽责，强化保障

法律授予权力的同时，也同时赋予了权力实施主体，依法合规尽责行使权力的责任，即我们常讲的有权必有责，用权受监督，滥权要追究。

就司法改革而言，司法责任制是司法改革的核心。"让审理者裁判，由裁判者负责"就是司法责任制在法院内部的具体化。构建权责统一、权责明晰、权力制约的审判运行机制，一是实行主审法官办案责任制。主审法官独任审理案件对案件全权负责，裁判文书不再由庭长、院长审核。对合议庭审理案件，担任审判长的主审法官对庭审、裁判文书制作等负主要责任，合议庭成员按照审判权限和作用分别承担相应的责任。二是建立法官权力清单制度，加强对权力的制约监督。明确法官的权力界限和相应责任，加强审判监督管理，建立内部人员过问案件的记录制度和责任追究制度，坚持责随权走。建立办案质量终身负责制和错案责任追究制。三是规范健全审委会议事规则、决策程序和履职考评机制，审委会主要研究法律适用问题以及涉及国家外交、安全和社会稳定的重大复杂案件，总结审判经验，减少对个案的讨论表决，审委会委员对本人发表的意见负责。四是结合人员分类管理推进审判组织专业化建设，整合

相关、相近机构，形成职能配置合理、机构精干高效、权责明确清晰的扁平化审判组织管理模式。另一方面，要促进和保障法官等司法人员尽职履责，必须采取配套的改革措施加以保障。司法责任制是提高审判质效的关键，而改革后法官的工作责任明显加重，许多原来由法院整体承担的压力向法官个体承担转移，这就需要相对应的职业保障机制。除省以下人财物统一管理和跨地区设立专门法院、法庭等改革制度外，还要对法官的职业准入、职前培训、职业保障、逐级遴选、履职保护、权利保障和法官惩戒制度进行配套的改革和完善，以保障法官等司法人员能依法独立公正行使权利。

四、法治思维是程序思维，要求我们推进公开，接受监督

程序是保障实体正义的必要机制。正是通过程序对所有人平等对待的设计，人情、关系、偏见、恣意等消极因素在思维过程中才会被消除，个案公正才能转化为普遍公正，并且转化为能够为人们感知到和看得见的正义。程序思维的特点一是机会公平，即确定一套开放、公平、透明的程序规则，起点公平，过程公平，对每个人都一样，大家都按这个程序办事，即使结果未尽如人意，但因其公平、透明，大家都能接受。二是中立公正，即权力必须他授，权力也必须制衡、监督，不能既当裁判员，又当运动员。三是权利救济，任何人的权利受到侵害，都应通过平等的机会和公正的程序寻求救济。权利救济渠道，也是社会关系修复的主要渠道。程序思维首先要求按法定程序期限办案，确保程序正义。要确保法官中立性，严格落实告知、回避和公开审判、举证质证、法庭辩论等诉讼制度，切实保护当事人和其他诉讼参与人的合法权利，认真遵守二审开庭审理，限制发回重审、上诉不加刑和申诉等有关规定，防止堵塞当事人合法权利的救济渠道；切实保护律师会见、阅卷、调查取证和庭审中发问、质证、辩论等辩护权利。其次程序思维要求推进公开，使权力在阳光下运行。公开是最有效的监督手段，阳光是最好的防腐剂。要构建开放、动态、透明、便民的阳光司法体制，全面推进司法公开，依法及时公开执法司法依据、程序、流程、结果和生效法律文书，杜绝暗箱操作，加强法律文书释法说理，建立生效法律文书统一上网和公开查询制度，建立司法公开督导制度。以公开促公正，以公开树公信，以公开保廉洁。再次，程序思维要求加强流程管理，严格监督问责。法院要依托信息化平台和技术，加强立案、分案、庭审、合议、结案、送达、执行、归档、信访等流程监控和节点管理，规范案件程序变更、审限变更的审查报批制度。加强案件评查和质效管理，健全内部审判监督机制，改进和加强司法巡查、审务督查工作，完善司法廉政监督机制，依法规范和加强法律监督、社会监督和媒体监督，保障社会各界的知情权、参与权和监督权。细化工作职责、流程和标准，统一司法过错责任认定标准，实行办案质量终身负责制和错案责任倒查问责制。确保权力行使到哪里，监督制约的机制就延伸到哪里，确保有权必有责，用权受监督，违规要问责，从而确保审判人员依法独立公正行使权利。

司法改革的本土资源初探

——传统司法文明、本土理论与现实问题

卢上需*

一、司法改革的本土化定位

党的十八以来中央的工作部署突出围绕"三个全面"的战略任务进行安排。全面建成小康社会是党和国家的发展战略任务，为实现这个战略任务，必须全面深化改革，实现国家治理现代化的战略目标。而实现国家治理现代化最关键的任务就是全面推进依法治国，实现社会主义法治国家，以宪法为核心的法治体系来保证在改革中形成的系统完备、科学规范、运行有效的制度体系长期保持稳定。这些战略为司法改革目标任务作出了指引和规定。因此，准确科学把握司法改革目标任务是司法改革首要解决的问题。

司法改革目标任务的确定决定司法改革的方向和成败，也决定全面推进依法治国的方向和成败。党的十七大提出："深化司法体制改革，优化司法职权配置，规范司法行为，建设公正高效权威的社会主义司法制度。"为司法体制改革指明了方向，确立了目标。党的十八届三中全会通过的《中共中央关于全面深化改革若干重大问题的决定》进一步明确了司法改革的目标要求，即"深化司法体制改革，加快建设公正高效权威的社会主义司法制度，维护人民权益，让人民群众在每一个司法案件中都感受到公平正义。"党的十八届四中全会通过的《中共中央关于全面推进依法治国若干重大问题的决定》又进一步提出："公正是法治的生命线。司法公正对社会公正具有重要引领作用，司法不公对社会公正具有致命破坏作用。必须完善司法管理体制和司法权力运行机

＊　卢上需，广西壮族自治区钦州市中级人民法院院长。

制，规范司法行为，加强对司法活动的监督，努力让人民群众在每一个司法案件中感受到公平正义。"可见，当前推行的司法改革的目标是让人民群众在每一个司法案件中感受到公平正义。

这个目标要求包含如下深刻含义：(1) 司法改革是通过个案公正实现司法公正，通过司法公正实现社会公正；(2) 司法改革的核心是司法权力运行机制，通过司法权力运行机制改革确保司法权运行的合宪性、合法性、正当性，而不是赋予司法机关更多更大的权力，更不是脱离中国国情追求不受政党领导和不为政权服务的所谓普适的司法独立；(3) 司法改革的关键是对司法机关的改革，是对司法管理体制、机制和司法行为监督的改革，以确保司法机关依法独立公正行使职权，确保司法机关具有与司法公正要求相适应的司法能力；(4) 司法公平正义的改革成效要让人民群众感受得到。司法公正具有社会公正的引领作用，同时也需要得到社会力量尤其是普通百姓的支持和认可。

依法治国的最终目的是依法维护人民的利益，实现公民的宪法权利。司法公正的成效只有让诉讼参与者和社会群众感受得到，而不只是司法者感受得到，司法改革才能得到人民的拥护和支持，群众才会积极关注、参与司法活动，形成司法公正厚实的社会基础。研究和推进司法改革应当准确把握这个目标，才有助于把司法思想理论统一到中央改革精神上来，凝聚改革力量、节约司法资源和改革成本，有助于少走弯路，不折腾，增强司法干部的改革信心，得到人民群众的支持、拥护。

二、司法改革的本土化经验

司法活动是人类社会最早的社会治理行为，是人类法治文明的重要内容。世界上不存在完全相同的司法制度和经验，我们的司法改革不能照搬外国经验和做法。

在历史上，中国拥有丰富的司法文明成果。从皋陶作士理民，制法作狱以来，中国就形成了以政权为核心的综合性司法制度，直到清末，行政与司法合一的司法传统都未改变。这一司法模式不但适应了农业经济物质短缺的时代要求，而且适应了农耕文明的社会关系需要，发挥着社会整体治理的基础作用。

中国共产党在建立地方政权后，以民主革命理论为指导建立了司法为民的新型司法制度，但在司法模式上仍然继承了传统的综合性司法模式。如边区高等法院承担了审判、检察、监狱和司法行政等职能，体现司法权力集中和统一的特点。这个模式直到五四宪法实施后才被改变。

1943年延安整风运动中，一场影响深刻的司法大检讨活动引发了党内第一次司法改革大讨论。其中有关司法独立、审级制度和司法干部专业化建设的争论最有代表性，内容上涉及党的领导与司法独立、政权与司法权、司法权力分工制约、审级职能定位、司法群众路线等基本司法理论的认识。争论的本质其实是采用中国传统的司法模式还是采用西方现代司法模式。由于当时政治、经济条件和战争状态形势，在制度和理论上坚持了党的一元化领导下综合性司法的原则，在实践上推动了审判独立和司法专业化探索发展。这些争论在新中国建立后仍然存在，并对现在进行的司法改革仍有影响。

推进当前的司法改革，我们应当回顾总结中国司法历史经验，尤其是党在革命建设和改革开放以来的司法经验，更加清醒认识到与现实改革的内在联系，在总结历史经验教训的基础上更准确地把握改革要求，为构建更为完善有效的、长期稳定的司法体制机制提供借鉴参考。

总结解放前党领导下的司法工作，这些思想和经验应当继承发展：

1. 司法为民的思想。习仲勋在绥德分区司法工作会议上提出"走出衙门，深入乡村"[1]的号召。他认为"多数人民"的要求是，能够以较少的成本、较高的效率，公正、合理地解决矛盾纠纷，要求司法活动解决矛盾纠纷而非制造矛盾纠纷，要求通过具体的司法活动，为社会提供明确的行为规则和引导。[2]司法工作坚持就地审判、巡回审判，听取群众意见，尊重当地风俗习惯，这些经验不仅解决具体的、特定的纠纷，而且有利于教育群众，宣传法律，移风易俗，改造社会。司法活动努力从社会角度实现公正价值。

2. 司法为政权服务的思想。谢觉哉认为，司法独立在边区会有坏的表现，如司法和行政不协调，同政府配合不够，和人民脱节。雷经天认为，边区政权是完整的，政权领导就是政府领导，在抗战时期，党的一元化领导原则应贯彻

---

[1] 李子奇：《习仲勋号召干部走出"衙门"深入乡村》，《光明日报》2013年10月23日。

[2] 汪世荣等著：《新中国司法制度的基石》，商务印书馆2011年版，第291页。

到党政军各方面。① 司法为政权服务，目的就是赢得人民群众的支持，以巩固和扩大政权。这些思想经验反映了司法的本质属性和基本作用。

3. 保障人权的司法思想。保障人权，是中国共产党在建政过程中司法领域的一个突出成就，尤其是在抗日民主政权时期。我们对此应当继承和发扬。

4. 多元解决纠纷思想。在诉讼之外，鼓励调解，但要秉承自愿、合法原则。这既有利于解决诉讼压力，又有利于从根本上解决纠纷，避免群众撕破脸皮，避免出现裁判了案件却导致当事人双方及其家族从此决裂的严重后果，妥善地、有力地解决了人民内部矛盾。

5. 诉讼权利平等思想。在抗日民主政权中出现的诉讼权利平等思想，即不分阶级出身、职位高低、革命功劳大小，在诉讼权利上一律平等，这是历史性进步，符合诉讼本质属性。因为唯有当事人双方诉讼权利平等，才能使裁判的依据重证据，才有利于查清事实真相。如果当事人诉讼权利不平等，就往往不能客观公正地查清案件事实，也不能达到案结事了的社会效果，反而可能加剧社会分裂和仇恨。因此，诉讼权利平等的思想弥足珍贵，应予继承发扬。

6. 禁止刑讯逼供、重证据而不重口供思想。无论是中华苏维埃共和国时期、抗日民主政权时期还是解放战争时期，均一直强调禁止刑讯逼供、重证据而不重口供。

还有其他司法思想，如公开审判思想、允许辩护思想、平反改判错案思想等。

三、司法改革的本土化理论

司法改革要实现"让人民群众在每一个司法案件中感受到公平正义"的目标，除了从历史中吸取营养，还必须有清晰的理论支撑。各项改革都是建立在不同理论基础之上的，探求司法改革的理论基础有利于进一步统一思想认识，推进改革顺利进行。司法改革应当以下列理论为基础。

（一）哲学理论：历史唯物主义理论

以历史唯物主义理论为基础，就是要坚持生产力决定生产关系、经济基础

---

① 汪世荣等著：《新中国司法制度的基石》，商务印书馆 2011 年版，第 277 页。

决定上层建筑，以及社会存在决定社会意识的基本理论。反对历史虚无主义和历史假设，反对脱离中国国情，脱离群众对法治理解、适应的现实。应当承认，在中华五千年历史中，中国一直以邦国为本，并且有丰富的法治经验和教训，如中国最早出现民本思想、政权分工理论、明德慎法、以法治国等法治思想，这些思想和实践经验应当扬弃和发展，不能一律否定。国家是阶级矛盾不可调和的结果，体现为国家意志的法律从性质上讲都体现了社会共同利益。只是在不同的历史阶段，所体现的社会共同利益的程度和群体范围有所不同，这正是社会进步的必然趋势和发展空间。坚持历史唯物主义基本理论，是为了避免阻断中华法律文化，陷入以保护私权为源头的西方法治道路给我们带来的困境。中国政权是通过权力强制得到扩张和加强，而西方政权是通过法律斗争与封建主交易得到巩固发展的。从司法官的历史来看，中国司法官最早为士，由基层官员担任，司法权的运行机制是由下而上。西方的司法权运行机制是自上而下，如英国1153年以后的亨利二世时期。王室拥有法院和巡回法官，平民可直诉王室法院。法官则由王室成员、贵族担任。在历史唯物主义理论指导下研究这些不同司法文化，才能使司法改革尊重不同国情，利用好历史经验。

（二）政权理论：中国特色社会主义理论

以中国特色社会主义理论为基础，就是要坚持中国特色社会主义道路，完善和发展中国特色社会主义制度。建立和完善政权制度是人类社会最伟大的发明，并成为保障社会共同体生存发展的必然规律和唯一选择。世界上没有完全相同的政权制度，但各种政治制度都能适应各自国家的发展需要，都能向着良好的方向发展。其中的规律就是每种制度都在自我演进，自我完善，如果没有外来侵略、干预，都会在社会强烈的共同美好愿望推动下向前发展。近现代各国的政治历史证明，照搬外国政治制度必然阻断自身的发展轨迹，而以牺牲国家、民族、全体人民重大的社会共同利益去重新构建新的政治发展道路必然失败。中国共产党领导下的人民民主专政及其中国特色社会主义道路是历史的必然和延续，也是近现代中国人民共同的历史选择。因此，社会主义法治理论应当是建立在科学社会主义理论及其理论创新的发展成果之上的，是建立在中国特色社会主义基本理论原则基础之上的，而不能建立在西方民主政治的理论之上。

（三）政党理论：坚持党的领导是全面推进依法治国的根本保证的理论

政党政治是人类社会政治文明的一大进步，它最大的优势是民主理性、公正高效。至于是一党还是多党，是一党执政还是轮流执政需要由人民选择，由人民决定。坚持党的领导是中国特色社会主义的根本要求和本质属性，也是中国革命和建设的历史选择和必然。坚持党的领导和社会主义法治是一致的，社会主义法治必须坚持党的领导，党的领导必须依靠社会主义法治。

（四）法律理论：马克思主义法律理论

坚持法律是国家意志，更是以统治阶级意志为内在要求的规范体系。

现代的法律有一个非常明显的特征和功能，这就是宪法法律是社会主体共同利益和共同意志的最大公约数。这就决定了宪法法律既是社会行为的最基本规范，是底线，也是社会主要的道德规范，也是道德红线。对底线、红线的逾越、破坏就是对社会共同体利益的侵犯，是社会生存发展不可接受的社会行为。

同时，法律还是平衡社会利益、抑制社会冲突、凝聚社会力量的最有效的渠道、最稳定的机制，所有的政党、阶级、阶层、各类社会主体只有依法行事才能满足全社会最低利益要求和共同愿望，否则必然引起争议、斗争，甚至社会动荡和革命。可以认为，法律是人类社会最伟大的发现，是人类学会驾驭自己，理性生存发展的最好办法，是社会共同生活最安全和最好的方式。这也是历史上各国统治者始终追求的治国理想。因此，维护宪法法律的尊严、权威和统一，才能真正构建社会法律秩序，实现政治安定、经济发展、社会稳定、安居乐业的和谐社会，才能促进国家长治久安。由此看来，全面法治是强国之要，也是民之福祉。

法律的这个特性也决定了司法最基本的功用就是为社会生活定规立矩，通过司法裁判可以告诉公民法律标准，让公民准确无误地知道合法与违法的界线。如果司法裁判做不到这点，必然引起争议，引起社会价值观念和规则意识的混乱。这样的裁判将会丧失存在的社会意义。这也是让人民群众感受司法公平正义的最核心的要义。

（五）社会主义法治理论

社会主义法治理论，即坚持依法治国、依法执政、依法行政共同推进，法治国家、法治政府、法治社会一体建设的理论。党的十八届四中全会创新发展了马克思主义国家与法的理论，政党与法的理论，科学地把依法执政与从严治党、依法治国结合起来，准确地概括了中国特色的社会主义法治体系的内容，即形成完备的法律规范体系、高效的法治实施体系、严密的法治监督体系、有力的法治保障体系、完善的党内法规体系，以实现科学立法、严格执法、公正司法、全民守法，促进国家治理现代化。

（六）司法基本理论：坚守司法规律的理论

司法规律是司法机关运用司法权力实现立法目的和法律规制的必然趋势和基本遵循。现代司法规律就是在国家治理结构中司法机关依法独立公正行使职权的必然性。这是保证国家法律具有尊严、权威，并得以统一实施的唯一正确选择。

因此，坚守司法规律必须排除各种权力机关及其工作人员对司法机关依法办案的干预、妨碍，必须维护司法机关履行职权的严肃性和权威性。人民法院还应当准确定位司法在国家治理体系中的职能地位，科学配置司法职权和司法资源，有效发挥司法裁判定规立矩、定纷止争的职能作用，有效解决当前各种司法困境。

坚守司法规律，还需要加大司法公开和司法监督，深化司法民主，虚心倾听社会不同意见建议，确保合法权利得到司法保护，违法犯罪行为受到法律追究，让群众真正感受得到法律正义，让法治精神真正得到弘扬。

应当认识到，司法理论是我国法学发展的突出弱项。我国仍然没有系统的司法理论，尤其是司法基础理论。现有的司法理论多是以法律基本理论解释司法现象和规律，把法律原则当成司法原则，把诉讼法律制度当成司法制度。在司法的目的、任务、功能作用、价值方向、基本原则、基本规则等基础问题上，沿用了法律学科或者政治学的概念。其实，这些概念在本质上是有明显区别的。

实践经验表明，法治的成熟是以司法公信的程度为标志的，而不是以法律完善为标志。司法活动包含了政治之治、规则之治和道德之治的全部基因和要求，它的首要任务就是确保法律的统一实施。因而，司法是司法机关确保法律统一实施的专门执法活动，是知行合一、立法规则转化为执法规则、理论规则变成现实规则的理性判定和智力创造的过程，是发现事实，明确规则并提出解决社会法律冲突科学合法方案的系统性、专业性活动。它需要回答案件当事人是否存在法律权利义务冲突的事实，是否受法律规范调整，由何种法律调整，并在已经查清事实的基础上提出具体的合法性裁判方案。在这个过程中要求从立案到审判全过程严格遵守法定程序、保障诉权、公开平等，并充分吸纳社会意见，尤其是最普通人的善良感受；同时，要求司法人员具有明显的规则思维和意识，具有审慎的理性判断能力。否则再好的法律正义都可能会出现最不公正的结果。

人们为了弥补职业上、专业上的缺陷，西方法官最初由元老、贵族等德高望重的人担任，以社会威望保证司法公正。而中国传统上由于受中央集权和礼教思想影响，则是由最基层的士大夫、乡绅担任，重大案件才报请上级裁判官员，如司寇、大理、廷尉。司法活动中这些特殊要求和现象，以及具有严格示范意义上平等、公开、公正的执法活动，无法用一般的法学理论能够解释，需要建立一个法学新学科进行研究，这就是司法学科。

四、司法改革的本土问题及对策

党的十八大以来，中央确定司法改革的目的是加快建设公正、高效、权威的社会主义司法制度，确保司法公正，提高司法公信力。按照习总书记关于改革必须于法有据的要求，当前的司法改革是在现行法律没有修改的条件下进行的。

党的十八届三中全会提出的司法改革主要任务是：推动省以下地方法院、检察院人财物统一管理；改革司法人员管理和职业保障制度；探索与行政区划适当分离的司法管辖制度；改革司法权运行机制，落实司法责任制。

党的十八届四中全会进一步提出司法改革的具体任务。主要内容包括：明确侦查、检察、审判、执行的权力定位和健全相互配合、相互制约的体制机制改革；明确司法官员（侦查员、检察员、法官）及其工作人员定岗、定职、定责，完善主审法官、合议庭、主任检察官、主办侦查员的办案责任制，落实谁办案谁负责的问责制改革；以及明确司法公正标准，确立以审判为中心的诉讼制度改革。

对中级以下法院而言困难较大的改革问题是：以审判为中心的诉讼制度改革；以审判组织为核心的人民法院依法独立行使职权，落实审判责任制改革；

以合法性裁判为根本标准的严格司法机制改革；以法官员额为中心的司法人员配置机制改革。

推进改革关键在于理解和掌握下列改革的具体要求。

1. 以审判为中心的诉讼制度改革。推进以审判为中心的诉讼制度改革，关键在于以下四个方面：

一是以保护诉讼当事人及其他诉讼参与人的诉权为中心，包括起诉权、上诉权、知情权、陈述权、辩护辩论权、申请权、申诉权。

二是以全面贯彻证据裁判规则为中心，案件全部事实都要求有证据支持，所认定的事实都必须达到客观真实的证明标准，不能以优势证据规则或者法律事实推定进行裁判。只有做到这一点，裁判事实证据才是可感知的，否则难以避免暗箱操作，导致司法不公。

三是以法定证据规则为中心。党的十八届四中全会明确要求事实认定符合客观真相，证据应当严格依法收集、固定、保存、审查、运用。除了法律规定不用证明的事实外，其他证据认定都要坚持法定证据规则，只有这样，才能公开表明证据的客观性、关联性、合法性，使证据认定具有客观标准。在当前司法公信力不高，司法人员素质有限的背景下，坚持这个中心要求具有最关键的作用。此外，在陪审员只负责事实审理的情况下，法官掌握法定证据规则就属于法律审理问题，并能引导陪审员按照规则认定案件事实，也为一审法院负责事实认定，二审法院负责争议事实认定的审级分工改革奠定坚实基础。

四是以公开法律适用为中心。在查明案件事实基础上，法官应当提出案件裁判引用的法律内容或者确定法律权利义务、法律责任的法律依据，让当事人了解和理解裁判规则和法律标准。这对理解法律、相信法律、利用法律，以及服从裁判具有不可替代的作用。

2. 审判责任制改革。落实审判责任制改革关键在于坚持审判组织依法独立行使审判权，并坚持以合法性裁判为严格司法的根本标准。

一是要明确保障主审法官及其他司法人员的职权范围，其他司法人员包括院长、庭长没有法律授权不得过问。

二是对裁判责任的判断应当以司法行为和裁判内容是否违法为根本标准，而不以是否被改判为标准。这是由于每个法院的独立地位决定了每个法官的地位、职权和裁判依据都是平等的、相同的，没有效力等级差别，一个法官不能评价另一个法官裁判的对错。并且每个法官对案件事实认定和法律适用的规则都有自主权，但不同的法官对同一问题会出现不同的认识、判断，这是认识能力和经验的问题，不能因为差异而判定裁判不当。因此，只要裁判具有合法性，就应当认为主审法官对裁判尽到职责，应当受到尊重和维护，即使将来因其他原因改判，也不能追究责任。

另外，在合议庭、审委会形式下，对法官责任的认定也应当遵守合法性原则。即具有合法性裁判意见的法官不受追究，坚持具有违法性裁判意见的法官应当受到追究，而不区分是多数人意见或者是少数人意见。为了确保责任到位，避免少数人意见成为责任避风港，少数人意见应当以书面报告方式公开，并存档，作为今后评价案件质量的依据。在两人以上意见相同又应承担裁判责任的情况下，区分证据规则上的违法责任和法律适用上的违法责任分别追究责任。在责任方式上，应当坚持依法追究的原则，法无明文规定不承担责任。

本文系广西壮族自治区高级人民法院 2014 年度调研课题《上下级法院关系实证研究》的阶段性成果之一

全面深化改革背景下中级法院
审判职能定位的思考

吉罗洪 *

我国现行的法院体制实行四级两审终审制。各级法院均承担一审职能，中级法院以上同时承担二审职能，各级法院同时还承担再审职能。各种程序相互交错、职能相互重叠、机构攀比对应，导致地方三级法院案件性质、审判方式、法官素质和职能作用同质化，既不利于有效分流案件，也不利于国家司法判断权的科学构建，上级法院的审判监督和指导职能也未能得到很好发挥。①《中共中央关于全面推进依法治国若干重大问题的决定》中提出要完善审级制度，一审着重解决事实认定和法律适用问题，二审着重解决诉辩双方对一审认定事实和适用法律的争议，实现二审终审。审级制度在配置上诉程序具体功能时，必须在服务于个案当事人的私人目的和服务于社会公共目的二者之间权衡和妥协。②中级法院处于承上启下的地位，两种目的的冲突与妥协表现更为明显。在全面推进依法治国的背景下，对中级法院职能定位的清晰界定，无疑对于完善我国的审级制度，深入推进司法体制改革具有重要意义。

一、当前中级法院审判职能发挥面临的问题

（一）级别管辖标准失去弹性，"标的下沉"影响级别管辖职能发挥

《人民法院组织法》规定中级法院作为一审法院，审判法律、法令规定由

它管辖的第一审案件。除了刑事诉讼法明确规定由中级法院一审的案件类型外,行政诉讼法和民事诉讼法采用列举加兜底的方式,明确了应由中级法院一审的具体案件类型,同时也用"本辖区重大、复杂的案件"兜底。这种规定方式,使得中级法院的级别管辖职能发挥作用的空间更大。

但在实践中,此规定却失去了应有的弹性。中级法院一审案件的范围,几乎全部是明确规定的几种案件类型,"重大、复杂"代之以标的额的多少衡量。除了便于确定管辖外,近年来,由于维稳的刚性要求及化解信访案件的现实压力,借助定位四级法院职能、科学配置职权的有利时机,大幅提升中级法院一审受案标的金额,以"标的下沉"实现纠纷解决在基层,矛盾化解在基层的目的。"标的下沉"并非是为了实现审级制度的优化,而是为减轻审判压力"甩包袱"。随着"标的下沉",优化法院职权配置的目的落空,进一步加剧了基层法院"案多人少"的矛盾,中级法院审理疑难复杂、统一司法尺度的功能削弱,案件审理难度与基层法院纠纷解决能力发生错位,进而引起当事人的不满和对司法解决纠纷效果的质疑。[①]级别管辖职能的限缩,对中级法院自身发展也产生了消极影响。司法作为实践性技艺,需要在审判中熟练掌握和运用,没有大量案件的审判经验积累,法官的办案能力水平也难以提升,进而潜在影响审级监督职能的有效发挥。

(二)二审程序徘徊于"补台"与"纠错"之间,影响审级监督职能发挥

审级制度建构的核心目的是形成职能分层的司法等级制,从而维护法律秩序,途径是在不同级别的法院之间实现司法制度的公共目的与私人目的的合理配置。[②]层级越高的法院,实现公共目的的职能越强。中级法院由于所处的承上启下的特殊地位,其承担的职能作用需要兼顾司法制度的公共目的与私人目的。"各国中级法院对公共目的和私人目的的关注的具体程度有所差异,形成不同模式审级制度的特色。"[③]这种职能设定,在理论上并无不当,具体到个案中,就会产生冲突,尤其是在大量的民事案件中,司法秩序价值与个案公平

① 全国人大常委会法工委民法室编:《民事诉讼法立法背景与观点全集》,法律出版社2012年版,第75页。
② 傅郁林:《审级制度的建构原理》,《中国社会科学》2002年第4期。
③ 傅郁林:《审级制度的建构原理》,《中国社会科学》2002年第4期。

正义的实现，常常难以兼顾。① 由此带来了在中级法院的审级监督中，是坚持公共目的优先还是私人目的优先的难题，选择不同，形成的司法理念也不同，进而影响审级监督职能的发挥。纠纷解决的司法观强调二审程序对于一审程序瑕疵的弥补功能，追求实质结果的公正，突出纠纷解决在二审中的显著地位；统一裁判规则的司法观强调法律规则的统一适用，而不着重突出个案的"语境"，认为严格适用法律规则裁判即是最大的公平正义；介于两者之间的司法观，坚持实用主义，在有的案件中强调规则之治，而在其他案件中则追求纠纷解决。不同的司法观念，也导致了中级法院在审级监督职能统一发挥上显得飘忽不定。对于一审程序中存在的同样程序问题，有的中级法院发回重审，有的则维持原判或通过调解解决。这种差异也存在于同一法院内部的不同审判庭之间。即使在自由裁量权被严格限制的刑事案件中也存在同样的问题。在高级法院和最高法院，这种纠结会减轻许多，一是二审案件总体数量没有中级法院这么多，案件类型没有中级法院这么多样，价值冲突明显的案件总体也随之减少；二是高级法院与最高法院由于居于审级上层，更加注重统一法律适用的规则之治，司法理念相对统一，不会产生价值障碍。

（三）一审案件分流不畅，二审审理原则不清，统一法律适用的功能难以实现

由于我国民事诉讼法中对于上诉，并未规定实质要件，不服一审裁判结果的，均可上诉，又加之小额诉讼程序在实践中应用的并不充分，中级法院处理的二审案件，绝大部分并非在法律适用上存在重大争议，而具有事实认定、法律适用的典型意义，仍然多为事实存在争议的案件，争议的焦点集中在证据采集与事实认定上。一、二审的审理程序也没有本质不同，二审可以调取证据、证人出庭，补充查明事实。更麻烦的是，民事诉讼的二审审理范围并不明确。虽然民事诉讼法规定，二审法院应当对上诉请求的有关事实和适用法律进行审查，审查的范围如何确定以及如何审查，难以明确。这种模棱两可的规定，使得二审审理的原则到底是复审制还是续审制，一直存在争议。审理范围的不明确，一方面是给了法院自由裁量的空间，"普通程序简易审"和"二审程序重复审"成为两个极端；另一方面也给了当事人不当的制度激励，对一审结果不

---

① 黄勤武：《中级法院民事二审审判职能冲突之协调》，《法律适用》2007 年第 9 期。

满意还可以在二审中重新打，寻求不断上诉以解决纠纷的预期被激发。由于我国不同审级法院审理规则、审理范围的趋同，严格来说，我国只有上级法院而没有真正意义上的上诉法院。

案件事实在理论上虽然有法律事实与客观事实的区分，但司法实务中，追求法律事实与客观事实的无限接近，仍是占主导地位的审判理念，查明事实还主要是法院的职责。法官为避免责任追究，减少当事人上访压力等考虑，只有穷尽其他方法后，才考虑通过举证责任分配和证明责任分担，认定案件事实，大量的精力放在事实查明上，导致中级法院的职能定位与基层法院混同，也给当事人还原客观事实的无限期待。

（四）再审程序频繁启动，审理结果面临信访考验，终局裁判的职能受到限制

我国实行二审终审制，中级法院依法作出的二审裁判，具有法律上的终局性。但现实中，中级法院作为二审法院，面临"终审不终"的困境。涉诉信访仍然是终审裁判最大挑战。虽然党的十八届三中、四中全会都明确提出改革信访工作制度，规范涉法涉诉信访案件的处理程序和标准，但由于制度惯性，涉诉信访仍然困扰法院的审理工作，二审裁判结果仍然受制于信访的压力。为了解决信访问题，在二审终结后，二审法院仍要接待上访的当事人，想方设法解决其诉求，甚至有时以牺牲司法权威性、终局性为代价；与信访化解同步进行的，还有对二审裁判结果非基于法定再审程序的重复审查。裁判结果正确与否的认定标准，除了法律适用正确和事实认定清楚外，还要加入社会效果和化解信访的现实考虑。

再审程序的频繁启动，也会影响二审终审的预期。民事诉讼法在 2007 年修改时，对再审程序作了新的规定，即因当事人申请裁定再审的案件由中级人民法院以上的人民法院审理。"但实施的结果表明，2007 年的修改调整导致了高级人民法院和最高人民法院再审压力加大。由于大量终审案件的审理法院是中级人民法院或高级人民法院，所以上调一级以后就必然将再审案件推向了高级人民法院和最高人民法院，使这些高级别的法院不得不疲于应对再审案件的审理，影响到原有职能的发挥。"[①] 在 2012 年民事诉讼法修改时，又将两类案件

---

① 张卫平：《新民事诉讼法的实施与司法体制改革的推进》，《人民司法应用》2013 年第 9 期。

的再审法院确定为原审法院，以缓解高级法院和最高法院的再审压力。数量如此之大的再审案件，对于"二审终审制"是巨大的冲击，以至有学者断言，"两审终审制已名存实亡，司法的终局性已荡然无存，审级制度的主体结构正在被'例外'和'补救'程序冲击、剥蚀和瓦解"①。

（五）审判业务指导双轨运行，呈现"类行政化"的模式

《宪法》和《人民法院组织法》都规定了上级人民法院对下级人民法院审判工作的监督职责，此种监督应当是通过二审及再审程序的审级监督。除此之外，上级法院对下级法院还有审判业务指导的职能，此项职能一般被理解为派生自审级监督职能，是审级监督职能的自然延伸。但审判业务指导的方式规定不明确，实践中做法不一，既有制定文件、发布典型案例、召开审判业务会议、组织法官培训等公开方式，也有内部研讨、书面请示汇报等非常规方式，呈现双轨运行的特点。审判业务指导应当是建立在审级独立基础上的审判业务知识的交流探讨，但"下级法院在上级法院面前鲜有独立思考的能力和勇气，究其产生的原因主要在于对发改案件的考核及个案请示制度的滥用"②。再加上上级法院对下级法院设定的其他考核管理指标，上下级法院之间的监督指导关系，异化成了类似行政管理的隶属关系。为解决此问题，最高人民法院《关于规范上下级人民法院审判业务关系的若干意见》（2010年）第一条进一步明确规定，"监督指导的范围、方式和程序应当符合法律规定"。但就目前而言，上下级法院之间的监督指导方式并未因此而发生根本的变化。

二、全面深化改革对中级法院职能定位的要求

此轮司法改革的核心是"去行政化"与"去地方化"，确保人民法院依法独立行使审判权，确保法律的统一实施。因此，中级法院的职能定位也应契合改革的要求，在新一轮的司法改革背景下，在我国的现行审级制度中，重新定位中级法院的体系坐标。

---

① 傅郁林：《审级制度的建构原理——从民事程序视角的比较分析》，《中国社会科学》2002年第4期。

② 茅仲华：《独立审判的慎思与求解》，《中国法律评论》2014年第1期。

（一）职能定位应体现中级法院整体特点

我国的中级法院数量多，[①] 辖区人口、面积等差异大，[②] 中级法院的"院情"千差万别，由此决定了中级法院的职能定位，不能过多强调其创制司法规则的职能。因为，在审级制度上实现维护司法统一性的重要条件是"终审法院保持较小规模并实行集体主义决策机制"，[③] 只有这样，才能减少法院内部出现意见冲突的可能性。我国的中级法院数量众多，如果强调中级法院要通过个案审判实现规则之治，必然会导致法律适用的地方冲突。数量众多的中级法院，具有解决纠纷的区位优势，在个案纠纷的终局解决上更应强调其职能发挥。

（二）职能定位应反映中级法院在审级中的特点

中级法院作为二审法院，相比高级法院、最高法院，更能对基层法院产生约束作用。上诉制度对基层法院施加了现实和潜在的压力，当事人的诉权借助上诉制度有效制约了基层法院的审判权行使，"迫使"基层法院查清事实，依法裁判。上诉制度功能的发挥，需要中级法院发挥其依法纠错职能，并保持与基层法院的审级独立关系。同时，中级法院有必要审理相当数量的一审案件，因为中级法院在审理一审案件中，除了与基层法院拥有相同的职能，即解决个案矛盾纠纷外，还因自己更强的专业性，可承担示范审理和积累类案审判经验的职能，通过公开、规范、严谨的审判程序，为辖区法院的审理提供借鉴和样本。

（三）职能定位应符合司法规律

法院职能定位应有助于司法统一性、正确性、正当性、终局性、权威性等价值目标的实现。具体到中级法院的职能定位，一是要去除审级监督指导的行政化趋势，剔除掺杂在审判监督权中的行政管理因素，还原审级监督权的本原；二是监督指导的方式应当有法可依、公开透明；三是应及时完善相关立法，为一审打造坚实的事实审提供法律依据和保障，同时明确二审审理的方式和原

[①] 按照 2012 年的数据，我国共有中级法院 408 个。参见何帆：《论上下级法院的职权配置》，《法律适用》2012 年第 8 期。

[②] 《中华人民共和国人民法院组织法》第二十二条规定："中级人民法院包括：（一）在省、自治区内按地区设立的中级人民法院；（二）在直辖市内设立的中级人民法院；（三）省、自治区辖市的中级人民法院；（四）自治州中级人民法院。"行政区划的面积决定了中级法院的管辖范围。

[③] 傅郁林：《审级制度的建构原理》，《中国社会科学》2002 年第 4 期。

则，确立法律真实的标准，正确对待法律真实与客观真实的差异，在二审中体现审理重点的侧重，体现中级法院的审级特点。

（四）职能定位应与多元矛盾化解机制相契合

《中共中央关于全面推进依法治国若干重大问题的决定》中要求："健全社会矛盾纠纷预防化解机制，完善调解、仲裁、行政裁决、行政复议、诉讼等有机衔接、相互协调的多元化纠纷解决机制。"健全社会矛盾纠纷预防化解机制，并非否定、排斥司法的作用。"司法最终救济原则"不是指所有的纠纷一概经由司法解决，而是司法保留"最终"救济权，但司法救济的具体方式既包括通过起诉启动的"司法初审救济"，也包括经由诉外途径解决后再通过不同法定渠道进入司法程序的"司法事后救济"。① 调解、仲裁、行政裁决、行政复议等诉外矛盾纠纷化解机制与诉讼程序的有机衔接，是重大的理论课题。本文限于篇幅，不作深入讨论。单就衔接的主体角度看，法院的职能分层配置，也有利于对诉外纠纷的司法审查。专业性越强的诉外纠纷解决机构，其作出的裁决结果，也应由越高审级的法院进行司法审查，司法审查的级别过低，会影响诉外纠纷化解的效率与权威，与鼓励纠纷多元解决的原则相冲突。此外，诉外纠纷解决的案件特点，也要求进行司法审查的法院职能要有分层。如政策性较强的案件，由级别较低的法院进行司法审查，也不利于纠纷的解决。中级法院以专业司法程序为基本特征，其对诉外纠纷解决结果的司法审查，更有助于规制社会行为和公权行为。故此，中级法院职能与多元矛盾化解机制的职能应当顺畅、全面衔接。

三、中级法院审判职能定位与实现路径

（一）围绕中级法院的基本职能作用，树立"审判即指导"的理念

我国中级法院的整体特点决定了其职能定位应当是突出纠纷的终局解决职能，中级法院在审级中的地位决定了其具有的依法纠错职能和示范审判职能，以符合司法规律的方式实现审判业务指导决定了中级法院的经验总结职能，适应多元化解矛盾纠纷的需要决定了中级法院的司法审查与法律规制功能。随着

---

① 傅郁林：《多层次民事司法救济体系探索》，《当代法学》2013 年第 4 期。

审级制度的不断完善，中级法院依法纠错的审级监督职能和终局化解纠纷的核心职能将更加突出。中级法院职能的有效发挥，离不开审判，应当树立"审判即指导"的理念，突出案件审判在中级法院职能定位中的重要意义，通过个案的规范、专业审理，实现对基层法院的有效监督指导和纠纷的彻底解决。

（二）落实管辖权转移的规定，真正发挥级别管辖职能

党的十八届四中全会决定设立最高人民法院巡回法庭，确保地方法院人财物实行省级统管后的法律统一适用，维护国家法制统一。通过案件审判统一法律适用是巡回法庭职能发挥的重要途径，因此，对一审案件设置过高的级别管辖门槛，导致案件至多经由再审程序进入高级法院审理，会影响巡回法庭职能的发挥。中级法院对于重大、复杂的一审案件应保持进口的畅通，从而为巡回法庭通过审判监督程序发挥职能作用提供可行性。

为有效发挥中级法院在重大、疑难、复杂案件审理中的作用，恢复级别管辖标准的弹性，减轻基层法院因"标的下沉"带来的审判压力，应当切实落实最高法院有关管辖权转移的规定，畅通重大、疑难、复杂案件的上行渠道，即基层人民法院对于已经受理的下列第一审案件，必要时可以根据相关法律规定，书面报请上一级人民法院审理：（1）重大、疑难、复杂案件；（2）新类型案件；（3）具有普遍法律适用意义的案件；（4）有管辖权的人民法院不宜行使审判权的案件。上级人民法院认为下级人民法院管辖的第一审案件，属于上述类型，有必要由自己审理的，可以决定提级管辖。[1]为避免因管辖问题影响审判效率，上级人民法院对下级人民法院提出的移送审理请求，应当及时决定是否由自己审理，并下达同意移送决定书或者不同意移送决定书，在决定书中应当载明基层法院移送的理由以及中级法院同意或不同意的理由。决定书应当公开。

（三）在确保两级法院审级独立的前提下发挥审级监督职能

审级独立的前提是法院能够依法独立行使审判权，即法院能够排除外部的干扰，遵从法律规定，能够以司法良知认定案件事实和适用法律。这是正在进行的司法改革着力解决的问题，随着相关配套机制的建立和改革力度的深入，法院审判不独立的问题将得到有效解决。另一方面，在审判关系中保持上下级

---

[1]　最高人民法院《关于规范上下级人民法院审判业务关系的若干意见》第三条、第五条。

法院的独立性，是法院内部可以积极推进的。一是取消不合理的考核指标和目标管理，去除审级监督中的行政管理因素，理顺上下级法院监督的关系；二是中级法院在解决纠纷的基础上依法纠错，尤其是有示范意义或者典型法律价值的案件，不能以调解等方式掩盖一审裁判的错误；三是取消内部监督函等不规范的审级监督方式，建立裁判文书说理的刚性约束机制，审级监督的内容应当通过裁判文书公开表达。

（四）完善业务探讨和案例指导等形式，规范审判业务指导职能

除了通过改判发回案件中充分阐述事实与理由，对基层法院进行业务指导外，还应规范审判业务指导的方式，实现监督指导从依赖会议和文件的形式，过渡到主要以案例选拔与研讨的方式。之所以突出案例的作用，除了案例指导更加公开透明外，上级法院在层报、遴选和发布案例时，无疑会反复推敲所推出的案例，是否足以经受得起下级法院的待决案件主审法官，哪怕是来自最为基层的乡村法官的斟酌及援引适用。[1] 案例研讨、生成的过程，也成为基层法院对中级法院反向监督的过程，从而形成两审法院的良性互动，比起单向的由中级法院组织法官培训、发布指导文件效果更好。

（五）连通诉讼外纠纷解决的渠道，实现法律规制职能

司法的最终救济功能并不排斥其他纠纷解决机制的功能发挥，而是在经其他纠纷解决机制裁决后，在符合一定条件时，相关主体仍可将裁决结果提交司法程序审查。如法院对仲裁裁决的审查、对人民调解协议的审查、对劳动仲裁裁决的审查等。在当前的程序设计中，经由司法外程序解决的争议，有的进入基层法院审查，有的则由中级法院审查，体系混乱。为规范司法审查的主体，有学者提出，至少应当综合考虑案件的特点和法院职能分层配置目标两大因素。为了保障选择仲裁与选择诉讼的纠纷终审同级，考虑到劳动纠纷和农村土地承包经营纠纷的政策性较强、终审级别太低会导致纠纷难以进入高层司法审查范围，所以对于劳动纠纷的仲裁裁决和农村土地承包经营纠纷仲裁的裁判，应由中级法院进行司法审查。中级法院的案件压力问题则应通过统一调整司法审级制度来建立分流渠道。[2]

---

① 杨力：《中国法院职权优化配置研究》，《东方法学》2013 年第 4 期。
② 傅郁林：《多层次民事司法救济体系探索》，《当代法学》2013 年第 2 期。

（六）完善信访终结机制，保障中级法院职能有效实现

信访问题高发，终审不终，是制约当前中级法院职能发挥的症结性问题。为解决涉法涉诉信访案件出现的"入口"不顺、程序"空转"、"出口"不畅等问题，中央政法委出台了《关于建立涉法涉诉信访事项导入法律程序工作机制的意见》《关于建立涉法涉诉信访执法错误纠正和瑕疵补正机制的指导意见》《关于健全涉法涉诉信访依法终结制度的实施意见》三个配套文件，党的十八届四中全会进一步提出了"把信访纳入法治化轨道""落实终审和诉讼终结制度""实行诉访分离"等改革目标。随着司法改革进程的深入推进，相关配套制度逐步完善，中级法院二审职能的发挥将更符合题中应有之义。

检察改革视阈下案件程序质量监督研究

——中山市人民检察院创新案件管理机制实证分析

李　丹　李　靖*

一、案件程序质量监督问题的提出

检察机关作为国家法律监督机关，其重点是对诉讼进行监督，尤其是对刑事诉讼实行法律监督。从立法本意讲，检察机关享有的法律监督权应是广泛的、贯穿刑事诉讼全过程的，就意味着既监督实体裁判结果，又监督产生此结果的程序过程，实质表现为一种保障性、救济性权力。长期以来，准确及时打击犯罪和追求正确的实体裁判是司法实践的工作重点，而案件程序的质量问题则成为学术界忧虑所在。鉴于刑事诉讼活动现状往往就是检察机关开展诉讼监督的结果，体现着检察机关开展诉讼监督工作的力度和效果，进行案件程序质量监督的理论研究和实践探索就具有明显的现实意义。

英国大法官休厄特说："正义不仅要实现，而且要以看得见的方式实现"，这种方式就是程序。刑事诉讼法因涉及国家刑罚权实现和公民权利保障而具有"小宪法"地位。正如刑诉法学者陈卫东所指出，"正当法律程序与刑事诉讼的关系尤为密切，刑事诉讼是正当法律程序的主要载体，正当法律程序则是刑事诉讼的灵魂"①。加强检察机关对刑事案件程序质量的监督，无疑有利于法律规范中程序性条款的有效落实。优化诉讼监督权的配置和规范司法权的运行，更是当前和今后一个时期保障司法公正的客观需要。需要注意的是，这种研究

---

*　李丹，广东省中山市人民检察院案件管理中心；李静，广东省中山市人民检察院案件管理中心。

①　参见陈卫东：《刑事诉讼程序论》，中国法制出版社 2011 年版，第 2 页。

和实践必须遵循刑事诉讼自身规律，应当有利于权力制衡和保障人权①，特别是有利于刑事诉讼程序正义的实现和发展。

第十三次检察工作会议、全国检察长会议提出，加强和改进案件管理工作是检察机关创新检察管理机制，提升检察管理水平的重要举措，也是强化自身监督，提高检察机关执法办案质量和效率、推动检察工作创新发展的必然要求。由于案件管理是一项全局性、统领性和系统性工作，具有独立价值和特殊规律。② 鉴于此，本文从案件程序质量监督的基本理论着手，实证分析我国刑事案件程序质量监督存在的问题，从应然层面架构符合检察机关案件管理价值和规律的程序质量监督体系，并论析符合检察信息化发展趋势的程序监督运行机制。

二、案件程序质量监督基本理论问题之刍议

（一）案件程序质量监督的概念内涵

1. 概念初探

案件程序质量监督，目前尚未有明确、统一、权威的概念。立足文本对其进行诠释，应先厘清两个基本问题：其一，谁来监督？其二，监督谁、监督什么？

从广义上讲，刑事诉讼监督根据监督主体差异分为刑事诉讼运作系统内监督和运作系统外监督，后者主要为人大、政党、媒体监督，前者则包括检察监督、诉讼参与人监督、上级对下级的监督等。③ 但宪法意义上的监督主体有且只有一个，就是人民检察院。④ 案件程序质量监督作为刑事诉讼监督的子集，由人民检察院对刑事案件程序质量统一行使法律监督权，对象也就涵盖了依法参与诉讼的侦查机关、审判机关、执行机关。

---

① 第十一届全国人大第五次会议于 2012 年 3 月 4 日通过了《关于修改〈中华人民共和国刑事诉讼法〉的决定》，新修订的刑事诉讼法总则第一次写入"尊重和保障人权"，并通过改革完善各项具体制度加以体现，实现了从"人权入宪"到"人权入法"的突破。

② 参见罗昌平、顾文虎：《检察机关案件管理基本问题要论》，上海检察网 http://www.shjcy.gov.cn/jclljy/201007/t20100719-1971.htm，2010 年 7 月 19 日。

③ 参见伦朝平等著：《刑事诉讼监督论》，法律出版社 2007 年版，第 2 页。

④ 我国宪法第一百二十九条规定："中华人民共和国人民检察院是国家的法律监督机关。"

"程序，从法律学的角度来看，主要体现为按照一定的顺序、方式和步骤作出法律决定的过程"，可见诉讼程序就是诉讼过程。① 丹宁勋爵正是如此解释正当法律程序，为了保持司法工作纯洁性而认可的各种方法，以保障逮捕搜查适当采用、促使调查和审判公正地进行以及清除不必要的延误等。② 本文所探讨的案件程序作为正当法律程序的一种，就是在刑事诉讼中国家权力运行的机制，具体指为查明犯罪和保障人权所应遵循的固定化的方式、步骤、时间和顺序的总和。③ 质量一词，通常来讲就是事物、产品或工作的优劣程度。案件程序质量也就可以解释为案件在刑事诉讼过程中流转方式、步骤、时间和顺序的优劣、好坏，本质上讲即是否符合法定性。

案件程序质量监督作为一种刑事诉讼监督，是指检察机关作为国家法律监督机关，依法律规定的程序和职权对刑事诉讼案件程序是否合法进行检查、督导、制约的一系列活动，以维护法律的统一正确实施和保障程序正义为目的。需要说明的是，在本文中笔者将检察机关对自身程序的监督同样纳入概念范畴，此时作为广义的案件程序质量监督因监督对象范围的扩大而具有不同性质。

2. 主体、客体

检察机关作为专门的法律监督机关，对于案件的整个刑事诉讼流转程序有法定的监督权。实践中，检察机关业务部门通过批捕（不捕）、起诉（不起诉）、出庭公诉等活动对刑事案件的程序进行法律监督。但检察环节作为刑事诉讼中间环节，案件流转呈现一种线性、步进式特点，业务部门在各自阶段发现和纠正诉讼程序违法行为。而这种分散的、阶段性的监督方式存在诸多弊端（笔者将在下文予以具体阐述）。随着检察体制内职权再配置，案件管理已经实现集约化、专业化、信息化，即由专职的案件管理机构承担案件流转管理监督职能（特别是独立收送案、期限预警和程序纠正），实践证明这次检察改革

---

① 参见季卫东：《法律程序的意义——对中国法制建设的另一种思考》，《中国社会科学》1993 年第 1 期。
② 参见［英］丹宁勋爵著：《法律的正当程序》，李克强等译，法律出版社 1999 年版，第 1—2 页。
③ 方式指实施和完成某行为的方法及行为结果的表现形式。步骤指某一行为所要经历的阶段。时间指完成某行为的期限。顺序指完成某一行为所必经的步骤间的先后次序。

成效显著，有力回应了"谁来监督监督者"的质疑，实现了办案与监督的适当分离。但作为检察机关内设机构间的制衡机制，这种案件程序监督触角并未有效延伸至整个诉讼阶段。笔者认为，方兴未艾的案件管理机构具有先天的监督优势，可以对整个刑事诉讼的案件程序质量监督进行创新尝试，与业务部门共同成为案件程序质量监督主体。此时监督对象范围就扩大为依法参与诉讼的侦查机关、审判机关以及检察机关内部的侦查监督部门、审查起诉部门的诉讼程序合法性①。

3.性质特征

因监督对象不同，案件程序质量监督有不同性质。对侦查活动、审判过程、执行程序的监督是法律监督，无论主体是具体业务部门还是案件管理机构都是以整个检察机关的名义，是对刑事诉讼法总则第八条"人民检察院依法对刑事诉讼实行法律监督"规定的落实。而案件管理机构对检察机关侦查监督部门、审查起诉部门的监督是内部监督，其运行依据并非诉讼法意义上的法律监督权，而是基于程序自治理念，对案件进入检察机关阶段后所追求的自我平衡和完善，是检察改革下的程序控制权和实体审查权适当分离的探索。

（二）案件程序质量监督的价值取向

法律制度的构建总是以一定的社会价值目标为基点和归宿。刑事诉讼的价值目标由实体真实和程序正当组成。实体关心决定的内容，而程序关心决定形成的过程，对案件程序质量进行监督自然就有着独立价值，也就是经常说的必要性与意义所在。

1.守护程序正义

程序正义源于英国古老的自然公正法则。程序的公正能促进争端的真正解决而不是简单了结，可确保诉讼各方对整个司法审判制度产生信任②，这就是

---

① 执行程序作为刑事诉讼的重要组成，当然涵盖于检察机关的法律监督范围内。在实践中检察机关往往在看守所或监狱设置派出机构对刑罚执行程序进行监督，这种"步进式"的监督形式取得了良好效果。以中山市人民检察院为例，通过设立驻看守所检察室对减刑、假释、保外就医等程序进行监督。

② 参见［美］马丁·P.戈尔丁著：《法律哲学》，齐海滨译，生活·读书·新知三联书店1987年版，第240页。

要宣扬程序正义或公正的理由所在。美国联邦最高法院大法官杰克逊更是将程序的公正和合理称为自由的内在品质。大法官威廉·道格拉斯对程序限制恣意、规制权力作用时作过精当表述，"美国权利法案中的大多数条款都是关于程序的规定，这并不是没有任何意义的。正是程序决定了法治与恣意人治之间的主要区别。"① 可见作为刑事司法制度中的指导性原则，程序正义犹如自由，是公民法律信仰的来源，是法治与人治的分水岭。国际人权公约也多吸纳包含了法律程序正义精神和实质的条款，这些甚至成为法治国家的普适标准。"实际上正义这种价值也只能通过程序才能实现，因为诉讼程序本身更趋近纯粹的程序正义情形。"② 新修订的刑事诉讼法正是基于程序正义的普适价值而在诸多具体条款上加强了刑事诉讼程序机制的构建，克服了对刑事案件处理中人情化和非制度化的因素，从而限制公权的恣意。

2.制衡权力运行

正如孟德斯鸠在《论法的精神》一书中写道："一切有权力的人都容易滥用权力，这是亘古不变的一条经验。有权力的人们使用权力一直到有界限的地方才休止"。公权力有其扩张性、寻租性、腐蚀性，这是作为一种支配力量本质所决定的。权力运行者若凭着个人意志或偏好支配权力，自然对公民私权利造成极大侵害，权力制衡已经成为一个国家是否宪政的普适性标准。美国法学家博登海默所言："法律的进步作用之一是约束和限制权力，而不论这种权力是私人权力还是政府权力。在法律统治的地方，权力的自由行使受到了规则的阻碍，这些规则迫使掌权者按一定的行为方式行事。"③ 当然这种规则既有实体性规定也有程序性法律条款。2008年，中央政法委员会出台的《关于深化司法体制和工作机制改革若干问题的意见》指出，"司法改革要以加强权力监督制约为重点"，"核心是调整司法职权配置，加强权力监督制约"。进行案件程序质量监督的研究和实践，无疑会更全面地规范司法行为，有利于中央关于建设公正高效权威的社会主义司法制度的实现。

---

① 转引自季卫东：《程序比较论》，《比较法研究》1993年第1期。
② 参见宋英辉著：《刑事诉讼原理》，法律出版社2007年版，第37页。
③ 参见［美］博登海默著：《法理学：法律哲学与法律方法》，邓正来译，中国政法大学出版社1999年版，第358页。

3. 权利有效救济

在现代社会，人权保障程度已经成为社会文明和进步的重要标尺。[①] 权利有效救济就是指人民除了享有实体法规定的各项实体权利外，还享有请求国家提供具有实效性审查和申请法院救济的程序权利，其源于"有权利则有救济"的古老法谚。充分尊重、扩展、保障人权是法治的目的价值。反映在刑事诉讼活动中，就要求案件实体问题得到客观公正处理，此客观公正结果的实现过程自然是遵循法定程序的，以确保参与人诉讼权利的完整体现，受到检察机关的有效监督。案件程序质量监督的价值实质在于排除国家机关的恣意因素，其逻辑构建应在于"诉讼过程公正是诉讼结果公正的基石，诉讼结果公正则意味着实体公正之实现"。[②] 新修订的刑事诉讼法也特别强调了对程序违法行为的救济机制，以非法证据排除为核心的程序性制裁就是其一。

（三）案件程序质量监督的运行原则

有学者总结出，基于限制权力、保障人权的价值目标，诉讼监督原则主要表现为依法监督、适度监督、有效监督。[③] 案件程序质量监督同样坚持此一般原则。依法监督，要求案件程序质量监督必须符合检察机关的法定职权和法定程序，如果越权干涉侦查、审判、执行，则不产生法律监督效力，也就强调监督行为自身的法定性即"法无规定不得行"。适度监督也称比例原则，监督纠正决定与程序违法行为的严重程度相适应，不盲目扩大范围也不片面追求刚性，避免出现"越位"。有效监督，是指诉讼过程中一旦出现程序违法，检察机关能及时发现，监督对象积极接受并纠正违法行为和消除违法后果，新修订的刑诉法规定的程序性制裁正是对该原则的保障。

程序制度的存在无疑会影响到诉讼效率，不科学的程序设计或过度监督都会严重拖累刑事诉讼进程。因此作为效率的内涵要素，及时性对于诉讼程序有着重要价值，正如贝卡利亚在论述刑罚及时性时指出，"惩罚犯罪的刑罚越是迅速和及时，就越是公正和有益"，"诉讼本身应该在尽可能短的时间内

[①] 参见孙谦主编：《中国特色社会主义检察制度》，中国检察出版社 2009 年版，第 253 页。

[②] 参见黄远征：《刑事诉讼监督理论研究》，《硕士论丛·刑诉法学》（第 1 辑），中国检察出版社 2002 年版，第 243 页。

[③] 参见孙谦、童建明：《论诉讼监督与程序公正》，《人民检察》2010 年第 22 期。

结束"。① 在现代刑事诉讼法中，公正与效率是司法活动两大价值目标。在处理公正与效率的关系上，刑诉法学者陈光中给出的答案是，"在公正与效率的关系上，在经济领域，应当是效率优先，兼顾公平。也就是说，首先强调经济发展的速度，再考虑到分配的公平。但在司法领域则应当是公正优先兼顾效率，不能为了效率过分牺牲公正"。② 检察机关在进行案件程序质量监督时，还应坚持"公正优先，兼顾效率"原则。

三、案件程序质量监督之实践论析与有益探索

（一）案件程序质量监督的实践论析

上文已用大量篇章阐述案件程序质量监督的必要性，因为从当前司法实践来看，刑讯逼供、暴力取证行为已经成为冤假错案产生的直接祸源；违法立（撤）案、侦查措施的滥用、超期羁押、诉讼程序倒流也是一再威胁公民人身自由和财产安全的顽症。由于刑事诉讼活动现状往往就是检察机关开展诉讼监督的结果，体现着检察机关开展诉讼监督工作的力度和效果。因而对实践现状进行反思就非常必要，笔者尝试从监督体制、观念、方法等三方面阐述现行案件管理模式中程序监督的缺位。

1. 阶段性与封闭性的监督体制

案件的流程控制权和实体审查权在传统检察体制中往往混合由同一审查部门行使，结果常是流程控制权因未受重视而疏于管理，实体审查权因缺乏制约而被滥用。案件质量管理机制长期以行政模式运行，其主体呈现层级式、分散性，其流转呈现步进式、串联性。此条块分割、各自为政的案件管理体制导致其不能宏观掌控案件流转全过程和所有办案环节。如此一来，案件决策的一致性、连续性，尤其是法律监督效能就大打折扣。在实践中业务部门重案件结果审查，缺乏过程性监督，而且部门间工作衔接效果不理想。这种各管一段的封闭性监督体制可以发现案件实体质量问题，而程序违法的纠正更依赖于连续

---

① 参见［意］贝卡利亚著：《论犯罪与刑罚》，黄风译，中国法制出版社2005年版，第69页。
② 参见陈光中：《刑事诉讼法再修改之基本理念——兼及若干基本原则之修改》，《政法论坛》2004年第3期。

性、过程性、动态性的监督。这种案件管理弊端的存在使得案件质量尤其是程序质量出现监督"盲区""脱节"。程序监督的现有体制弊端决定了必须寻找其他措施或路径来加强案件程序质量监督。

2. 重实体与轻程序的监督观念

根据诉讼价值理论，刑事诉讼法有外在与内在价值之分，前者实现刑事实体法功能，又称工具价值；而后者就是程序的独立价值。[①]"徒法不足以自行"，法律总是需要办案人员的执法行为才能对社会生活发生作用，而观念是行动的先导。受国家本位理念与法律传统的长期影响，办案人员往往认为刑事诉讼目的就是发现案件真实和准确打击犯罪，而忽视作为追诉犯罪手段的程序本身有着限制公权力和保障实体公正的独立价值。当前，我国处于矛盾凸显、犯罪高发的社会转型时期，查明和惩罚犯罪的任务相当艰巨。尤其在案多人少的基层，办案人员的有限精力几乎全部放诸实体，"重打击、轻保护"，"重实体、轻程序"，只要行为不存在明显、重大违法则不以为然，而且"自我手术"效能很低。例如，现行刑事诉讼法第六十九条规定，对于流窜作案、多次作案、结伙作案的重大嫌疑分子，公安机关提请审查批捕的时间最长为30日。在实践中只要是有可能判处无期徒刑以上刑罚的案件，办案人员则用尽30日的呈捕期限，这无疑造成隐性超期羁押，而检察机关和审判机关对于侦查机关辛苦"侦破"的案件不敢贸然以"程序违法"为由进行处理。鉴于检察业务部门与侦查机关交往密切，往往忽视对捕后不移送、强制措施变更等案件的有效制约，也会出现工作扯皮、程序倒流、互借时间、久拖不决等诸多现象。程序正义是现代刑事诉讼的本质要求，基层办案人员诉讼观念的转变已经迫不及待。新修订的刑诉法吸纳了非法证据排除规则，司法工作者必须强化程序意识，坚决纠正重实体轻程序、重结果轻过程的错误观念和做法，把程序公正的要求落实到刑事司法活动全过程。[②]

3. 事后监督占主导的监督实践

检察机关的诉讼监督多为事后监督，这是刑事诉讼递进式特征、公检法环环相扣关系所决定的。无论是案件实体定性错误还是程序违法情节的发现，都

---

① 参见卞建林：《人权意识：刑事诉讼的时代禀赋》，《检察日报》2012年6月8日。
② 参见陈卫东：《程序意识：求真的同时还要求"善"》，《检察日报》2012年6月。

是立足于案卷书面审查、讯问被追诉人、接受申诉控告等。这种捕捉信息的不及时就导致了监督启动、执行的滞后，对外法律监督不力。侦查监督、公诉等部门各自负责对侦查机关移送审查逮捕和移送审查起诉案件管理，容易忽视侦查机关捕后不移送审查的监督管理，造成案件流失。

（二）案件程序质量监督的有益探索

随着检察体制改革深入，各地检察机关纷纷探索符合检察业务发展规律和自身实际条件的案件管理模式，其中加强检察环节案件程序质量监督是各地改革的共同之处，顺应了现代刑事诉讼制度注重正当法律程序的发展方向。尤其是现代管理学原理与检察体制改革的成功结合，以集约化、动态化、规范化为特征的新型案件管理模式的创新发展逐步实现了案件程序质量监督的正位。

1. 集约归口监督

依据现代管理学关于法人治理机制的管理原理，效率来自于分工，分工则意味着规范化和专业化。纵向与横向是检察业务管理的基本模式，而集约化管理又是横向管理的基本形态。为推动检察工作科学发展，根据高检院部署，以河南省郑州市金水区人民检察院为代表的地方检察机关纷纷尝试案件的"专管"模式，进行流程再造以适当分离案件程序监督权与实体审查权，探索建立一项"横向到边，纵向到底"的案件管理监控体系，从而实现了案件集约归口管理。特别是高检院成立了案件管理办公室，将案件管理工作步入科学化、规范化、体系化发展道路。这有效解决了目前案件由业务部门自我管理、自我监督所存在的封闭性、粗放性、管理断头多的弊端。同时，新型案件管理模式积极运用计算机信息网络通讯技术，使得案件管理运作方式更加系统、科学、准确、客观，增强了检察工作的预见性和创造性。我们需要注意的是，案件管理的集约化不是分解业务部门的办案权，而是在各办案环节中增加管理和监督的程序，通过借助案件信息的全流程支持进行实时跟踪，强调的是办案与监督的适当分离，以最大效益地整合检察业务资源，全面履行好法律监督职能，最终实现案件整体质量提升。

2. 全程动态监督

依据管理学的"过程控制"理论，新型案件管理机制使得检察机关在案件管理的过程、结果、效能和成本方面获得最大效益。其依托网络信息化建设实现案件流程管理对办案时限、流向进行动态的、全程的、实时的把握，包括统一登记、流程监控、期限提示、同步预警、文书审批、督查催办等，从而确保诉讼程序的合法性、完整性、高效性，充分发挥了事前预警、事中矫正、事后问责的程序质量救济功能。实践证明，这种由传统的静态事后监督向动态事前预警、事中监督的转变，有力增强了案件风险的防控。检察机关案件专管机构的运行模式和技术支持，充分展现了由其进行诉讼程序质量监督的有利特征。

3. 内外延伸监督

正如上文论述，案件管理机构对检察机关各业务部门的监督是检察权内部的制约平衡，而非诉讼监督权。随着案件管理机制的不断探索创新，部分地区检察机关重新审视案件管理机构的职能定位，试图将原有监督触角向外延伸而涵盖整个刑事诉讼流程。此时案件管理机构以检察机关的名义对外行使法律监督权，结果自然产生法律效力。由案件管理机构对诉讼程序进行监督，符合检察机关诉讼职能与监督职能适当分离的要求。中山市人民检察院结合中山市实际，在对传统和现有案件管理模式的反思之下，努力构建符合检察工作规律的内外结合的案件程序质量监督体系。

四、案件程序质量监督之改革与完善：以中山市人民检察院实证分析为视角

最高人民检察院检察长曹建明强调，将强化自身监督放到与强化法律监督同等重要的位置来抓。为了最大效益地整合检察资源和规范司法权运行方式，中山市人民检察院立足实际，在不断反思传统与现有案件管理模式基础上，积极探索符合现代管理学以及检察规律的案件管理工作新机制。通过信息化建设和计算机局域网应用，案件已经逐步由阶段管理变全程管理，闭合管理变公开管理，静态管理变动态管理，实现了对办案质量和效率的自动化动态监控。

检察环节案件程序质量监督是案件管理工作的核心，有效遏制了程序违法"恶树之果"在审判阶段的出现。同时，中山市人民检察院在完善内部监督基础上，循序渐进、逐步探索案件程序质量监督触角的延伸领域，依法监督侦查机关、审判机关的程序合法性。案件管理工作逐渐成为适当分离检察机关诉讼职能和诉讼监督职能的平台，成为检察机关内部监督和对外诉讼程序法律监督的有力抓手。

（一）中山市人民检察院案件程序质量监督的体系述评

1. 明确案管中心职能定位

中山市人民检察院案件管理中心（以下简称案管中心）是在检察长和检察委员会之下设立的专门案件管理机构，具有管理、监督、服务、参谋四项职能，是检察改革进程中加强内部监督的实践成果。案管中心具体履行以下职责：一是统一案件出入口即受理、分流和移送；二是统一赃证款物保管和处理；三是统一案件数据出入口和诉讼文书、印章管理；四是统一跟踪监督案件程序流转；五是为领导提供业务决策参考；六是为律师阅卷查询及当事人咨询提供服务。中山市人民检察院已经总体实现了案件"集中受理、统一出入、流程管理、动态监督"的"专管"模式，构建了"服务与监督、程序与实体、公正与效率"并重的案件管理体系，创新了过程监督、实时预警、督导整改、质量考核、责任追究等层次交错的监督网络，发挥了案管中心作为全院案件监督调配枢纽的职能作用，提高了检察机关执法办案科学化水平。

2. 筑建程序质量监督平台

信息化是案件集约化管理的题中应有之义，案管中心依托计算机、通讯和局域网技术，将现代管理学中的风险防控理论和质量管理方法应用于案件管理工作实践，成功研发和运用一套规范办案流程、深化诉讼程序监督的案件管理系统软件。通过设置自侦、批捕、公诉办案程序监控节点，案管中心以时效提示、流程检测、文书审查为手段，实现对案件流程完整性、时效合法性、文书规范性进行动态、全程跟踪。以批捕、公诉案件期限将届满为例，案管中心会分别在期限届满前两天、五天向承办人发出预警，并以短信通知方式催促其及时审结案件。

2012 年案管中心在实践调研基础上研发了一套对外程序监督的案件流程预警系统，自动检测侦查、起诉、审判办案时效是否符合法律规定，以解决当今捕诉衔接、诉讼期限监督盲点问题。这套系统包含了侦查羁押期限预警，捕后变更强制措施备案监督，捕后撤案情况监督，不捕执行情况监督，捕后不起诉监督，捕后无罪判决监督，补充侦查期限预警，审判期限预警，法院延期审理监督预警等功能。将案件程序监督工作与信息化有效融合，案管中心统一协调、集中监管、系统分析、跟踪反馈案件全流程质量，建立起事前预防、中期监控、后期督改的多重防线，成功构建案件程序质量风险防范与稳控相结合的新型运行平台。

3.完善督查整改机制

案管中心依托程序预警监督平台实时监督案件流程，当案件进入期限节点后则自动显示预警颜色，一旦发生超期情形案管中心则会向具体承办人发出《案件流程监控通知书》以启动督查整改机制。这种机制依赖于案管中心对案件享有的专管权，具体表现为案件信息知情权、流程控制权、对内通报纠正权、建议处分权以及对外法律监督权。

在开展对内监督方面，主要针对随意延长审查起诉期限、随意退回补充侦查、借用侦查期限、超期送案以及久拖不决等情形，防止承办人越权限办理人情案、关系案，案管中心针对内部违法行为享有建议处分权。在开展对外监督方面，重点监督捕诉衔接中的侦查行为，针对捕后变更强制措施、撤案、不起诉情形以及不捕执行情况完善备案审查和程序制裁机制，发现程序违法情形时一经查证属实，轻微的口头纠正，严重的则会同相关业务部门发出检察建议、纠正违法通知书或要求更换承办人意见，并要求侦查机关及时反馈落实情况，确保检察机关法律监督的刚性效力。

4.畅通意见反馈渠道

案管中心对侦查呈捕、起诉案件中法律文书不规范、强制措施超期情形的发现往往基于受理案件时的书面初审。同时案管中心又被赋予诸多重要职能如管理检察机关全部人身、财产强制类法律文书，进行刑事检察业务对外查询、为律师提供阅卷、接收意见材料以及犯罪嫌疑人诉讼权利义务告知。这种"地利"职能有利于及时了解犯罪嫌疑人及其辩护人的意见和建议，这无疑成为检察机关发现刑事诉讼程序违法行为的又一重要信息来源。新修订的刑诉法第一百一十五条规定了当事人和辩护人、诉讼代理人、利害关系人对司法机关及其工作人员有程序违法行为的控告申诉权。案管中心在接触犯罪嫌疑人及其辩护人过程中，发现存在上种申诉或控告的，可以及时向业务部门反馈，情况属实的，及时通知有关机关纠正。

（二）中山市人民检察院案件程序质量监督的微观分析

1.侦查环节案件程序质量监督

侦查活动程序具有动态且相对封闭的特点，其措施广泛并具有强制性，这就意味着极容易出现侵犯犯罪嫌疑人合法权益的现象。把整个刑事诉讼程序比作一座大厦，而作为启动此程序的侦查活动就是大厦根基。错误的侦查病枝不经修正终究会产出错误的审判恶果。侦查行为在法律上不具有可诉性，违法侦查的受害人不能因此而提请行政诉讼。从权力制衡意义分析，就要求侦查监督应当是全方位的、立体的、动态的。

案管中心受理侦查机关提请批捕的案件前，进行较为严格的书面初审，着重审查拘传、拘留强制措施执行的合法性。对于不符合"流窜作案、多次作案、结伙作案"情形而将呈捕期限随意延长至拘留后 30 天的，及时向侦查监督部门反馈，以杜绝隐性超期羁押。

当前，捕诉部门尚未建立畅通有效的衔接机制，信息沟通不及时、不全面，导致在衔接中出现侦查监督盲区。对事实不清、证据不足不捕的，尽管侦监部门列出提供法庭审判所需证据材料意见书，但不捕后缺乏对侦查行为制约，侦查机关对于存疑不捕往往消极侦查，以保代放，不重新报捕也不移送起诉。[①] 针对此情况，案管中心建立不捕备案审查机制、制作《不捕案件情况备忘录》，对于侦查机关变更强制措施、撤案、另处理等情况进行跟踪监督，防止出现久侦不决导致的案件流失。对于无逮捕必要不予批捕的案件，案管中心将审查不捕决定、执行以及送达日期，对于在两个月内未移送审查起诉或做其他处理的，及时向侦查机关了解办案进程，发出案件催办函或纠正违法通知书，要求侦查机关将处理情况通知人民检察院。对于捕后撤案、不移送审查起诉、变更强制措施的，要求侦查机关行为之前事前通知案管中心并备案，尤其是共同犯罪案件在移送审查起诉时，案管中心着重审查起诉意见书与提请逮捕意见书信息的差异，确保检察机关对捕后侦查行为的有效监督。

2.审查起诉环节案件程序质量监督

对于侦查终结移送审查起诉的案件，案管中心审查起诉意见书以及换押证等文书是否合规、卷宗材料是否齐备、装订是否规范、赃证款物是否随案移送、犯罪嫌疑人是否在案，重点核查起诉意见书中强制措施决定日期与执行情况，对案卷材料不规范、逮捕羁押超期情况登记在册予以监督。结案时案管中心依据手续完备的公诉审查报告与审批表出具法律文书，对涉及人身自由、财

---

① 参见李乐平、吴小强：《审查逮捕后至移送起诉前侦查监督机制之构建》，《人民检察》2012 年第 4 期。

产处分的强制性法律文书以及诉讼环节流转文书实行审查、编号、登记、保管。对公诉部门退回补充侦查的案件，送案信息载入案管中心补充侦查预警系统予以动态跟踪，案件未在一月内重新移送或发生撤案、强制措施变更的，要求侦查机关说明理由并接受审查监督。案管中心对审查起诉全流程实行跟踪、预警、监控和催办，2012年以来通过案管系统同步监督案件479件，发出预警200余件，共纠正办案流程疏漏85次，有效杜绝了超期羁押、久拖不决、公检互借办案时间等违反程序法的现象，进而减少了涉检上访隐患的发生。

3. 审判环节案件程序质量监督

法院作为案件的中立裁判者，并不意味着可超乎法律监督之外。美国大法官沃伦·伯格曾言："一个具有终审权和对其判决不容讨论的法庭比任何别的机构需要更细致监督的监督。不容讨论的权威最容易导致自我放纵，最难做到不带偏见的自我分析"。① 新修订的刑诉法第二百零三条规定，人民检察院发现人民法院审理案件违反法律规定的诉讼程序，有权向人民法院提出纠正意见。法庭审理程序质量主要由出庭公诉人进行监督，案管中心作为检察机关案件与法律文书流转的枢纽地带，实践证明也具备监督的可行性。以中山市人民检察院审查起诉的杨某昌诈骗案为例，案管中心在收到该判决时及时审查了出庭、判决日期，发现一审法院在宣告判决后并未立即将判决书送达检察机关，导致该案判决在未经检察机关依法审查情况下发生了法律效力，客观上剥夺了检察机关的法律监督权。公诉部门调查核实后及时向法院发出检察建议，要求审判人员加强程序意识，完善诉讼文书送达与流转签收制度。

案管中心作为对外窗口，工作内容之一就是负责接收、流转法院送达的出庭通知、判决裁定，并对中止审理、延期审理情形进行登记备案审查，严格监督延期审理次数，督促法院如期恢复庭审，以保障当事人获得及时审判的权利。新修订的刑诉法对法院审理刑事案件发回重审次数作出了限制性规定，案管中心借助跟踪案件信息报表，可获知案件发回重审的时间、次数及裁判内容，可以实现对审判程序的强有力监督。

---

① 转引自〔美〕鲍勃·伍德沃德、斯科特·阿姆斯特朗著：《美国最高法院内幕》，熊必俊等译，广西人民出版社1982年版，第6页。

五、结论

对案件程序质量监督问题的理论研究与实践探索有很大的现实意义。如果程序违法，即使案件中法定权利得以保障和法定义务得以履行，司法公正也并非完整展现。在螺旋式上升的法治语境下，程序正义之路，既要仰望星空，更要脚踏实地。案件程序质量监督由检察机关的案件管理机构来承担有现实的可操作性但更多的是挑战。中山市人民检察院案件管理中心凭借信息化优势与案件流转枢纽地位，承担起案件程序质量的内部监督与对外法律监督职能，是检察改革背景下程序监督的有益尝试与探索。认识、尊重并遵循刑事诉讼活动法定程序，由专门机构与工作机制予以监督保障，利于树立司法权威，也是推进检察体制改革、优化司法职权配置、强化法律监督的重要实现路径。

【审判管理】

在审判权运行机制改革实践中深化审判管理
——以重庆市第四中级人民法院为样本

孙海龙 *

深化司法改革与改进审判管理，二者是不同层面的问题，前者直接决定和影响着后者，同时，二者关系密切，不但后者可以很好地落实前者要求和促进前者深化，甚至可以说，司法改革的某些方面就是改进审判管理本身。因此，提高对改进审判管理的理论意义和实践意义的认识是十分重要和必要的。那么，如何讨论深化司法改革背景下改进审判管理问题？我想至少需要从三个方面入手：一是要很好把握本轮司法改革的精神实质，这涉及司法改革的主要内容及其价值取向；二是要正视审判管理存在的问题，这涉及审判管理的发展及其现状，找出与司法改革要求不相适应、需要改进的内容；三是落脚到一家法院如何改进审判管理，应该给出可行的实践路径。

一、把握司法改革精神实质

首先需要明确的是，本轮司法改革的最大特点是由中央主导自上而下进行的。虽然强调顶层设计与实践探索相结合，但是，实践探索必须在顶层设计的

---

* 孙海龙，重庆市第四中级人民法院院长。

原则和框架内。由此决定了全面把握中共中央关于司法改革精神实质和最高人民法院关于法院改革要求是讨论改进审判管理问题的前提。

2013年11月，党的十八届三中全会《中共中央关于全面深化改革若干重大问题的决定》明确"推进法治中国建设"。提出"深化司法体制改革，加快建设公正高效权威的社会主义司法制度，维护人民权益，让人民群众在每一个司法案件中都感受到公平正义"的目标任务，具体包括五项内容：维护宪法法律权威、深化行政执法体制改革、确保依法独立公正行使审判权检察权、健全司法权力运行机制和完善人权司法保障制度。其中"确保依法独立公正行使审判权检察权"，改革司法管理体制，建立符合职业特点的司法人员管理制度，是关于司法体制改革方面问题，属于中央事权①；而"健全司法权力运行机制"，讲的是审判权检察权运行机制改革问题，具体内容包括三大方面："优化司法职权配置，健全司法权力分工负责、互相配合、互相制约机制，加强和规范对司法活动的法律监督和社会监督"；"改革审判委员会制度，完善主审法官、合议庭办案责任制，让审理者裁判、由裁判者负责。明确各级法院职能定位，规范上下级法院审级监督关系"；"推进审判公开，录制并保留全程庭审资料。增强法律文书说理性，推动公开法院生效裁判文书。严格规范减刑、假释、保外就医程序，强化监督制度。广泛实行人民陪审员、人民监督员制度，拓宽人民群众有序参与司法渠道"。

2014年1月，习近平总书记在中央政法工作会议上的讲话进一步论述道："司法体制改革是政治体制改革的重要组成部分，对推进国家治理体系和治理能力现代化具有十分重要的意义。要加强领导、协力推动、务求实效，加快建设公正高效权威的社会主义司法制度，更好坚持党的领导、更好发挥我国司法制度的特色、更好促进社会公平正义"。

2014年6月，中央批准的《关于司法体制改革试点若干问题的框架意见》进一步明确了司法体制改革试点三个方面的重点任务：确保依法独立公正行使

---

① 具体内容有："改革司法管理体制，推动省以下地方法院、检察院人财物统一管理，探索建立与行政区划适当分离的司法管辖制度，保证国家法律统一正确实施"；"建立符合职业特点的司法人员管理制度，健全法官、检察官、人民警察统一招录、有序交流、逐级遴选机制，完善司法人员分类管理制度，健全法官、检察官、人民警察职业保障制度"。参见《中共中央关于全面深化改革若干重大问题的决定》第32条。

审判权检察权、健全司法权力运行机制和完善人权司法保障制度，即从十八届三中全会决定中的五个方面突出了三个方面，并确定七大政策导向①，强调完善办案责任制，加大司法公开力度，强化监督制约机制。经中央批准与《框架意见》同时出台的《上海市司法改革试点工作方案》提出"建立健全办案组织，科学划分内部办案权限，凸显主审法官在办案中的主体地位，让审理者裁判，由裁判者负责，形成权责明晰、权责统一、管理有序的司法权力运行机制"，具体包括"推行主审法官办案责任制"、"实现办案组织专业化、扁平化"、"加强对司法权力的监督制约"。

2014 年 7 月，最高人民法院发布《人民法院第四个五年改革纲要》提出"紧紧围绕让人民群众在每一个司法案件中都感受到公平正义的目标……到 2018 年初步建成具有中国特色的社会主义审判权力运行体系"的改革目标。要求改革应尊重司法规律，体现司法权力属性等基本原则，明确指出："人民法院深化司法改革，应当严格遵循审判权作为判断权和裁决权的权力运行规律，使改革成果能够充分体现审判权的独立性、中立性、程序性和终局性特征"。确定了包括"健全审判权力运行机制"、"进一步深化司法公开"、"明确四级法院职能定位"等八项任务。

2014 年 10 月，《中共中央关于全面推进依法治国若干重大问题的决定》明确要求"保证公正司法，提高司法公信力"，提出"公正是法治的生命线。司法公正对社会公正具有重要引领作用，司法不公对社会公正具有致命破坏作用。必须完善司法管理体制和司法权力运行机制，规范司法行为，加强对司法活动的监督，努力让人民群众在每一个司法案件中感受到公平正义"。

综上所述，作者认为，本轮司法改革的原则要求在于三个方面：更好坚持党的领导、更好发挥我国司法制度的特色、更好促进社会公平正义；价值取向

---

① 一是对法官、检察官实行有别于普通公务员的管理制度；二是建立法官、检察官员额制，把高素质人才充实到办案一线；三是完善法官、检察官选任条件和程序，坚持党管干部原则，尊重司法规律，确保队伍政治素质和专业能力；四是完善办案责任制，加大司法公开力度，强化监督制约机制；五是健全与法官、检察官司法责任相适应的职业保障制度；六是推动省以下地方法院、检察院人财物统一管理；七是完善人民警察警官、警员、警务技术人员分类管理制度。参见刘子阳：《坚持顶层设计与实践探索相结合 积极稳妥推进司法体制改革试点工作——访中央司法体制改革领导小组办公室负责人》，《法制日报》2014年 6 月 16 日。

在于促进法官职业化、严格司法责任、深化司法公开。可以说，遵循司法规律是本轮司法改革的实质要求。这就需要明确司法规律到底是什么。应该说这些年来，特别是自 1999 年一五改革纲要以来，经过二五、三五改革，对司法规律的探索和认识是一个既有反复又有深化的过程，核心在于关于司法的性质和价值的界定。学习《四五改革纲要》，其理论基础方面，最大亮点在于紧紧围绕人民法院行使的司法权性质和价值展开，明确其性质是判断权、裁量权，其价值追求是实现社会公平正义。正如最高人民法院司改办主任贺小荣撰文指出："司法性质论为人民法院改革提供了强大的思想理论武器，也为新一轮改革的顶层设计提供了理论支撑和技术支持。司法价值论为人民法院改革明确了价值目标和改革导向，从立案到执行、法官到法院、放权到监督、公开到公信，四五改革纲要在每一个改革项目的细节上都紧紧围绕如何'让人民群众在每一个案件中都感受到公平正义'而延伸和展开"。[1] 在对于司法规律这样定位的前提下，则顺理成章地导出司法改革逻辑结构的三大板块：一是关于判断权行使的主体要件，即谁来做法官；二是判断权的运行机制，即裁判是如何形成的；三是判断权的体制保障，即裁判公正的条件是什么，并由此展开了具体的八大方面 45 项改革措施。

毋庸置疑的是，司法改革的方向就是审判管理改进的方向，通过对中央关于司法体制改革要求和最高人民法院四五改革纲要的梳理，能够看出与审判管理关系密切的改革内容主要是"健全审判权力运行机制"这个方面。由于审判管理贯穿于审判各个环节，不仅在于管人、管案，更在于管理好人与案的关系，因此可以说，审判管理主要关于审判机制问题，保障主审法官、合议庭依法独立行使审判权是审判管理改进的方向，而健全审判权力运行机制则是审判管理改进的内容。

总之，消除审判权运行行政化问题，即"让审理者裁判、由裁判者负责"，既是审判管理改进的目标，也应是改进的路径。

---

[1]　贺小荣：《人民法院四五改革纲要的理论基点、逻辑结构和实现路径》，《人民法院报》2014 年 7 月 16 日。

二、正视审判管理存在的问题

为了发现问题，首先简要梳理审判管理的发展历程及其现状。审判管理作为法院的主要工作之一，并被提到重要议事日程，虽然时间不长，但经历了理念提出、迅速发展、理性回归、科学发展等阶段。2010 年年初，最高人民法院提出了开展审判管理的工作理念："面对繁重的审判任务，要更加注重加强审判管理，向管理要质量、要效率、要形象"。同年 4 月，在全国高级法院院长会议上提出，要继续"强化审判管理，促进司法公正"。同年 8 月，全国大法官研讨班更是以审判管理为专题，人人谈管理，个个讲加强，时任最高人民法院院长王胜俊首席大法官作专题讲话，人民法院审判管理理论初步形成。同年 11 月，全国第一次审判管理工作座谈会在江苏南通召开，就新形势下如何加强审判管理、破解发展难题进行深入探讨，人民法院有组织、有系统的审判管理工作格局基本形成。如雨后春笋，全国法院审判管理工作快速发展，各地法院纷纷召开专题会议研究部署审判管理工作，开展"审判管理年"、"案件质量年"等主题活动，并迅速成立或筹建审判管理专门机构，形成了你追我赶、百舸争流的竞争局面。审判管理迅速发展的标志之一是最高人民法院确定了"关于审判权与审判管理权关系的调研"课题，部分法院甚至提出法院存在并行的"两权"。[①]

与此同时，理论界和实务界对审判管理权的扩张以及对审判权的不当影响等提出了质疑。因应审判管理快速发展的形势，2012 年 5 月最高人民法院在贵阳召开的第二次全国法院审判管理工作座谈会，沈德咏常务副院长到会讲话，系统总结了全国法院开展审判管理的成绩和经验，分析和查找了存在的突出问题，从深化认识、树立正确观念入手，对创新审判管理方式方法，提出了"规范、保障、促进、服务"八字功能定位，促进审判管理工作科学发展。会议强调要加强审判管理理论研究，注重用科学的理论指导审判管理实践的理性发展。[②] 2013 年 10 月，最高人民法院决定依托重庆市高级人民法

[①]　孙海龙著：《深化审判管理》，人民法院出版社 2013 年版，第 12 页。

[②]　审判管理专门机构得到科学发展，截止到 2012 年 9 月，全国高中基三级法院审判管理机构达到 2632 个（含独立编制 1174 个和非独立编制 1458 个），其中高级法院 31 个、中级法院 366 个、基层法院 2235 个。

院设立中国审判理论研究会审判管理专业委员会。同年同月，最高人民法院发布《关于切实践行司法为民大力加强公正司法不断提高司法公信力的若干意见》，其中第四部分"狠抓执法办案，全面提升审判工作的质量与效率"对改进审判管理提出要求，第十二条强调要"建立健全审判质量控制体系，构建'点、线、面'多角度、全方位的案件质量控制体系。'点'上集中把握好重点岗位、重点案件和重点判项；'线'上重点把握好审判活动的重要流程和重要环节；'面'上重点把握好审判工作的基本态势和发展趋势。建立健全审判质效分析制度、二审案件发回重审或改判及再审案件分析研判制度、常规案件类型化处理制度、典型案件通报制度、审判经验交流制度、庭审观摩评议制度以及裁判文书评查和抽查制度等有助于保证和提升审判质量的制度"。其中第七部分"深化司法工作机制改革，构建科学合理的审判运行机制"，第32条"深化审判权内部运行机制改革"，明确提出："深化院长、庭长审判管理职责改革，院长、庭长的审判管理职责，应集中在对相关程序事项的审核批准、对综合性审判工作的宏观指导、对审判质效进行全面监督管理以及排除不良因素对审判活动的干扰等方面。建立院长、庭长行使审判管理权全程留痕的制度，加强对院长、庭长行使审判管理权的约束和监督，防止审判管理权的滥用"。同年12月，全国法院管理工作座谈会暨审判管理专业委员会首届年会召开。最高人民法院院长周强指出，审判管理事关审判质效、公平正义和司法公信力，是人民法院"三大管理"的核心，是一项具有基础性、关键性和长期性的重要工作。各级人民法院要勇于实践、大胆创新，全面推进审判管理各项工作。着力构建科学、规范、高效的审判权运行机制，实行权责统一，既确保审判权依法独立公正行使，又做到有权必有责、用权受监督、失职要问责、违法必追究。要求加强审判管理顶层设计，完善制度机制，实现审判管理规范化、制度化、信息化。同时，要不断总结经验，深化理论研究，推动成果转化。[①] 沈德咏常务副院长到会讲话，着重强调审判管理必须把握工作规律，紧紧扣住"规范、保障、促进、服务"审判工作的功能定位，充分发挥审判委员会、院长、庭长、审判长、审判人员以及专门审判管理机

---

① 会议还对全国法院审判管理优秀论文予以表扬通报。

构等各审判管理主体的作用①，处理好审判与管理、管理与服务、他律与自律、管案与管人、局部与整体的关系，切实建立起统一管理、统一协调、统一监督、统一指导的审判管理体系，同时，要服务人民群众，要以各诉讼参与人和人民群众对审判执行工作的体会和评价，作为检验审判管理工作成效的终极标准。

2014年6月，最高人民法院下发《关于新时期进一步加强人民法院审判管理工作的若干意见》，标志着审判管理进入了科学发展的新阶段。该《意见》重申审判管理作为法院三大管理的核心地位，以及"规范、保障、促进、服务"八字功能定位，要求"坚定不移地全面推进审判管理工作科学发展，准确有效地发挥审判管理工作的综合效能，积极有序地构建新时期人民法院审判管理工作格局"。

全国法院不到五年的审判管理发展实践，几乎健全了专门的审判管理机构，宏观上加强审判运行态势分析，微观上加强了院庭长的管理监督和案件评查，对提高审判质量发挥了重要作用。

对照司法改革要求和审判管理工作现状，作者认为当前的审判管理主要存在以下问题：一是审判管理理论研究不够，导致审判管理方向不明。主要表现在审判监督权与审判管理权混同。对比《四五改革纲要》要求："建立中国特色社会主义审判权力运行体系，必须严格遵循司法规律，完善以审判权为核心、以审判监督权和审判管理权为保障的审判权力运行机制，落实审判责任制，做到让审理者裁判，由裁判者负责"。应当在理论上和实践中更好界分审判监督权和审判管理权，例如主体范围、权力行使、如何规范等。二是审判管理权主体泛化，权力行使不够规范，导致审判委员会、院庭长审判监督（管理）权不当侵害主审法官、合议庭依法独立行使审判权。这是全国法院普遍存在的问题，表现在审判委员会讨论决定案件过多，院庭长不直接办案，而是间接地审批把关案件，而且审批过问程序和记录往往不够规范，进而强化了审判分离、权责不明。三是审判服务机制不健全、审判责任追究不到位，导致既不敢放权，也难以追责，切实提高法官司法能力的作用发挥不够。总而言之，当下的审判管理实践某种程度上强化了审判的行政化倾向，与司法改革方向不符，需要改进。

---

① 即明确提出全员都是审判管理的主体，而非审判管理专门机构作为审判管理的单一主体。

三、全面改进审判管理

改进审判管理，需要理论、制度与实践齐头并进，良性互动。首先应该以创新的理论作指导。重庆四中院将"审判权运行机制改革的理论、制度与实践"作为重点调研课题，并确定了十几个子课题，改进审判管理作为其中子课题之一，就司法改革背景下的审判管理问题进行了比较深入细致的调查研究。研究认为，审判管理是审判活动中产生并服务于审判活动的管理行为，包括审判管理权和审判监督权。审判管理权应当服从并服务于审判权，不能超越审判权而独立存在，更不能取代审判权。审判管理权的主体是审判管理专门机构，其运行必须以审判权为中心，遵循审判活动规律，实现审判管理科学化。审判管理权具有一定的行政属性，但不同于行政管理权。审判管理是审判权运行过程中的分权制衡，目的是为了促进审判公正高效权威，有利于审判质量、队伍素养和司法公信力提升。审判管理应当最大限度地实现审判信息对称，使个案、类型化案件及审判整体状况相关的审判信息在审判组织、法官等主体间均匀分布，为各自加强审判工作所用。审判监督权是指法院组织法和诉讼程序法中明确具有审判权的审判委员会和院庭长对没有参与审理的案件进行监督的权力，包括院庭长对重大、疑难、复杂案件的审判监督指导，以及审判联席会议、专业法官会议对案件审判的研讨和审判委员会对案件的决定。审判监督权与审判管理权比较，其主体具有特定性，监督方式以指导个案为主，更加强调审判的专业性及其程序性；二者侧重点不同，前者主要针对个案，关涉审判职权优化配置，后者更多关于审判整体，关涉审判资源优化配置；二者有时也难以截然分开，后者有时包含前者。审判管理权和监督权的科学有效运行，应重在指导和服务，促进审判职权的动态优化配置，即要做到"到位而不越位"，更好地保障主审法官和合议庭依法独立公正行使审判权。就现实而言，可以说，改进审判管理的基本要求也是最高境界，就是强调严格依法管理；切实调动法官审判的积极性，注重围绕每一个案件优化审判资源和职权配置，从简单地管人和简单地管案，向更好地管理人与案的关系发展，不断拓展和创新符合审判实践规律的审判管理理论。[①] 参见附件一、附件二。

[①] 孙海龙著：《深化审判管理》，人民法院出版社 2013 年版，第 2 页。

改进审判管理应该加强制度建设。改进审判管理需要讲究科学方法，必须以司法改革价值取向为改进方向，以有效解决实践中存在的问题为导向，加强理论研究，注重制度建设，完善效果评估。重庆四中院作为最高人民法院确定的审判权运行机制①改革试点法院，自2014年1月开始按照中央司法体制改革要求和最高人民法院部署进行全面改革试点，获得比较真切的感性认识和一定的理论思考，其中感受最深的是，健全审判权力运行机制改革过程某种程度上就是全面改进审判管理的过程。在加强理论研究的基础上，重点放在建立健全科学制度体系，希望能够形成可复制、可推广的改革成果。制度是连接理论与实践的桥梁，改革的各项要求，只有通过具体制度才能真正落地——落实到人、落实到事。改进审判管理，应该不断完善管用的"小制度"。制定具有针对性和操作性的"小制度"，有助于形成相互衔接、控制细节的"闭环式"审判管理体系。司法改革宏伟目标的实现，尤其是健全审判权力运行机制改革的有效落地，更多要依靠具体体现改进审判管理的小制度建设。要倡导"制定制度多参与、执行制度更自觉"的制度文化，切实提高制度的科学性和操作性。

从改革伊始，重庆四中院就非常重视改革制度的系统建设，目前初步构建了"122"制度体系，即以法官、合议庭依法独立公正行使审判权为中心，以规范行使审判监督权和审判管理权为保障，以严格审判责任和深化司法公开为抓手，形成具有创新性、针对性、实用性的"可复制、可推广"的审判权力科学运行制度体系。参见附件三。

1. 保障法官、合议庭依法独立公正行使审判权制度。改进审判组织及其运行机制，最大限度消除法院内部行政权力干预司法裁判的可能。行政权或者其他社会力量干预司法权通常是通过法院内部行政权力实现。针对审判委员会讨论决定案件较多、院庭长审批把关案件比较普遍、审判庭与合议庭关系存在行政化等问题，为保障主审法官和合议庭依法独立行使审判权，实现"让审理者裁判"的改革要求。重庆四中院出台了《关于完善合议庭组织的通知》《关于案件分配的规定》《关于裁判文书签署的规定》《合议庭工作守则》《关于保障

---

① 由于最高人民法院《关于审判权运行机制改革试点方案》（法【2013】227号）是在2013年10月18日印发的，早于党的十八届三中全会《中共中央关于全面深化改革若干重大问题的决定》和《人民法院第四个五年改革纲要》，之后中央和最高人民法院文件均以"健全司法权力运行机制"或"健全审判权力运行机制"表达所代替。

法官依法独立公正行使审判权的规定》等制度，主要包括六个方面的改革内容：(1) 组建以合议庭为单元的审判组织。由审判长、合议庭法官、法官助理和书记员组成连续编号的若干合议庭，其中所有庭长、副庭长均担任审判长直接编入合议庭。还组建了由全体审判委员会组成的委员合议庭，院长担任审判长。(2) 严禁非法过问、审批案件。明确凡是没有参加合议庭直接审理的案件，院庭长原则上不得过问审批。(3) 规范裁判文书签署流程。裁判文书一律由合议庭法官依次签署，院庭长一律不再签发裁判文书。(4) 建立科学分案制度。案件由立案庭依据案由直接分配到合议庭，再由审判长随机分配到合议庭法官。(5) 充分发挥合议制作用。建立了突出分工、合作、监督、制约的合议制度，明确规定合议庭法官轮流阅卷、审判长审定庭审提纲、实行庭审摘记、明晰合议内容等。(6) 加强院庭长的审判职能。明确规定办案任务，推行院庭长直接办案。

2. 完善审判监督权制度。改进院庭长、审委会监督个案方式，建立全程留痕、相互监督、相互制约机制。改进服务指导监督基层法院审判工作方式，加强对重大、疑难、复杂案件指导监督，注重审判经验总结，有效解决法官、合议庭目前办案能力不强的问题。重庆四中院出台了《专业法官会议规则》《审判委员会工作规则》《关于改进和加强服务指导监督基层法院审判工作的十六条措施》和《关于进一步完善审判监督职责的规定》等制度，主要内容有三个方面：一是建立法官服务指导组织，确保业务指导规范、适度、管用。建立刑事、民事、行政审判三个专业法官会议，通过提起主体更加多元、提起程序更加简便、研讨质量要求更高、全程记录归档等小制度设计，为主审法官、合议庭提供审判服务指导。二是改进审判委员会职能。大幅度限缩审判委员会讨论决定案件范围，且事先通知当事人审判委员会委员名单、讨论法律适用问题，告知其有权申请委员回避并对讨论问题提出书面意见的权利，如提出书面意见，审委会应当听取。三是切实加强对基层法院的审判服务指导监督。建立二审案件发回改判及再审案件分析研判、常规案件类型化处理、院庭长讲课式指导、具有参考性价值典型案例发布、审判经验交流、庭审和裁判文书评查等措施。实现既不弱化院庭长审判监督权的行使，又保证全程留痕、规范行使；既加强对下级法院审判监督指导，又保障审级独立。

3. 加强和改进审判管理制度。细化办案流程、量化责任比例、具体责任形式，完善法官业绩评价。审管办职能发挥对于落实审判责任非常关键，需要重点加强审判流程节点管理和法官审判业绩通报。重庆四中院出台了《关于进一步加强和改进审判管理的规定》《审判流程节点管理实施细则》《执行流程节点管理实施细则》《法官审判业绩评价办法》等制度，内容主要在两个方面：一是加强和改进审判管理。落实最高法院要求，在案件信息管理、案件质量评估、案件质量评查、审判流程管理、审判运行态势分析、审判业绩考核和审判委员会事务管理等职责上更加明确，重点放在审判流程管理，这有利于保证案件审判程序公正，而且能够提高审判效率，真正实现审判的均衡化。二是实行法官个人业绩量化管理。业绩存入档案，并将评价结果用于对法官和合议庭的动态管理，作为确定法官是否任职、职级待遇、审判津贴、年度考核等级、评先评优、晋级晋职的重要依据。

4. 深化司法公开制度。只有不断深化司法公开，才能完善当事人和社会公众的监督机制。深化司法公开既是本轮司法改革的价值追求，也是基本方法，更是改进审判管理的重要方面。重庆四中院按照"全面公开、优质服务"的工作理念，通过审判管理促进全员加强司法公开的意识和能力，并不断提高公开的水平和层次。重庆四中院出台了《关于进一步深化司法公开的意见》《关于严格实行庭审录音录像的规定》《关于在互联网公布裁判文书的实施细则》。一是建立公开平台。依托现代信息技术，健全裁判文书公开、审判流程公开、执行信息公开平台，全面推进阳光司法工程，增强裁判文书的说理性，增进公众对司法的了解、信赖和监督。二是提高对新媒体的认识和运用能力。新媒体不仅以革新为本，注重技术上革新、形式上革新、理念上革新，反过来更对改革推波助澜，成为重要的推动力量。新的传播技术为人民法院推进司法公开提供了前所未有的机遇，借助新兴媒体之力，人民法院司法为民、公正司法的生动实践得以有效展现。要做好庭审网络直播、裁判文书上网、法院政务微博开通、二维码运用等。三是主动接受监督。公开对象是全社会，但重点是当事人。深化司法公开，不仅是方便当事人和社会公众查询、了解案件、法院和法律，更在于满足其知情权，利于其行使监督权。公开对于法院更重要的意义在于，学会倾听，接受批评，改进工作。重庆四中院出台了《关于开展当事人回访工作的规定》，将调查问卷发给所有当事人，同时配上贴有邮票写好法院地址的信封。审管办将此工作与案件流程节点管理一并纳入所有案件评查之中，定期进行统计分析报告审委会。通过制度化地听取当事人的意见，认真及时解决反映出来的各种问题，形成了人民法院改进工作科学发展的不竭动力源泉。

5.严格审判责任制度。十八届四中全会决定提出要"明确各类司法人员工作职责、工作流程、工作标准，实行办案质量终身负责制和错案责任倒查问责制，确保案件处理经得起法律和历史检验"。可以说，健全审判责任制关涉司法改革的成败，也是需要审判管理紧紧抓住的关键点，要形成提高法官司法为民公正司法水平的倒逼机制。责任不清、责任不明、责任不实是落实审判责任加强审判管理的难点。重庆四中院出台了《关于评查工作的规定》《关于瑕疵错误案件责任的规定》《关于切实保障司法廉洁的十六条措施》，明确细化审判责任的形式和对应具体追究方式。总体而言，法官依法履行审判职责的行为，不受责任追究；责任原因按学艺不精、作风不良和司法不廉三种情况，分别采取总结提高、教育提高和实行零容忍原则；其中关于学艺不精的瑕疵错误案件责任追究方式有：批评教育、通报批评、书面检查、离岗学习、岗位调整、降级免职。审判责任倒查问责的程序是：审管办评查合议庭开展常规评查、重点评查和专项评查，提出瑕疵错误案件初步认定意见，审判委员会讨论认定瑕疵错误案件，之后交由法官评价委员会进行民主评议，提出处理建议，最后由党组研究决定是否追责，并在一定范围内公开。参见附件四。

总之，深化司法改革要求不断改进审判管理，而改进审判管理又实实在在地落实了司法改革的有关要求。重庆四中院通过系统改进审判管理工作，虽然具体实践的时间不长，但已经感受到法官审判生态环境的变化，较好落实了"谁办案谁负责"的改革要求，有效激发了法官的职业尊荣感和审判积极性，保障提高了司法为民公正司法的水平，提高了司法公信力。

附件一：

《审判权运行机制改革的理论、制度与实践》课题研究整体框架

结　构	篇　章		内　容
	序　言		把握司法改革的关键
第一部分	理论研究	1	司法改革的历史发展
		2	司法改革的价值取向
		3	审判权力运行机制存在的问题
第二部分	审判组织	4	独任庭
		5	合议庭
		6	审判委员会
第三部分	审判服务与管理	7	审判长联席会议
		8	专业法官会议
		9	审判管理
第四部分	司法责任	10	责任界定
		11	责任追究
第五部分	职业保障	12	人员分类管理
		13	法官薪酬
		14	法官评价
	后　记		永远在路上

附件二：

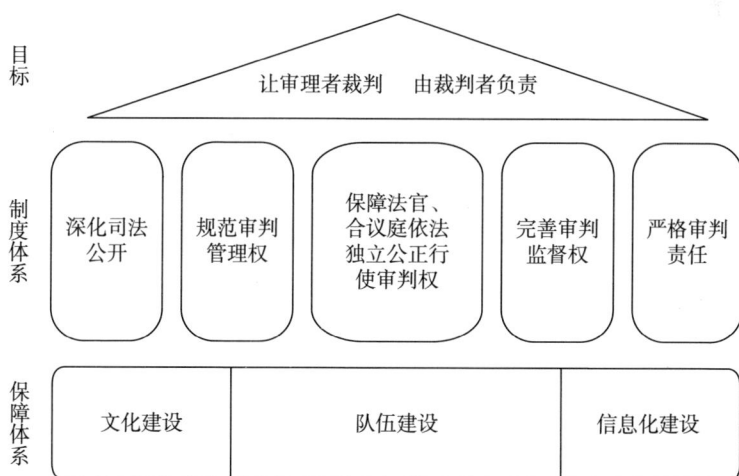

审判权运行机制改革路径图

附件三：

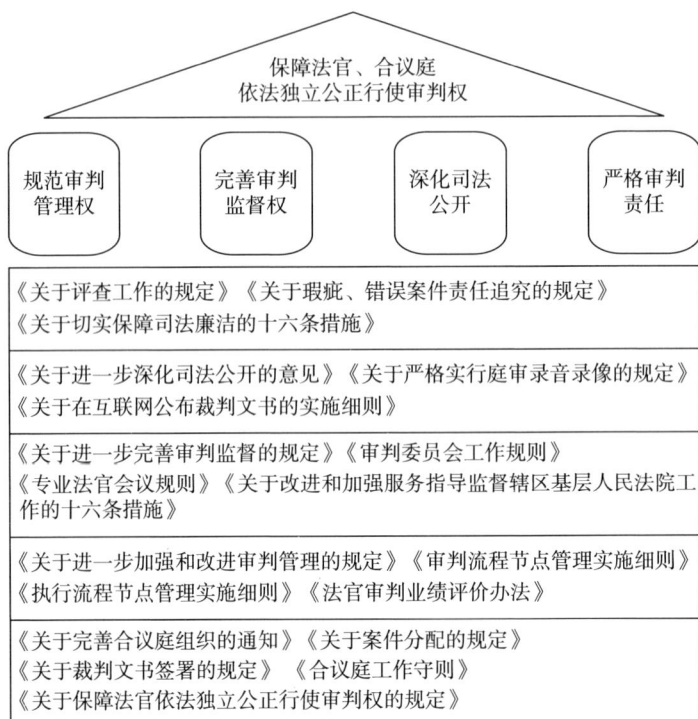

审判权科学运行"122制度体系"示意图

附件四：

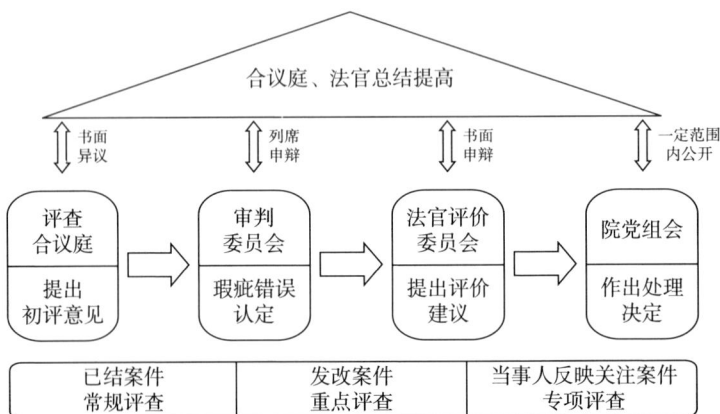

审判责任倒查问责示意图

审判权运行机制改革实践探析

——以 Y 市改革试点工作为样本

乔英武　周　媛*

党的十八届三中全会以来，新一轮司法体制改革正式拉开帷幕。与此前的改革不同，新一轮改革直面司法地方化、司法行政化、法官非职业化等司法体制积弊，具有明显的制度变革的特征。审判权运行机制改革是新一轮司法改革的重要内容，也是推进司法"去行政化"，实现"让审理者裁判，由裁判者负责"改革目标的重点和关键。2014 年，Y 市法院有三家基层法院分别作为省级和市级试点单位启动审判权运行机制改革试点工作。本文以 Y 市法院审判权运行机制改革为样本，重点对改革试点工作进行总结、分析与展望。

一、直面问题：改革试点工作的背景分析

习近平总书记说："改革是问题倒逼而生，又在不断解决问题中深化。"坚持问题导向才是真正的改革，也只有切实解决问题，各项改革措施才能落到实处。审判权运机制改革同样不能脱离法院当前面临的现实问题。

首先，案多人少矛盾突出，审判资源配置亟待强化。诉讼案件是地区经济社会发展的晴雨表。Y 市地处苏北地区，近年来处于经济社会快速发展时期，相应地也面临着诉讼多发、案件激增的严峻考验。2013 年，Y 市两级法院受理案件数同比上升 60.5%，收案总数首次突破 14 万件；其中基层法院受理案件数超过 13.8 万件，同比上升 61.2%。2014 年 1—9 月份，全市法院受理各类

---

* 乔英武，徐州市中级人民法院党组成员、副院长；周媛，徐州市中级人民法院研究室法官。

案件 133135 件，同比上升 17.78%；审结 89383 件，同比上升 27.41%。该市基层法院法官年人均结案数近 200 件，民商事法官年人均结案数超过 210 件，甚至相当一部分人民法庭法官年度结案数超过 300 件，远远高于普通基层法官年均办案 176 件的合理工作量①。案多人少问题的真伪性探讨由来已久，科学衡量法官工作量多少，除了用人案比指标外还需要考虑其他两个因素。一是法官非审判事务工作量。调研显示，基层法官用来从事核心审判事务的时间与用在其他事务的时间比例为 1∶1.3 至 1∶2.1 之间②。法官需要花费很多时间用于调解、汇报讨论案件、制作法律文书、送达、调查、保全等非核心审判事务，以及接待当事人、参加各种会议、活动、培训等非审判事务。究其原因，既有司法辅助人员缺位造成的事务性工作难以分流，也有司法行政化造成的管理模式繁冗复杂，还有司法职能不当扩张造成的审判工作主题不明。二是审判力量的配置。调研显示，中基层法院一线人员比例偏少、队伍断层严重、辅助力量不足、人才流失严重等问题，凸显了法院在人员配置、职业保障等方面的乏力。Y 市法院 1630 名在编在岗人员中，具有法官资格的人数为 1011 人，其中一线法官人数仅占 57.5%。法官队伍中 36—45 岁的法官比例仅占 30%，35 岁以下和 45 岁以上的分别占 9.2% 和 60.8%。基层法院业务部门法官与辅助人员（含法官序列书记员、聘任制和聘用制书记员）人员比例仅为 1.16∶1，距离理想的 1∶2 或 1∶3 的辅助人员配比相去甚远。面对巨大的工作压力，Y 市法院人员流失问题日趋严峻。2008 年来，该市法院共流失人员 124 人③，其中具有审判职称的 80 人，流向多为各级党政机关及经济较发达地区法院，且年轻、高学历法官偏多。人员流失情况在法官助理、书记员队伍中也很突出。以上诸多因素造成法官长期处于超负荷工作状态，司法运转效能偏低，审判资源配置方面存在突出问题。

其次，法院管理高度行政化，权力运行机制亟待优化。法院本身兼具对外

---

① Y 市法院于 2014 年年初开展法官合理工作量调研工作，经过调研与测算，在一位审判员加一位书记员的模式下，基层一线民商事法官年度合理办案量为 176 件。

② 核心审判事务主要指阅卷、开庭、评议；非核心审判事务主要指调解、讨论汇报、制作文书、送达、调查、保全等工作；非审判事务主要指接待当事人、参加会议、活动、培训等。

③ 该数据不包括上下级法院和本市法院系统干部交流、二线离岗及提前退休人员。

进行司法审判、对内进行行政管理的双重属性。就审判工作而言，司法是对冲突的事实及诉求进行判断和处断，司法的中立性、被动性、亲历性，司法官的独立性以及相生伴随的德行和才能，是司法的逻辑。[①] 独立的司法权要求法官不唯上、不唯权、只唯法，与一般行政工作"上令下从"的要求有着本质区别。但是在行政逻辑的严重侵蚀下，法院的管理工作呈现出层级式、行政化的倾向。在审判管理方面突出表现为层级审批定案制度上。中基层法院传统的定案机制依次有独任法官及合议庭定案、审判长联席会或庭务会定案、院庭长定案、审判委员会定案四种机制，其中还夹杂着向上级法院请示汇报这种辅助性定案机制。层级式的定案把关，不仅增加了裁判中间环节，降低了司法裁判效率，还违背了司法裁判亲历性的原则要求，使得审裁脱离，法官的权责不相对应。单一的、行政化的法院人员管理模式，不仅造成法官身份泛化，法官队伍庞大，职业法官的自我认同度不高；还造成法官等级制度被淡化，其所体现的价值远低于行政级别，法官花费在积累业务经验、提高法律素养上的精力被转移，法官追求行政职务的官本位思想被不断强化；同时还使得法官之间有了高低之别、上下之分，法官独立与中立难以保障，更加强化了司法裁判事务上的行政审批制和领导负责制，形成"审案的不判案、判案的不审案"的尴尬局面。

最后，司法社会认同度不高，司法公信力亟待提升。当前，法院正面临着认同度不高、公信力下降的司法危机。权利救济不便捷，权力运行不透明、司法地位不中立等等障碍与不便，成为社会质疑法院中立与公正的重要原因。调研显示，55.58%的社会公众认为诉讼的便捷低廉性一般，19.29%的公众认为诉讼非常迟延和昂贵，几乎100%的律师对司法效率有所抱怨。46.4%的社会公众认为法院透明公开程度一般，有12.5%的人认为不透明、不公开，并且有过诉讼经历的人对司法公开的评价要低于无诉讼经历的人的评价。高达60%的公众和64%的有诉讼经历者认为"有关系会影响到裁判结果"，超过62%的人认为到法院诉讼"需要找关系"或"非常需要找关系"。究其原因，司法资源配置薄弱、司法事务分工不明、权力运行行政化等是导致司法效率低下、

---

① 龙宗智：《重建民众对司法的信任感——当前司法的难题及应对》，《南方周末》2013 年 7 月 29 日。

司法透明度不高的重要原因之一。

二、实践探索：改革试点工作的进展情况

将改革内容从纸上规划变为鲜活现实，关键在于实践。而从最迫在眉睫、最具现实意义的危机问题入手，不仅是顺利推进改革的良好开始，也是从容改革深层次问题的必要基础。为此，Y 市法院按照统一部署，推选 3 家法院分别作为省级和市级试点法院，带着上述问题启动了审判权运行机制改革试点工作。

（一）试点工作的基础条件

任何改革都不能脱离工作实际，改革的模式和举措与试点法院的案件体量、人员结构等具体情况有着密切的联系。市级试点单位 A 法院、B 法院是 Y 市主城区的两家法院，A 法院辖区面积 64.6 平方公里，总人口 30 万人，有 7 个街道办事处，63 个社区（村）；B 法院辖区 118 平方公里，人口约 30 万，辖 8 个街道办事处，72 个社区（村）。省级试点单位 C 法院的管辖范围紧邻 Y 市主城区，辖区面积 690 平方公里，人口 50 万，下辖 5 个镇、5 个办事处、1 个省级经济开发区。经过前一个时期集中清理积案，Y 市法院 2014 年案件量整体较 2013 年有所下降，三家试点法院的整体收案量也有所缓解。其中 A 法院、C 法院的案件总量和诉讼案件量远小于 B 法院，民商事审判部门法官人均在办案件量也有近 2 倍的差距，具备相对宽松的改革环境（详见表 1）。在人员结构上，C 法院、B 法院的法官学历水平整体优于 A 法院，C 法院法官队伍整体比较年轻，B 法院法官年龄结构相对合理（详见表 2）。

表 1　2014 年 1—9 月份试点法院收结案情况

（单位：件）

法　　院	收案数	结案数	诉讼案件收案数	诉讼案件结案数	民商事法官人均在办案件数
A 法院	6102	5025	3833	3417	43
B 法院	7331	6543	7122	6341	84
C 法院	6053	4023	3897	2841	45

表2　试点法院法官人员结构情况

	A 法院	B 法院	C 法院
法官分布情况	法官总数 63 人： 审判部门 41 人 执行部门 9 人 综合部门 13 人	法官总数 59 人： 审判部门 35 人 执行部门 7 人 综合部门 12 人	法官总数 67 人： 审判部门 35 人 执行部门 13 人 综合部门 19 人
法官年龄分布情况	35 岁以下 15 人 36—45 岁 19 人 46—55 岁 25 人 56 岁及以上 4 人	35 岁以下 10 人 36—45 岁 22 人 46—55 岁 16 人 56 岁以上 12 人	35 岁以下 22 人 36—45 岁 21 人 46—55 岁 24 人 56 岁以上 9 人
法官学历分布情况	研究生学历 1 人 本科学历 58 人 本科以下学历 4 人	研究生学历 11 人 本科学历 48 人	研究生学历 29 人 本科学历 37 人 本科以下学历 1 人

（二）试点工作的主要模式

在改革起步阶段，三家试点法院均将审判组织优化、审判职权配置、司法资源保障作为改革重点，并呈现以下三点共性：

1.以优化审判组织运行为抓手，由各自为战向团队协同转变。试点法院通过民主推荐和党组研究相结合的方式开展审判长、主审法官公开选任工作，组建以审判长、主审法官为核心的审判团队。A 法院依托原有业务庭组建了 11 个审判长团队，在案件量较大的业务庭建立 7 个主审法官团队。B 法院将业务庭重组为 15 个审判长团队，将综合部门法官编入 4 个以分管院领导为核心的审判团队。C 法院成立 11 个专业化审判团队，每个团队由 1 名专家型法官、1 名潜力型法官，1 名储备型法官、若干名法官助理及书记员组成。（详见图 1—图 3）同时，各试点法院均大力推进院长办案制度，将院领导、审委会委员编入各审判团队，着力强化其作为资深法官的职能作用。目前，各试点法院遴选的团队负责人主要集中在庭长、副庭长中，A 法院、C 法院还各自遴选出 3 名非领导职务法官，有效推动院庭长工作重心下移，着力突出审判业务骨干的地位价值。

2.以优化审判职权配置为重点，由判审分离向判审趋同转变。新的审判组织结构赋予团队负责人核心地位，不仅享有主持合议庭审理、提请案件讨论、团队裁判文书签发等审判权力，还享团队案件流程管理、质量管控，团队人员

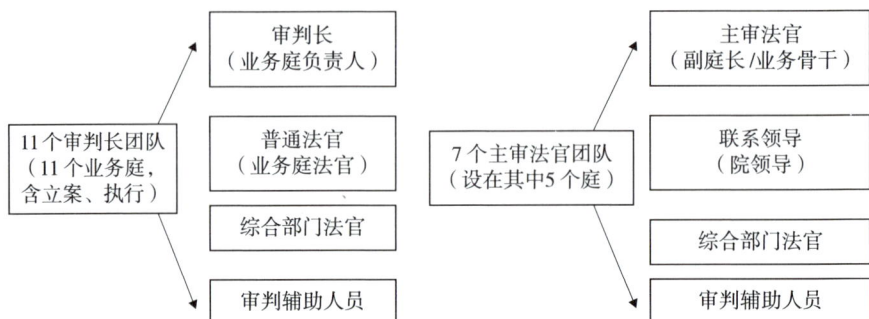

图1　A 法院模式

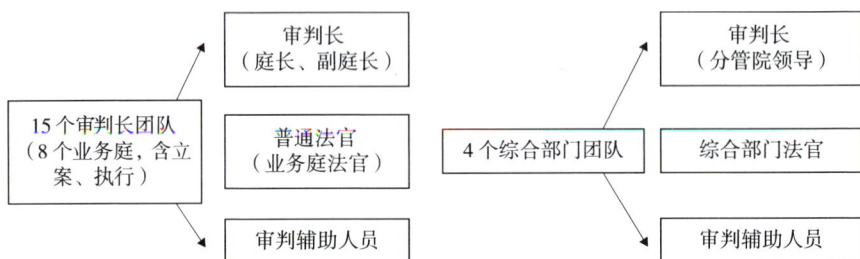

图2　B 法院模式

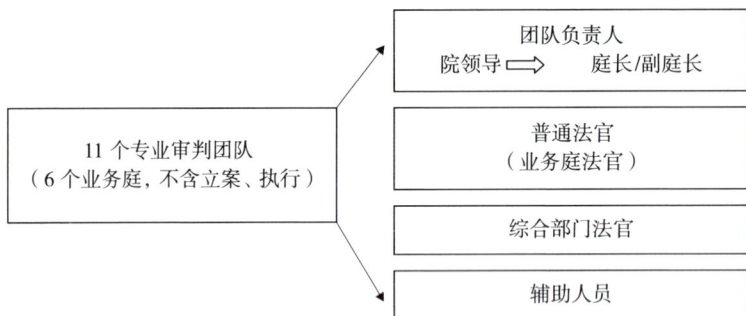

图3　C 法院模式

管理、人才培养和奖励标准制定等团队管理权。试点法院均将绝大部分调解书、裁定书的签发权下放给承办法官。在审判还权的同时，各试点法院均严格规范院庭长、审判长监督管理权运行，原则上取消分管院长法律文书签批权，明确院庭长及审判长对非参审案件，应主要通过参加审判长联席会、法官会议、审委会等方式公开发表裁判意见，并建立用权全程留痕、入卷备查制度，审判权运行模式由多层级审批向扁平化运行转变。

3.以优化司法资源配置为基础，由保障不足向中心地位凸显转变。在审判事务分配方面，各试点法院科学界定法官合理工作量区间，根据法官在办案件饱和状态，及时分流案件，有效缓解一线法官工作压力。在审判人员配置方面，引导审判力量向审判一线集聚，除落实院庭长办案制度外，实行综合部门法官调整至审判业务岗位或分流案件，试点法院审判一线与综合部门法官比例平均为10∶2.4。强化辅助人员配置，扩大聘用制书记员招录，面向优秀书记员、高校实习生、人民调解员及返聘人员等多个渠道聘任法官助理。三家试点法院共增配审判辅助人员60余人，法官与书记员配比全部达到1∶1，部分团队达到法官、法官助理、书记员1∶1∶1的人员配比。在待遇保障方面，试点法院积极争取党委政府支持，推动建立法官办案津贴补助制度，争取辅助人员用工名额和经费财政保障，建立了辅助人员差等薪酬制度和薪资正常增长机制。

（三）试点改革的不同方向

各试点法院由于案件体量、人员结构、配套机制的不同，在改革中亦呈现出不同特点：

1.A法院注重平衡发展。该院组建审判长团队和主审法官团队两种审判组织模式。主审法官主要从副庭长及业务骨干中产生，与审判长团队平行运行、互不相涉，主审法官实际具有高于副庭长、与庭长相当的角色地位。审判长团队发挥着主审法官孵化器的作用，团队中的普通法官随着能力提升有机会遴选成为拥有完整审判权的主审法官。为实现人案匹配，该院采取随机分案在前、类型化分案在后的分案模式，案件立案后随机分流至审判长和主审法官名下，审判长团队案件由审判长根据案件类型及难易程度在团队法官中进行二次分配。在权力运行方面，该院除明确审判长和主审法官享有文书签发权外，还建立"预评查"制度作为过渡性措施，由分管院长对拟判决案件和裁定驳回起诉案件，进行案件质量和裁判文书预评查，填写预评查表供承办法官或合议庭参考。

2.B法院强调均衡收案。针对当前案件体量较大的特点，该院一方面采取"大民事"审判格局，民一庭、民二庭各审判团队统一办理民商事案件，刑庭、行政庭、少年庭、审监庭等案件较少的业务庭均分流民商事案件，探索培养"全科型"基层法官；另一方面，严格落实随机分案制度，各业务庭案件及分流案件在审判长与普通法官中随机分配，个别疑难复杂案件可由审判长再次调配。该院积极推动法官层次分化，有7名初任法官转任法官助理，为法官员额制改革提前做好准备。在权力配置方面，该院绝大部分案件由审判长审核签发，分管院长的管理权限被严格限定于程序审批事项，以及审判团队主动提请审批的疑难复杂案件。

3. C法院推行专业化审判。该院深入调研各业务庭审判资源和类案比例，成立建设工程合同类、保险合同类等11个审判团队，致力于培养多个领域的专业人才和"专家型"法官。在进行类案专审的同时，其他案件本着平衡工作量的原则相对固定地分配给各审判团队，再由团队负责人进行二次分配。坚持"还权"与监督并重，各审判团队采取"分管院长＋审判长"双重负责制，团队内普通法官的判决案件由审判长签发，审判长的判决案件由分管院长签发。同时，选择三名业务能力过硬的审判长自我签发所有法律文书。该院建立全员全程积分管理制度，细化各类案件折算系数及分值，力争公平合理地反映法官工作量和工作业绩，并作为将来分配办案补贴、法官任职晋级的重要依据。

三、深入分析：改革试点工作的问题审视

Y市的试点工作由于改革时间有限其效果并不明显。审判权运行机制改革是全面深化改革的敲门砖和试金石，深刻审视试点工作中反映的问题、面临的难题，对助推下一步全面改革意义重大。

（一）审判权运行机制改革的整体思路

1. 审判团队建设是实行法官员额制的结构基础。在地方法院层面，实行法官员额制一要让法官归位，二要让法官分类。法官归位，就是要确保优质法官主要集中在审判一线。审判团队建设旨在将院庭长、综合部门法官重新整合到审判岗位，强其审判职责，弱其行政职能。从改革效果来看，当前庭长、副庭长基本完成了角色转换，而分管院长仍主要从事审判管理、行政管理事务，部分参与转岗或分流案件的非一线法官多少存在能力或精力上不适应情况，需要在未来改革中逐步磨合、深化。法官分类，就是要推进法官队伍层次分化。审判团队建设承担着检验法官能力的试验平台作用，就像C法院进行专家型、潜力型、储备型法官分类那样，审判团队内的不同法官必然在法官员额制改革

中处于不同地位。目前由于没有成熟的政策指引和制度保障，试点法院团队负责人主要集中在具有领导职务的法官中，这虽然与法官素质参差不齐的现状不无关系，但也不免受到"穿新鞋走老路"的质疑。对此应当认识到，改革过渡期内"新人新办法，老人老办法"是无可厚非的稳妥举措。在未来改革中，应进一步树立正确的用人导向，建立科学的遴选机制，确保一线法官可以获得与其专业水平相匹配的职业地位，确保员额制内的法官队伍具有科学合理的结构比例。

2. 完善审判权运行机制应该是适应审判规律的渐进过程。各试点法院对审判权下放均稳妥务实地小幅推进，充分考虑到由于法官能力所限不能大幅放权，由于配套机制所限法官不愿要权的客观现实。提高法官独立审判的能力，需要着力发挥审判团队的人才培养作用，逐步形成"法官助理—普通法官—主审法官"的职业发展模式。提升法官独立审判意愿，要为法官独立履职提供更加全面的职业保障，尤其要严格规范审判监督制约机制，尽快建立科学的司法过错责任追究制度，既要确保责权利统一，又要为法官独立裁判提供宽松民主的环境。另外，由于基层法院案件多数为独任审理案件，审判长负责制改革具有审判长行政化的潜在风险，甚至由于小团队的建制使得审核把关较之以往更加细密、深入。对此需要正确认识审判长负责制的过渡作用，客观评价其在强化法官梯队建设、确保裁判质量方面的积极作用，同时设计更加公开透明的审判长权力运行方式。

（二）深化审判权运行机制改革的具体路径

1. 科学配置司法权力。审判团队建制使得审判权由集中在几个业务庭分散到十几个审判团队，审判权分散化问题凸显。由于庭长工作重心下沉，其原本承担的审务管理、庭务管理、条线联络职能被大大消解。各团队之间平行运行，业务交流减少，给统一裁判尺度、确保审判质效带来挑战；原有以庭长为主的条线沟通模式受到影响，上级法院业务庭对下业务指导和工作对接出现障碍。对此，各试点法官均部分保留庭长原有的管理职权，未来仍需进一步完善审判长联席会或法官会议等制度，将其作为加强团队之间的业务学习交流的重要平台；创新适合审判组织需要的对下业务监督指导模式，考虑设置庭长助理、行政助理职位，有效分解庭务工作。

2. 优化权力运行方式。以实现"由审理者裁判，让裁判者负责"为目标的审判权运行机制改革，是一个审判权不断强化、监督管理权日益规范的一个博弈过程。强化审判权应先从提高审判质量着手。开展审判团队建设，将审判权集中在优质法官手中，可以大幅提高独立裁判的质量。健全合议庭内部权力运行机制，规范合议庭成员交叉阅卷制度，着力提高当庭认证、庭审小结比例，细化合议庭成员对认定事实、适用法律、开庭审理、案件评议和文书制作等环节的责任承担等等，有效解决合议庭"合而不审、合而不议"的问题，也是强化审判权的一个重要方面。另外，加快推进审判委员会工作机制改革，严格限定审判委员讨论案件范围，侧重研究裁判理念、办案思路、审判程序、法律适用有难度的案件，强化审委会在经验总结、类案指导等方面的功能；充分利用庭审同步录像、审判信息系统、电子诉讼档案、合议庭成员列席、审委会委员直审或参审案件等手段，推动审委会由会议制向审理制转变，对提高审委会委员对案件的亲历性，提高审委会讨论案件的质量具有重要意义。

3. 配套审判管理机制。新的工作格局给审判管理工作带来新的挑战。首先，试点法院呈现专业化审判与大众化审判两种不同的发展趋势，具有激励机制的法院更加注重法官收案平衡，案件体量较大的法院这种倾向则更加明显。全科式法官模式能够大大简化案件分配及法官业绩考评工作，有助于提升法官的综合能力，但由于淡化了案件之间、法官之间的差异性，使得法官频频在不同的审判思路中转换，极易增加法官压力、降低审判效率；专科式法官模式使得法官专注于某类案件，有利于统一裁判尺度，提高裁判效率，但案件差异化被放大也导致人工分案压力增大，审判岗位轮岗和法官业绩考评困难，影响法官综合能力培养。其次，改革让法官享有更多权力，也承担更多责任，但部分办案法官、团队负责人还不能快速适应改革要求，依赖层层审批的工作惯性仍然存在，案件裁判、文书撰写较之以往略显粗糙，责任意识有待进一步强化。再次，由于庭长、副庭长更加专注于办案，传统的"传帮带"法官成长模式受到冲击，审判长应承担起执法办案与团队指导双重责任。最后，审判团队固定化容易为司法干扰打开方便之门，审判监督和纪检监察工作机制应进一步完善。

4. 增强审判辅助力量。当前审判辅助人员人数不多、质量不高、人员不稳的问题较为突出，增员提效的改革作用发挥有限。究其原因，一方面在于审判辅助人员，特别是法官助理的招录门槛较高，但职业发展没有保障；尤其是当前从高校毕业生中招录的法官助理普遍将助理工作作为职业踏板，能力提升缓慢，法官助理书记员化的倾向明显；另一方面，政府编制部门对法院编外人员核定员额偏少，编外辅助人员的经费保障不到位，工资待遇偏低，造成"培养一批，成熟一批，流失一批"的尴尬局面。另外，不同审判领域对审判辅助的需求值得关注。调研显示，民商事审判部门对高素质法官助理需求较大，刑事审判工作强调法官亲力亲为更需要配足书记员，执行实施辅助工作书记员足以承担。考虑到即将启动的全面改革，需要尽快开展对现有聘用制辅助人员的遴选淘汰，优先充实书记员队伍，更多地依赖法官员额以外的在编人员承担法官助理工作。

5. 提升改革积极性。在改革中法院各类人员经历着不同的变化。庭长的权力被大幅分解、下放，权力范围大大缩小，承办案件大幅增加，试点法院中个别庭长 1—9 月份收案甚至超过 150 件，庭长的领导角色被大大淡化；作为团队负责人的副庭长、业务骨干虽然审判地位有所提升，但工作压力陡增，如果没有充足激励措施，有的人缺乏勇挑重担、独立担责的积极性；一些长期从事审判工作的法官在被编入团队担任普通法官后，感到地位不升反降，积极性大受影响，面对繁重的审判任务，个别法官表示宁愿担任法官助理；年轻法官在经历了一段时期的压迫式成长后，普遍期待能够缓解工作压力，因此在审判团队中担任普通法官或短时期内担任法官助理对其积极性并无影响，但年轻法官对其职业发展前景普遍较为悲观；部分转岗困难的综合部门法官，特别是长期从事执行工作的执行法官，面对即将到来的法官员额制改革信心不足；其他没有审判职称的在编人员，也担心待遇相对降低。事实证明，如果职业保障缺位，法院人员参与改革的内在动力和积极性将明显不足。对此，需要准确把握各类人员需求，着力提高人员与工作的匹配度。在全面推开"省级统管"之前，仍应积极争取地方党政对法院人财物方面的支持和保障，尽力争取办案津贴补助制度，提高法院各类人员的职业保障激励。

【案件管理】

检察机关案件集约化管理研究

——以现代管理学为视角

尹　吉[*]

集约化管理^①是内涵式发展^②的基本方式，它是以提高经济质效为目标，不断地整合各类生产要素和内设机构，优化工艺流程，从而取得可持续竞争优势的系统化过程。集约化管理与人本管理、战略管理、规范化管理、精细化管理、信息化管理、问题管理以及应急管理等方法有机结合，形成了现代管理的基本方法。我国改革开放以来，集约化管理的理念和方法不仅广泛地运用于经济增长方式和企业管理，又逐步运用到行政机关和事业单位的管理^③；还运用

---

* 尹吉，江苏省人民检察院检察委员会委员、案件监督管理处长，兼职教授。

① 集约对应粗放，1958 年苏联经济学家首次在农业生产领域使用"集约"一词，后来集约化管理广泛地运用到社会经济活动中。集约化管理是指在同一经济范围内，通过经营要素的质量提高、含量增加和投入集中以及对经营要素重新组合等，不断提高效益的生产经营方式。

② 内涵式发展对应外延式发展，它是发展结构模式的一种类型，是以事物的内部因素作为动力和资源的发展方式。

③ 如在政府网站管理领域，2011 年 11 月 29 日，工信部信息化推进司和中国电子政务理事会在海口市召开了"政府网站集约化建设与精品栏目管理经验交流大会"（摘自："人民网"2011 年 12 月 7 日 02:39）。
　　在党政机关文件（档案）管理领域，2010 年 9 月 16 日，国家档案局副局长李明华在哈尔滨召开的"全国文件（档案）管理中心工作座谈会"上为解决"高成本、低效率、低水平"的现象，提出了"树立集约化档案管理理念"（摘自："中国·黑龙江"网，访问时间：2010 年 9 月 19 日）。

到审判工作领域，如最高人民法院于 2011 年 1 月 6 日下发的《关于加强人民法院审判管理工作的若干意见》中提出"实现审判管理的信息化，促进审判管理由粗放型管理向集约化管理、精细化管理的转变"。集约化管理已经成为各行各业科学发展的重大举措。

检察机关案件集约化管理是指在检察长、检察委员会的领导下，以提升执法公信力为目标，遵循诉讼规律和法律监督工作规律，通过设立案件管理机构等举措，整合检察机关的内部资源，合理分工，密切合作，控制风险，优化流程等系统化的新型发展方式，是促进检察工作科学发展的重大举措。检察机关实现案件集约化管理是具有基础性、全局性和长远性的重大检察改革，是有效提升检察品质，为经济和社会发展提供优质检察资源供给的战略举措，也是逐步迈向检察管理现代化的重要标志。检察机关推进案件集约化管理有助于提高规范执法的能力，有助于提高科学决策能力与执行的能力，有助于提高学习和创新的能力，有助于提高寻找差距和自我纠偏的能力，有助于提高内外部协调和沟通的能力。

一、案件集约化管理的需求

检察机关实行案件集约化管理并非空穴来风，更非作秀，而是人民检察事业发展到一定阶段的必然产物，是各种内部和外部需求共同作用的结果，是案件管理方式由粗放型向集约型的重大战略性转变，也是对案件集中管理的提升和发展。最高人民检察院于 2003 年下发《关于加强案件管理的规定》[①] 以来，各地检察机关加快了改革案件管理机制的步伐。《"十二五"时期检察工作发展规划纲要》提出了建立"统一受案、全程管理、动态监督、案后评查、综合考

[①] 最高人民检察院于 2003 年 5 月 27 日下发的《关于加强案件管理的规定》是我国检察机关出台的第一个关于案件管理工作的专门性的重要文件。其主要内容有："一、实事求是地做好统计月报工作。二、完善重大典型案件专报制度。三、建立办案情况定期分析和上报制度。四、完善办案信息审查和对下指导工作机制。五、加强重大案件督办工作。六、进一步加强案例编纂工作。七、积极推行办案流程管理。八、加强案件管理工作的信息网络建设。九、进一步完善办案工作考核办法。十、加强对案件管理工作的领导"。但是，该《规定》仅就案件管理的内容和要求予以明确，对于案件管理的理念、模式和机制体系未能作出规定。

评的执法办案管理新机制"。2011 年 11 月，最高人民检察院设立了"案件管理办公室"①，标志着案件管理机制改革步入新的发展阶段。

案件集中管理与集约化管理有所不同，集中相对于分散，集约相对于粗放；集中管理是粗放型管理向集约型管理的过渡阶段。集中管理虽有聚集、汇合的管理之意，但是仍然缺乏现代管理的理念、机制等要素体系。目前，许多地方检察机关正在筹备或者刚刚成立案件管理部门，案件集中管理起步较早的江苏和广东等地，在实行规范化管理的基础上，已由案件集中管理逐步提升为案件集约化管理②，相关的信息已屡见报端或者最高人民检察院的《工作简报》。

（一）由社会文明进步产生的推动型发展需求

随着经济社会的发展，公众的民主意识和法制观念进一步加强，特别是维权意识不断增强，全社会对检察机关提高执法公信力的需求剧增。检察机关执法办案的理念、方式、质量、效率、效果等与社会大众的新期待还存在一定的差距，迫切需要检察机关优化内部管理和强化自身监督。

最高人民检察院于 2006 年 2 月 28 日下发《关于进一步深化检察改革的三年实施意见》中，就对改革检察管理提出了要求；于 2009 年 12 月 19 日下发的《关于贯彻落实〈中央政法委员会关于深化司法体制和工作机制改革若干问题的意见〉的实施意见》中，涉及大量的改革检察管理内容，如在案件管理方面，提出了"完善办案流程和内部制约机制。建立健全符合检察工作规律、科学统一的办案流程管理制度，完善案件管理组织体系，加强对人民检察院办案工作全过程的规范管理和有效控制"，"构建标准具体、责任明确、考评科学、统一实用的检察业务工作考评机制。"

（二）由案件总量不断攀升产生的集中型管理需求

当事物的总量发生重大变化时，管理的方式也必然要求自我的调整。数量级变化是改变管理模式的重大动因之一。在审判工作领域，20 世纪 90 年代中期，随着案件总量的剧增，为了保障公正和高效地开展审判工作，一些地方人

---

① 参见《法制日报》2011 年 11 月 1 日。
② 参见 2012 年 5 月 24 日在南京召开的"全国检察机关案件管理工作推进会"，江苏省人民检察院、广东省人民检察院的经验交流材料中均有实行案件集约化管理的理念和机制。

民法院就探索了立、审、执相分离的新型审判管理模式，由立案庭统一受理和立案，实行一个窗口对外。最高人民法院于1997年5月29日下发了《立案工作的暂行规定》、1999年9月8日又下发了《关于全国法院立案工作座谈会纪要》①，全国法院系统全面确立了立审分离的审判管理模式，提高了审判工作效率和办案水平，成为推动法院审判工作科学发展的强大动力。2010年，最高人民法院成立了审判管理办公室②。在公安工作领域，20世纪90年代，全国各级公安机关设立了法制机构，实行对公安机关刑事执法和行政执法出口实行扎口管理，并且负责制定执法办案流程，内部监督和进行考评等项工作。

1985年至2010年，全国检察机关向人民法院提起公诉的人数分别为：1985年为255000余人、1990年为599000人、1995年为596624人、2000年为708836人、2005年为950804人、2010年为1148409人③。在经济发达的苏、浙、沪、粤等沿海发达地区，案件量上升的幅度更大，人少案多的矛盾日益突出，采用原有的案件管理方式，已经难以保障正确行使检察权。2005年以来，在案件数量增幅相对突出的上海浦东，广东深圳，江苏昆山、吴江，浙江萧山等地的检察机关自发地设立了案件管理机构，实行案件集中管理。

（三）由执法办案不规范问题产生的遏制型需求

20世纪80年代中期至90年代中期，由于自侦工作领域执法办案不规范的问题较为突出并且未能有效遏制，导致1996年3月17日第八届全国人民代

---

① 该纪要提出："（一）统一立案机构的职责范围，全面实施立审分立的原则。会议针对一些法院立案机构职责范围不清，立审分立落实不到位的实际情况，特就立案机构的主要职责及全面落实立审分立，坚决纠正立审不分做法的问题，进行了研究并重申如下意见：1. 全面落实立审分立，坚决纠正立审不分的做法。会议认为，全面实行立审分立，建立立案与审理互相分立、相互制约又有机结合的诉讼运行机制，是人民法院为了确保司法公正，完善我国审判制度而推出的一项重要改革举措。各级人民法院都应按暂行规定及《人民法院五年改革纲要》的规定与要求，建立健全专门的立案机构，保证立案机构能够完全承担起暂行规定所要求的审查受理各类案件的任务，全面实施立审分立，坚决纠正立审不分的做法。"

② 摘自最高人民法院原院长王胜俊于2011年3月11日在第十一届全国人民代表大会第四次会议上作的工作报告。

③ 参见最高人民检察院检察长分别于1986年、1991年、1996年、2001年、2006年和2011年向全国人民代表大会所作的工作报告。

表大会第四次会议修订的刑事诉讼法，取消了检察机关立案侦查的普遍管辖权、免予起诉权和违法所得没收权。

我国检察机关恢复重建以来，最高人民检察院针对不同时期执法办案中出现的问题，加强了对检察权运行的过程控制。进入 21 世纪以来，最高人民检察院进行了一系列的单项改革，如为了提升办理侦查职务犯罪案件的执法公信力，增加外部监督，出台了人民监督员制度；再如为了强化规范执法，防范刑讯逼供，出台了讯问职务犯罪嫌疑人实行全程录音录像的举措；2010 年还推出了对自侦案件逮捕上提一级等举措。这些举措对检察机关执法办案公信力的提高却又有积极地促进作用，但是系统化的案件监督管理体系尚未真正建立，探索新型的内部管理和监督机制成为检察改革的重要领域。

（四）现行案件管理模式缺陷产生的调整型需求

检察机关现行案件管理模式的基本缺陷为：纵强横弱，即纵向管理趋于强劲，横向管理十分薄弱。多年来，纵向检察管理始终强势发展，从最高人民检察院到省级人民检察院的各个部门，从工作部署、指导、考评等，无一不在发挥"指挥棒"的作用，所发的一些公文，也时有部门主义的色彩，单纯强调部门工作的重要性，而缺乏对检察工作整体的考量。

就横向管理而言，虽然，控告申诉、侦、捕、诉、监所之间存在着配合与制约，纪检监察也有执法监督之职，但是，没有完整意义上的系统化的全流程管理。尽管检察长可以对各个部门进行管理，但是，各位副检察长各管一个诉讼环节，致使检察长难以及时地、全面地统筹管理各项检察工作，其原因就是没有设立专门的案件管理部门进行常态性、统筹性、全面性和系统性的案件管理。

（五）检察机关内设机构特殊性产生的统筹型需求

公安机关和审判机关的内设业务机构是以业务门类为主、以流程为辅的，如几个民事审判庭或者几个刑事审判庭之间，以及相互之间并没有流程关系，而检察机关的内设业务机构大部分是流程关系，如受理举报→职务犯罪的立案、侦查→审查逮捕→审查起诉→出席法庭→抗诉→受理申诉（赔偿）等。检察机关案件管理的集约统筹型需求明显高于公安机关和审判机关，相反，公安机关和审判机关由于内部制约较少，其过程控制的需求大于检察机关的相关需求。

二、案件集约化管理的理念

理念决定着起点、定位、目标和发展方向；理念决定着立场、态度和机制；理念是处理各类关系的价值取向。检察机关实行案件集约化管理的基本理念主要有：

（一）整合内部管理资源与遵循检察规律相结合

检察机关可整合的内部资源主要包括四个方面：一是优化组织机构，如合并、新设内设机构或者调整职能分工；二是优化工作机制，如优化决策机制、工作运行机制、过程控制机制和考核评价机制等；三是优化检察人力资源和物质资源的配置；四是优化检察信息管理。

检察规律以诉讼规律和法律监督规律为基础，它反映检察权与审判权、警察权等的必然关系，也反映各项检察权之间、各级检察组织之间的必然关系。检察规律是整合内部监督管理资源的基本依据之一，如确立案件管理部门与其他内设部门的职能关系，必须平衡好公正与效率、管理与监督、管理与办理以及运行成本的关系，不整合或者不遵循检察规律来整合内部管理资源都是有害的。

（二）全程管理与动态监督相结合

全程管理与动态监督是现代管理的重要理念，是集约化管理的应有之意。一方面，虽然全国各地检察机关案件管理的全程性有所不同，但是向全程性管理的方向发展却是毋庸置疑的。因为，从现代管理学的原理看，管理若没有全程性，则不是有效的管理；另一方面，内部监督若没有动态性，其监督效能将大打折扣。全程管理与动态监督有机结合，才能全面提升案件管理水平。案件管理工作机制的发展，应当建立在如何全面实现管理的全程化和监督的动态化的轨迹上不断地延伸。

（三）程序监督与实体监督相结合

办案质量包括实体质量与程序质量。对案件管理机构监督案件的程序质量并无分歧，而对监督案件的实体质量有较大分歧。有人认为，举报、立案、侦查、逮捕、起诉以及申诉之间已有内部制约机制并且执法办案部门也有自我监督，案件管理部门没有必要再进行实体质量监督。笔者认为，首先，从案件集约化管理的原理上看，不应当排除实体监督，案件管理部门的监督管理应当是全面的而不是部分的；其次，实体质量与程序质量相互交织，有时是一个问题的两个方面，如以非法证据被排除而导致无罪判决为例，违法取证是程序问题，而无罪判决则是实体问题；再次，从各地的监管实践情况看，案件管理部门通过发挥监管职能发现了一批实体质量问题，这也反映出原有监督制约机制并不能有效解决实体质量问题；第四，监督实体质量，并非案件管理部门替代执法办案部门的职能，而是有重点地监督案件的实体质量，主要有：各类职务犯罪案件，普通刑事案件中的不捕、不诉、无罪判决，在当地有影响的重大、复杂案件，当事人和辩护人投诉的案件和上级交办监督的案件。

（四）纵向管理与横向管理相结合

纵向管理与横向管理是现代管理学的基本分类，也是检察机关案件管理的基本分类。长期以来检察机关习惯于纵向管理的思维，对于横向管理还需要一个发展过程。在现阶段，由于纵向管理强势的格局尚未改变，因此，案件集约化管理较多地体现出横向管理的成分。调整纵强横弱的案件管理格局，建立起纵向管理与横向管理并重的案件管理机制，才能在此基础上构建完整意义上的案件集约化管理机制。

（五）个案监管与宏观研判相结合

个案监管是案件管理部门和各层级检察管理者的日常性工作，个案监管的重点是程序质量和实体质量以及办案的综合效果。从提高检察质效的角度看，要在对个案监督的基础上提升对类案的分析研判，再从对类案分析研判提升为对检察工作整体的分析研判，进而把握社会治安和执法办案发展趋势，发现倾向性、苗头性、深层次问题，提出改进和加强执法办案工作、创新社会管理的建议，为党委和上级检察机关决策服务。如江苏省检察机关案件管理系统2011年通过个案监督和专项检查，将发现的执法办案瑕疵问题向业务部门及其分管检察长反馈1512次，不仅均已整改，其中推动完善执法办案工作制度172项；向上级检察院或者党委提出一些决策参考也被采纳[①]。

---

① 参见2012年4月13日，最高人民检察院《案件管理工作情况》（第7期）"紧紧围绕'规范、创新、实效'扎实推进检察机关案件管理工作"——江苏省检察机关2011年案件管理工作综述。

（六）案件管理与完善办案流程相结合

案件管理的方法既包括发现并解决办案本身的各类问题，也包括发现并解决执法办案流程中的各种漏洞。多年来，江苏等地检察机关案件管理机构的职能设定均有"制定和完善执法办案工作流程"。最高人民检察院案件管理办公室的职能也已包括了制定和修改执法办案工作基本规范。案件管理与完善办案流程相结合，是案件集约化管理的应有之意，是案件管理综合价值的体现。

（七）内部监督与外部监督相结合

监督是指为实现预定目标，而对工作事项进行监视、督促的管理活动。监督分为内部监督与外部监督，二者有机结合才能形成有效的监督。外部监督的主体包括党委、人大、政协、社会各界以及媒体。设立案件管理机构，实行案件集约化管理是强化内部监督的重大举措，案件管理机构与其他内部监督优化组合，并与外部监督有机结合，才能真正实现曹建明检察长在"十三检会议"上提出的检察机关"做到自身正、自身硬、自身净"[①]。

（八）案件管理与信息化建设相结合

手工化管理是粗放型管理的典型表现之一，案件集约化管理离不开信息化。检察机关案件管理信息化是将现代信息技术与案件管理相融合，转变传统的案件管理方式和组织方式，重新整合内部与外部的信息资源，提高办案质效的过程。案件集约化管理与信息化管理相结合，将有助于实现检察长和检察委员会主要通过案件管理部门对执法办案信息的获取、传递、处理、再生和利用的功能。

（九）创新发展与统一规范相结合

"创新是民族进步的灵魂，是国家兴旺发达的不竭动力"[②]。实行案件集约化管理是检察机关的重大创新项目。但是，由于理念不同，各地检察机关对案件管理的定位和认知有所不同，案件管理机构的职能也不同；由于检察院的层级和规模大小不同，决定了案件管理模式的不同。从全国各地检察机关案件管理机制的发展情况看，定位、模式、职能等差异较大，已经不能够简单地以高、中、低的定位和大、中、小的管理模式来加以概括。笔者认为，要在充分

---

① 　见《检察日报》2011 年 7 月 16 日。
② 　摘自江泽民同志在中国共产党第十五次全国代表大会上所作的报告。

调研的基础上，既明确基本的规范，又留有创新发展空间，要根据基层检察院规模和业务工作总量，因地制宜地开展案件管理工作。

（十）现代管理学原理与案件管理工作实际相结合

实践证明，只有理论上成熟，才能有事业上的成功。只有通过理论创新，才能实现思路创新、制度创新和方法创新，才能取得新的成就。管理学是系统研究管理活动的基本规律和一般方法的科学。在现代社会，各行各业共同的管理理念与基本方法，形成了现代管理学原理。科学管理已成为第三生产力，也是人类社会文明进步的重要标志之一。在中外管理学爆炸性发展的今天，现代管理学原理在检察机关案件管理中的运用却是十分苍白的。现代管理学丛林中的企业管理学已长成参天大树，而检察学项下的检察管理学仅仅是一棵尚未出土的幼苗。将现代管理学原理与检察机关案件管理工作实际相结合，形成案件管理的理论体系，对于更新理念、明确方向、开拓视野、提升境界，进而创新案件管理工作机制十分重要。

三、案件集约化管理的定位

定位即确定自身目前的位置和明确未来发展的方向。实行案件集约化管理是牵一发而动全身的重大检察改革项目，案件集约化管理在检察管理中的定位，它直接关系到检察管理现代化建设的水平。

（一）案件集约化管理在检察管理功能中的定位

案件集约化管理机制是检察管理体系中的重要内容。案件集约化管理在检察管理功能中的定位为："科学构建案管平台，全面深化内部监督和优质服务检察决策"。科学构建管理平台是指构建全国检察机关统一的执法办案工作管理软件；全面深化内部监督是指构建全程、全面和动态的监督体系；优质服务检察决策是指案件管理部门为检察工作科学发展发挥好参谋助手的作用。三者的基本关系为一体二翼，即管理平台是基础，内部监督和服务决策是重点。没有良好的案管平台，内部监督和服务决策将难以实现。

《最高人民检察院案件管理暂行办法》第二条规定，最高人民检察院案件管理办公室"主要承担案件管理、监督、服务、参谋职能"。该表述是从案件管理办公室的角度来规定的，而从检察机关整体的角度看，案件管理部门的职能定位是案件集约化管理的重要内容。

（二）案件集约化管理在检察工作发展方式中的定位

发展方式分为外延式发展与内涵式发展。外延式发展方式强调通过资金与人力的投入，进而实现数量增长、规模扩大和空间拓展，表现出外形的扩张；内涵式发展是以事物的内部因素作为动力的发展方式，它强调通过更新理念，整合内部资源，激发活力，进而实现效能的最大化。依靠增加检察人员和经费来解决检察工作的发展需求是远远不够的，走内涵式发展道路是检察工作科学发展的重点，案件集约化管理是检察工作内涵式发展的主要表现。

（三）案件集约化管理在案件管理模式中的定位

检察机关案件管理的基本模式为纵向管理与横向管理，案件集约化管理与纵向管理和横向管理具有交叉关系。多年来由于纵向管理较为强势，因此，检察机关案件集约化管理较多地在横向管理的方向上发展。未来发展态势为：由目前的纵强横弱逐步发展为纵横并重，最后可能发展为以横向管理为基础的案件管理模式，回归到现代管理学的基本原理。

（四）案件集约化管理在检察决策中的定位

根据现代管理学的通说，集约化管理是科学决策的基本要素之一。案件管理机构通过对执法办案进行管理、监督和研判，将成为检察委员会、检察长组织领导检察业务工作的"参谋部""智囊团"和"思想库"，通过与办公室、研究室等部门的密切协作，共同为检察决策做好服务工作。

（五）案件集约化管理在执法办案运行中的定位

一方面，案件管理部门是检察机关办案工作运行的总枢纽、信息库和控制阀；另一方面，在原有执法办案工作机制的基础上，通过科学构建案件管理信息平台，将对执法办案活动进行全程管理和动态监督，还为检察委员会、检察长、执法办案部门以及诉讼参与人和社会各界提供信息服务。

（六）案件集约化管理在内部监督中的定位

案件管理机构与执法办案部门的内部监督具有不同的属性，如侦、捕、诉之间的内部监督体现的是诉讼环节之间的制约，而案件管理部门与各个执法办案部门之间的内部监督是工作机制层面的监督，具有侦、捕、诉之间无法实现的全程性和动态性监督的优势。在原有执法办案工作机制的基础上，依托案件管理信息平台建立管理部门的内部监督与侦、捕、诉等之间的内部制约有机结合，形成新型的内部监督制约体系。有利于检察委员会、检察长准确、及时和全面地掌握执法办案情况，正确地组织领导检察业务工作，防止问题型信息被过滤，成绩型信息被夸大。

（七）案件集约化管理在检察队伍建设中的定位

检察机关以行使国家检察权为存在的前提，行使人民检察院组织法和其他法律设定检察权的实际状况，是衡量检察机关政治工作成效的主要依据。如最高人民检察院于 2010 年 3 月 26 日下发的《基层人民检察院建设考核办法（试行)》中关于"思想政治建设""领导班子建设"等内容，都是以能否正确行使检察权为判断基础的。曹建明检察长在"十三检会议"上指出"执法办案是法律监督的基本手段，是检察机关的中心工作。其他各项检察工作都要围绕执法办案展开，服从和服务于执法办案，以执法办案成效作为评价全部检察工作的主要标准。"[1]案件管理机构承担着对下级检察院、本级检察业务系统、执法办案部门以及检察人员的执法办案工作进行考评的职责，其考评结果是衡量检察队伍素质的基本依据。

（八）案件管理机构在部门属性上的定位

案件管理机构的部门属性为综合性的检察业务部门，《最高人民检察院案件管理暂行办法》第二条规定"最高人民检察院案件管理办公室是专门负责案件管理的综合性业务部门"，其基本职能有管理、监督和服务决策，其他各项具体职能由此而衍生，如承担执法办案工作流程的制定与修改，案件集中受理与送达，法律文书集中管理、对涉案款物监管，执法办案质量管理，检察业务统计与考评，个案监督与宏观研判等。山西省检察机关根据案件管理部门职能定位，认为监管部门的规格应当高于被监管部门，在该省检察院的大力推动下，截至 2012 年 5 月底的信息，已有 4 个省辖市检察系统和其他省辖市的部分基层检察院的案件管理部门已经全部升格。

四、案件集约化管理的路径

整合内部各类管理、监督资源是实现集约化管理的基本路径。检察机关整

---

[1]　见《检察日报》2011 年 7 月 16 日。

合内部案件管理资源主要包括：整合内设机构的职能、整合内设机构的设置、整合对外窗口和整合信息管理等。

（一）整合内设机构的职能

检察机关设立案件管理部门本身就是对现有的业务部门、政工部门和其他综合部门现有职能进行重组的结果。推进案件管理集约化机制起步较早的江苏、广东等地，已将其他部门的 10 余项职能调整为案件管理部门的职能，并且还呈现出进一步扩大的趋势，最高人民检察院案件管理办公室的职能也吸收了其中的大部分职能。

许多地方检察机关整合内部监督管理资源主要有：（1）将办公室的检察业务统计工作、检察建议法律文书管理工作等职能划归案件管理机构。同时，越来越多的地方人民检察院，将人民监督员工作职能划归案件管理机构，如深圳、南通、镇江等省辖市检察机关。此外，江苏等地检察机关将用于法律文书的电子院印交由案件管理部门管理。（2）将法律政策研究室的制定和修改执法办案工作流程、法律文书管理、执法检查等职能划归案件管理部门的职能；同时，越来越多的地方人民检察院将检察委员会办公室的工作职能划归案件管理部门，如辽宁省检察机关、深圳市和南通市检察机关；江苏省人民检察院已于 2010 年 6 月明确要求基层人民检察院检察委员会办公室工作职能划归案件管理部门。（3）将监察部门在执法监督工作中的主要角色较多地转移到案件管理部门，将对程序质量和涉案款物的监管，明确为案件监督管理部门的主要职责①。根据最高人民检察院《检察机关执法工作基本规范》和《最高人民检察院案件管理暂行办法》的规定，监察部门的许多执法监督职能也明确为案件管理部门的主要职能，当然，现阶段还存在一定程度的交叉。（4）将政工部门

---

① 参见《检察机关执法工作基本规范》第 276 页至 280 页"第九篇 其他规定 第五章 执法办案内部监督"，中国检察出版社 2011 年版；该《规范》第五章 执法办案内部监督 第 9·52 条规定："监察部门在执法办案内部监督中承担下列职责：（一）对执法办案内部监督工作进行归口管理，研究制定有关的工作措施和规章制度，对本院执法办案部门和下级人民检察院执法办案内部监督进行指导、督促和检查。"

《最高人民检察院案件管理暂行办法》（高检发〔2012〕3 号）第二条规定"最高人民检察院案件管理办公室是专门负责案件管理的综合性业务部门，主要承担案件管理、监督、服务、参谋职能"。第三条规定"本办法所称案件管理，是指对最高人民检察院办理的案件实行统一受理、流程监控、质量管理、统计分析、综合业务考评等管理活动"。

的执法规范化建设、检察业务考核评价、检察人员执法业绩档案等项职能划归案件管理部门，如 2010 年由最高人民检察院的政治部牵头组织编写了《检察机关执法工作基本规范》，2012 年则由最高人民检察院的案件管理办公室根据新刑事诉讼法等牵头组织全面修改该基本规范。(5) 将执法办案部门受理案件和裁判文书等，送达案件，开具涉及人身权利和财产权利的法律文书等职能划归案件管理部门。如《最高人民检察院案件管理暂行办法》中规定的案件管理办公室负责"案件统一受理与登记"，"下列法律文书，由案件管理办公室集中保管、统一开具……"。(6) 将财务装备部门保管涉案物品的职能划归案件管理部门。最高人民检察院于 2010 年 5 月 9 日下发的《人民检察院扣押、冻结涉案款物工作规定》第二十四条规定："人民检察院负责财务装备的部门是扣押款物的管理部门，负责对扣押款物统一管理"；第五十条规定："设立案件管理部门的人民检察院，可以根据有关规定确定案件管理部门、纪检监察部门、财务装备部门在扣押、冻结款物的保管、处理、监督工作中的职责与分工。"深圳、苏州等检察机关的案件管理部门已承担对涉案物品的保管职能，并且率先实行了条形码管理技术，涉案款项仍由财务装备部门存入专门的账户。从平衡监督与效率的关系看，保管涉案物品由案件管理部门负责更为适宜，减少了原来案件管理部门受理案件时接受涉案物品后，再移送财务装备部门的流转环节，提高了工作效率。

(二) 整合内设机构

1. 充分借鉴行政机关的改革。检察机关内设机构虽然与政府组成部门的法律地位不同，但是行政机关整合所属机构的做法值得检察机关借鉴。为解决行政效能低下，办事不规范或者缺少规范、不作为和乱作为、不公开不透明，外部和内部监督渠道不畅通等问题，1981 年至 2008 年，国务院机构改革进行了 6 次[①]，地方各级人民政府也同步进行了机构改革。其基本理念为：以法治、便

[①] 见 1982 年 3 月 8 日，五届全国人大常委会第二十二次会议通过了《关于国务院机构改革问题的决议》；1988 年 4 月 9 日，七届全国人大一次会议通过了《国务院机构改革方案》；1993 年 3 月 22 日，第八届全国人大一次会议审议通过了《关于国务院机构改革方案的决定》；1998 年 3 月 10 日，九届全国人大一次会议审议通过了《关于国务院机构改革方案的决定》；2003 年 3 月 10 日，十届全国人大一次会议第三次全体会议以绝对多数通过了《关于国务院机构改革方案的决定》；2008 年 3 月 12 日，十一届全国人大一次会议第四次全体会议通过了《国务院机构改革方案》。

民、规范、公开、效能、服务、精简和守信，不断转变政府职能、理顺部门职责关系等①，政府的行政管理资源不断地重新配置，行政管理的组织体系不断地优化，为经济社会发展更好地发挥了行政功能。

2.检察机关内设机构的发展。多年来，检察机关的内设机构就像摊大饼一样，不断地拓展，以最高人民检察院的内设机构（不含事业单位）为例，1979年为7个，2012年为20个②。地方各级检察院也存在着人员不多而机构过多、管理监督资源分散、职能交叉和效率降低的现象。虽然，最高人民检察院于2000年2月提出了"科学调整检察机关内设机构，充实加强业务部门，精简、调整非业务机构，根据业务归口的原则，进一步调整检察机关业务部门的职责范围。精简基层检察院的内设机构"③；2009年又提出"改革和完善人民检察院内设机构，有效整合人力资源，形成分工合理、权责明确、互相配合、互相制约、运行高效的工作机制"④。但是，时至今日，就全国检察机关整体而言仍无实质性进展。

3.近几年来地方检察机关整合内设机构的试点。"湖北省检察机关针对一些人数规模较少的基层检察院内设机构林立、职能分割、部门掣肘、整体效能不高的实际情况，2009年11月，按照'依法进行、强化监督、整合力量、优化职能、分类管理、监督制约'等六条基本原则，统一部署在黄石、宜昌、神农架林区的13个规模较小（40人以下）的基层检察院推进内部整合改革试点工作。整合机构实行五部制，将现有机构统一整合为批捕公诉部、职务犯罪侦查部、诉讼监督部、案件管理部和综合管理部等五个实际运行的工作机构"⑤。2012年6月，江苏省人民检察院在试点的基础上，下发了《关于进一步发挥

---

① 参见国务委员兼国务院秘书长华建敏于2008年3月11日在第十一届全国人民代表大会第一次会议上《关于国务院机构改革方案的说明》；2008年3月12日，十一届全国人大一次会议第四次全体会议上通过的《国务院机构改革方案》。

② 见"高检院机关电话号码表"。

③ 摘自：《最高人民检察院检察改革三年实施意见》（高检发〔2000〕3号）。

④ 摘自：《最高人民检察院关于贯彻落实〈中央政法委员会关于深化司法体制和工作机制改革若干问题的意见〉——关于深化检察改革2009—2012年工作规划》（高检发〔2009〕6号）。

⑤ 参见湖北省人民检察院检察发展研究中心编《检察管理的理论与实践》，湖北省人民出版社2012年版，第236页。

基层检察院职能作用 科学合理调整内设机构设置的指导意见》（苏检发政字〔2012〕73号），明确提出对于中小规模的检察院"一般可设置五个部门，职务犯罪侦防部门、刑事检察部门、诉讼监督部门、案件管理部门、综合管理部门"。湖北和江苏整合内设机构的主要特点为，一是精简机构和强化效能；二是将综合性业务类工作职能整合到案件管理部门，构建了案件集约化管理的组织基础。

（三）整合对外窗口

检察机关在对外窗口建设领域，由于纵向管理发展强劲，横向统筹协调不足，最高人民检察院曾先后要求地方各级检察院设置检务公开专栏区、控告申诉接待大厅（室）、案件管理中心、行贿档案查询中心（室）等，集约化管理检察机关对外窗口建设显得越来越重要。构建多功能的对外总窗口既要功能齐全，又要突出重点，还要展现检察文化。

笔者对2010年和2011年江苏省辖市检察院和基层检察院的各项窗口业务工作量进行了调研，控告申诉接待、行贿档案查询和办公室负责检察业务公开的工作总量也不及案件管理部门的工作量，如以控告申诉的来访人员为例，每个基层检察院平均每周为0.5件次；每个省辖市检察院平均每周为1.2件次。案件管理部门受理公安机关提请批准逮捕和移送审查起诉的案件，每个基层检察院平均每周为19.5件，每个省辖市检察院平均每周为3.4件；此外，案件管理部门还受理裁判文书，开具法律文书，网上监管案件，接待律师等查询案件信息、投诉和电子阅卷等。

整合内部资源，构建多功能对外总窗口的具体构想如下：一是树立便民、公开、规范、文明、高效、安全的理念，集约化构建多功能的对外窗口。二是统一对外窗口的名称，名称需要涵盖其价值和功能，地方人民政府或者开发区的对外窗口多为"政务中心"或者"行政服务中心"，法院对外窗口多为"诉讼服务中心"，检察机关以"检务中心"为宜，"检务"是指检察机关行使检察权的事务，"中心"是指相对于周边距离居中的位置，延伸为集散地、对外窗口等枢纽之义。三是统一规划，将多功能的窗口建设尽快纳入检察机关基本建设的发展规划，正在建设新办公楼或者有条件旧房改造的，应当先行一步。四是统一管理，多功能的对外窗口涉及多部门，笔者根据在基层检察院的调研，案件管理、控告申诉、行贿档案查询、司法警察、办公室其他业务部门，这些部门宜由一名副检察长统一分管或者兼任检务中心主任。五是统一文化背景，众所周知海关、中国银行等单位的标识给人们以深刻的印象，许多大中型企业的门厅或者总台均有反映其内涵的文化背景设计。江苏省苏州市工业园区人民检察院和宜兴市人民检察院等已经构建了多功能的对外总窗口，江苏检察机关正在推广其经验做法，将统一以柜台式设立多个部门的对外窗口，背景墙以天之蓝为色调，上为检徽、下为浅金色"检务中心"立体字；该大厅旁还设置有滚动式的案件信息显示屏以及各项工作制度等，形成一个富含现代检察文化元素的有机体。

（四）整合信息管理

信息是管理的重要对象，是事物的存在状态和运动属性的表现形式。信息管理是指在整个管理过程中，收集、加工和输入、输出的信息的总称。多年来，检察机关执法办案工作的信息分散于各个业务部门，各地开发管理软件也互不兼容，对执法办案信息的综合利用水平较低，在一定程度上影响了检察工作的科学发展。江苏省检察机关于 2010 年着手调研，在吸纳各地经验的基础上研发了"江苏省检察机关案件监督管理工作平台"，并于 2011 年 6 月开始在全省三级院统一推广使用。该平台的基本功能有：案件受理、全程动态监控、法律文书打印与管理、涉案款物监管、检察业务考评、对外服务窗口、统计分析等，运行至今已取得了较好的效果。整合信息管理更有待于最高人民检察院组织开发统一的案件管理软件，从而促进检察工作科学发展。

检察机关案件管理的价值基础与机制优化

钱　鹏*

高检院《"十二五"时期检察工作发展规划纲要》提出，未来五年间全国地市级以上检察院和有条件的基层检察院都要设置案件管理机构；2011 年 10 月，高检院设立案件管理办公室，标志着检察机关案件管理工作进入新的发展阶段；高检院《2012 年案件管理工作要点》提出，案件管理工作要"以健全组织机构、选优配强队伍、健全规章制度、建立信息化管理平台为切入点，以统一受案、全程管理、动态监督、案后评查、综合考评为机制"。

管理首先是一种思想观念和行为哲学，其次才是一种方法和技巧。案件管理作为检察机关深化司法体制改革的产物，是检察机关创新检察管理机制、提升检察管理水平的重要举措，具有正当性和现实合理性。因此，研究案件管理必须研究其价值理论基础，再结合检察工作实际，依托现代管理模式和手段，优化案件管理的体制，以实现法律监督职能的科学、系统、高效、规范的运行。

一、案件管理的属性

"管理"内涵丰富，人们从不同的角度和背景给予了多种解释和诠释，简单而言，"管"即为管辖、管束，"理"即为处理、理顺，特别是指理顺工作机制。不同于法院系统侧重于审前程序分流的性质，检察机关的案件管理是检察机关依托现代管理模式和手段，对检察机关的人、财、物、信息等资源要素进行科学组合，对案件进行积极主动的管理控制，对检察职权进行优化配置，以

---

* 　钱鹏，江苏省溧阳市人民检察院助理检察员。

实现法律监督职能的科学、系统、高效、规范的运行。

（一）检察属性与管理属性

案件管理是检察学与管理学的交叉应用的实例，其运用管理学的基本知识和一般原理，对案件开展计划、组织、领导、创新、协调等活动，案件管理所针对的是管理范畴内的活动与行为，与执法管理、队伍管理、政务管理等相区别。另一方面，案件管理又具有检察属性，必须遵循检察工作运行规律，研究与检察机关行使检察职权相关的知识，是检察活动的一部分。

（二）行政属性与司法属性

案件管理是"公共权力对社会生活的一种管理，属于国家政治管理的范畴"①，涉及部门与部门之间、上下级之间的组织关系，包括案件决策、案件审批等，具有一定的行政化色彩。案件管理又是司法体系运作的管理，是对司法权中检察权的管理，虽然不是执法操作系统，但却是对执法操作系统的管理。

（三）程序属性与实体属性

当前的案件管理主要是一种程序性管理，如文书送达、案件超期预警、案件归档、移送赃证物、数据统计等检察业务的一种流程管理，是对案件流程的动态管理。但是案件管理的流程中不可避免地涉及对案件的评查、考核和监督，虽然这种实体属性与批捕公诉的诉讼行为、职务犯罪的侦查行为有着明显的侧重，但这些评查、考核和监督是对案件的实体审查，具有实体属性。

（四）服务属性与监督属性

案件管理是通过内部资源的整合来达到检察事务与检察业务的适当分离，如对犯罪嫌疑人、被害人的告知，案卷和文书的打印、流转、送达等，减轻了案件承办人的大量繁琐的事务性工作，为检察人员的专业办案提供了服务平台，最大限度地提高工作能效和积极性，实现检察资源的优化整合。另外，案件管理通过对执法办案情况进行汇总分析，进行风险研判，为领导提供决策参考依据，本质上而言，也是一种对检察工作的服务。另一方面，案件管理又通过对诉讼环节的监控与评估实现了对检察机关案件办理的全程动态监督，如案件的超期预警、案件评查事实与证据等，以此来不断提高执法规范化和确保案

---

① 周理松等：《立足检察管理 促进检察队伍建设》，《人民检察》2012 年第 3 期。

件质量，这就具有明显的监督和制约属性。

二、合理性分析：案件管理的应然性基础

案件管理是检察机关创新检察管理机制，提升检察管理水平的重要举措，也是强化自身监督，提高检察机关执法办案质量和效率、推动检察工作创新发展的必然要求，体现了法治进步和检察规律的特性，从价值理性的角度分析，具有深厚的应然性基础。

（一）首要价值：程序公正

日本著名法学家谷口平安指出，"程序是法律的心脏"，[①] 程序的公正是正确适用法律、实施裁判公正的保障机制，同时也是法律正义的直接体现。检察机关参与公平正义的主要途径是参与刑事司法，检察机关是法律监督机关，不仅广泛参与司法正义的产生行为，如侦查自侦案件、提起公诉等，也广泛参与司法不正义的矫正行为，如对侦查行为的监督、对法院审判行为的监督、对刑罚执行行为的监督、民事与行政诉讼的诉讼监督等。以此，保障社会主体通过正当的法律程序寻求合理的裁决，虽然这种程序公正"不能确保正义理想得到彻底的实现，而只能减少和克服一些明显的不正义情况，并提供一些旨在消除人们不公正感的程序和制度保障"。[②] 因此，程序公正是案件管理在刑事司法中的最基本、最显著的表现。

案件管理正是以法定或约定的时限、程序、原则和制度来约束检察机关的司法行为，以程序公正来维护和实现实体公正，从而蕴涵程序公正的理念。在司法实践中，案件管理着重解决了以下三方面问题：一是要求程序合法，通过超期预警、统一流程管理有效地解决了超期羁押、超期审判、借时间办案的问题；二是要求程序理性，即要"合乎理性"或要"合理的"，通过案件评查、"三书"对照检查，要求检察机关能用轻缓的手段就不能采用严厉的手段，比如，能取保候审的就不必实施逮捕；三是要求遵循程序的及时性和终结性原则，通过统一受理和移送案件、统一管理法律文书进出口、统一监管赃款和赃

---

① 宋冰著：《程序、正义与现代化》，中国政法大学出版社 1998 年版，第 363 页。
② 陈瑞华著：《刑事审判原理》，北京大学出版社 1997 年版，第 59 页。

物，在程序上保证有效的案件得到及时流转，判决得到有效执行和依法执行，有效地避免了案件拖延情况的出现。

（二）制度价值：法律监督

我国的检察机关是法律监督机关，以监督法律为己任，是为了防止权力的非理性扩张，有效地制约处于绝对地位的国家公权力，"有效地保护市民社会免受外力的入侵，实现社会权力的最大化"[①]，集中行使对国家公权力的监督和制衡，保障宪法和法律的统一实施。这种法律监督不仅通过合理的诉讼结构实现权力的配合制约，而且在诉讼结构外实现监督，与党的领导体制中的执政与执政监督同步的制度设计，行政管理体制中行政管理与行政监察同步的制度设计是一脉相承的，都是中国特色社会主义宪政体制的内在要求使然。[②] 案件管理，实质上就是在这种内在要求下，对执行法定程序的有效监督和保障，通过对检察机关自身办案过程的规范和约束，及时发现错误、纠正错误来保障公民的合法权益。

这种监督性有别于一般意义上的法律监督，具有特殊性，是以检察机关自身主导或参与的各种法律监督活动为监督对象的活动；具有系统性，主要针对检察机关的履行侦查、批捕、公诉、侦查监督、刑事审判监督、刑罚执行监督、民事和行政审判监督、控告申诉等检察权为监督内容；具有自我协调性，是检察机关采取流程管理、案件审查等实现案件办理的自我评价、分析与矫正为监督方式。

（三）必要价值：诉讼效益

法彦有云，"迟来的正义就是非正义"。案件管理最初起源于西方国家为根治民事司法拖延而推行的司法改革措施，按照法律经济分析论者的观点，任何一项司法改革措施完全可以根据效益分析方式确定其合理性，虽然这种分析带有强烈的功利色彩，但却相当必要，它"能使我们能够对由于采用一个法律规则而不是另一个法律规则的结果而产生的收益的规模和分配，进行理智的评价——抓住躲在法律背后真正的价值问题"[③]。案件管理内蕴着两项基本的价值

① 王军、汪自成、卢山：《论检察权定位中的制约因素》，《人民检察》2010年第13期。
② 吴建雄：《检察权的司法功能价值及其完善》，《人民检察》2011年第17期。
③ ［美］艾克曼：《财产法的经济基础》第14页，转引自张文显著：《当代西方法哲学》，吉林大学出版社1987年版，第263—264页。

内容：诉讼过程的经济合理性和诉讼结果的合目的性。前者要求人们在诉讼过程中以最佳方式来科学合理地利用诉讼资源，后者则要求诉讼的结果必须最大限度地满足人们对公平、正义、自由和秩序的需求。

检察机关的案件管理设立"不是为设计程序而设计程序，根本目的还是满足群众对公正与效率的需求"[①]。通过对业务流程的系统化管理，实现对检察资源的优化配置，实现检察官的工作重心向执法办案转移，让犯罪嫌疑人或被告人、被害人、社会公众等尽快得到一个可确定性的诉讼结果，从而达到提高诉讼效率、降低诉讼成本的目标；通过集中指挥和有效管理，实现各业务环节、诉讼前一阶段和诉讼后一阶段之间既有协调和配合，又有监督和制约，从而最大程度地保障检察官对案件事实和法律适用的独立判断，保障诉讼结果的公正被诉讼各方及社会认同、支持，实现经济合理性和结果的合目的性的统一。

三、合法性分析：案件管理的现实依据

案件管理的研究不能只停留在价值取向方面即合理性层面，更要分析其在当前司法改革过程中的可行性即合法性层面，其合法性表现为既有现行的法律依据，又有明确的政策根据，还有实践经验的支撑。

（一）检察一体化

我国《宪法》第一百三十一条明确规定："人民检察院依照法律规定独立行使检察权，不受行政机关、社会团体和个人的干涉。"《宪法》第一百三十二条则规定："最高人民检察院是最高检察机关。最高人民检察院领导地方各级人民检察院和专门人民检察院的工作，上级人民检察院领导下级人民检察院的工作。"由此可以看出，宪法首先确立了检察独立原则，在此基础上，进一步确立了上级人民检察院与下级人民检察院之间的领导关系，从而建立起了检察一体化的体制。最高人民检察院在《检察工作五年发展规划》中明确提出：健全上级检察院对下级检察院的领导体制，加大领导力度，形成上下一体、政令畅行、指挥有力的领导体制，确保依法独立高效行使检察权。《人民检察院五

[①]　史海东：《检察机关案件管理理论创新和机制构建》，《中国刑事法杂志》2011 年第 2 期。

年改革规划》则将检察一体化上升到一个更高的层次，从检察体制的角度落实宪法规定，完善检察机关领导体制。

案件管理充分体现了检察机关在行使检察权的过程中的整体统筹、上下一体、内部整合、横向协作、统一行使检察权的要求。对外，案件管理作为一个整体独立行使检察权，如送达、开具文书，接受法律咨询等，保障了检察权行使的整体独立性。对内，案件管理改变了各部门分别管理的模式，使检察权的行使保持了统一的执法标准和行为准则，保障了上一个环节的执法活动必须符合规范才能进入下一个环节，检察机关上下级之间、同级之间、内部各部门之间配合、协作，上下一体，有效地统筹和协调了各部门的检察工作。

（二）内部监督制约

根据权力运行的原理，"一切有权力的人都容易滥用权力，这是一条万古不易的经验，有权力的人们使用权力一直到遇有界限的地方才休止"。[①] 随着司法体制改革的不断深化，如何监督监督者，如何在外部监督之外再进行监督，成为司法界与实务界的一大难题。近日，最高人民检察院发布了《关于加强检察机关内部监督工作的意见》，要求"加强对执法办案重要岗位和人员以及关键环节的监督"，"进一步充实和完善一案三卡的监督形式，切实抓好案前、案中和案后的监督"。从整体的权力运行角度看，监督制约本身并非目的，而是一种保障权力正确运行的辅助性手段。法律监督职能的行使是检察机关产生并存在的意义，为确保法律监督职能严格按照国家设置的目的发挥作用，是国家、社会对检察机关最基本、最核心的要求，也是正确行使法律监督权的内在要求。因此，检察机关的内部监督制约无论是监督层面还是在制约层面，都必须具有比外部监督更有利于保障案件质量、更有利于职能活动的正常开展。

案件管理采取事前监督、同步监督与事后监督相结合，确立了一个"周延"的监督制约框架，通过办案流程规范案件运作机制，从线索受理、案件受理、案件侦查、批捕、起诉、申诉等各个环节建立自己的操作流程，明确每一案件的工作内容、运作过程和法律文书要求；案件管理采取程序监督和实体监督相结合，明确了各个诉讼环节、每道诉讼工序监督制约的内容，克服了前道工序与后道工序可能出现的程序错误的延续，实现了真正意义上的内部监督制

---

① ［法］孟德斯鸠著：《论法的精神》，张雁深译，商务印书馆 2005 年版，第 154 页。

约机制的完整活动。

（三）检务公开

最高人民检察院于1998年10月25日发布《关于在全国检察机关实行"检务公开"的决定》后，检务公开已在全国检察机关普遍推行。2006年6月，最高人民检察院又下发了《关于进一步深化人民检察院"检务公开"的意见》，不断规范和完善检务公开制度。检务公开是指检察机关（包括检察人员）依据法律和有关规定，通过一定的形式在一定的阶段将检察机关的职责、业务流程相关的不涉及国家秘密和个人隐私的检察活动或事项，向诉讼参与人和社会各界及时客观地公开，以确保人民群众对检察工作的知情权、监督权和参与权。[1] 检务公开的核心就是要确保人民群众的知情权、监督权和参与权，真正贯穿到检察机关的诉讼活动中，落实到检察机关侦查、审查逮捕、审查起诉等各个诉讼环节中，体现到检察人员行使职权的诉讼行为中。

检务公开需针对不同的公开对象，"不同主体在检务公开程序中，其权利实现并不是同步、同质的：权利主体是逐渐扩大的，在诉讼程序运行伊始只在诉讼当事人范围内进行有限公开，随着程序的进一步运作，公开的对象范围越来越广泛，推而广及诉讼当事人的近亲属、所聘请的律师，并扩展到普通的社会公众。"[2] 由此，司法资源的配置也需进行全方面的调整。案件管理正是依托于刑事司法资源的全方位补给，对检务公开进行有效的调整，不仅包括程序公开所需的物质性资源如人力、物力、财力——由案件管理部门负责告知犯罪嫌疑人和犯罪人、听取被害人意见等，也包括公开所需的非物质性资源如权利地位配给、社会心理、司法权威等——由专门部门对外接待当事人、律师和社会群众等，保障实现法律允许范围内的司法透明。

四、案件管理的职能定位

近年来，全国各地检察机关均对案件管理建构、运作模式进行了不同程度的探索，例如江苏省昆山模式为代表的集约化管理模式和湖北模式为代表的监

---

[1]　刘润发、王金贵：《检务公开理论与实践学术研讨会综述》，《人民检察》2009年第14期。

[2]　叶莹：《检务公开的差序格局》，《犯罪研究》2010年第3期。

督制约模式[①]，案件管理是检察权优化职权配置的改革创新，是事关检察全局、各业务部门的系统工程，无论采取何种模式，无论构建何种基本运行机制，必须始终坚持案件管理的价值定位，始终坚持案件管理的职能定位——"管理、监督、服务、参谋职能"[②]。

（一）管理

案件流程管理：案件自立案开始，纳入管理，包括案件的统一进出口、案件的分流、程序适用等。文书管理：统一开具涉及人身强制措施、财产强制措施的法律文书，并由案管部门统一保管、发放。涉案款物管理：统一开具扣押、冻结、处理涉案款物手续，入库、出库。其他事务管理：除案件流程管理外，负责统一处理案件告知、送达、移送、卷宗归档等检察事务工作，逐步弱化、取消各业务部门的内勤岗位。

（二）监督

个案时限监督：对办案环节、各承办人办案情况进行办案期限预警，遏制超期办案；重点监督：对检察机关办理的不立案、不批捕、不起诉、撤销案件、撤回起诉及无罪判决案件进行重点监督。专项监督：对正在办理的重大敏感案件、群众反映强烈案件以及可能存在质量隐患案件实施专项监督。整体案件质量监督：采取自查、抽查、评估的方式对案件质量进行考评。这种监督不仅包括对检察机关自身办案监督，也包括对公安、法院的监督，统一接受公安与法院移送的卷宗与法律文书，送达相关的回执等，既全面掌握了案件情况，也从程序上进行了依法监督。

（三）服务

服务检察官：将案件中部分程序性事项和事务性事项由案管部门负责，最典型就是文书的开具和送达。服务当事人：负责联系和保障诉讼参与人权利，向犯罪嫌疑人、被害人送达权利告知书并听取意见。服务律师：按照法定程序和规定，接待律师，查询案件信息，阅卷与复印卷宗。服务社会：听取国家机关、社会团体组织、一般群众对案件办理的咨询和意见，发布相关信息，通报相关情况。

---

① 罗欣、晏磊：《案件集约管理：检察职权优化配置路径选择》，《人民检察》2011 年第 24 期。
② 最高人民检察院《2012 年案件管理工作要点》。

（四）参谋

办案整体情况分析：统筹分析本院一定时期内收案、开庭、退查、结案等相关办案情况，宏观把握办案数量、质量、效率等情况。检察官个人工作绩效分析：掌握检察官个人一定时期内的执法数量、质量等各种业务数据，为干警个人绩效考核提供客观依据。检察长、检委会决策参谋：对一定时期内的案件各类数据汇总、分析，为检察长和检委会的案件研判、社会治安态势、量化考核、普遍性问题和倾向性问题的解决，重大事项和事务的决策发挥智囊和参谋作用。

五、优化：建立现代型的案件管理机制

管理的基本要求是实现管理科学化，而管理科学化是建立在发现规律并把握规律、按照规律办事这个前提下的，成熟的现代管理理论为建立现代型的案件管理机制提供了许多可供借鉴的思路。

（一）案件管理的以人为本

古典管理理论的代表学者泰罗在其《科学管理原理》一书中强调："为提高劳动生产率，必须为企业配备第一流的工人，要选择合适而又熟悉的工人。"[①] 管理理论发展到 20 世纪末，对管理进行科学分析后总结到，现代管理的核心是人，人是决定性因素，员工是企业最重要的资源，应当在工作中充分地考虑员工的能力、特长、兴趣、心理状况等综合性情况，始终把人放在首位。

按照法律职业化的要求，司法主体必须具有现代化的专业知识和能力，良好的职业道德和素养，经过专门的法律教育和职业培训，并且在其岗位上有着不断的业务、经验积累和思考。正如哈耶尼所说："对正义的实现而言，操作法律的人的质量比其操作的法律的内容更为重要。"因此，案件管理必须注重操作案件管理的人的管理，要按照高检院要求，"把责任心强、懂业务、会管理、综合素质高的干部选配到案件管理队伍"。

案件管理与其他具体管理有所不同，它是对法律监督活动进行的管理活

---

① 张文昌、顾天辉主编：《现代管理学》，山东人民出版社 2007 年版，第 66 页。

动，需要相应的知识结构：

一是需要精通法律知识，熟悉法律监督业务，要能够合理界定案件质量要素，准确掌握案件在侦查、逮捕、公诉、审判等诉讼环节的质量要素的变化。如对于逮捕案件，重点关注审查逮捕认定的事实在诉讼终结后是否得到认定、是否发生捕后不诉、是否被判处徒刑以下刑罚；对于起诉案件，重点关注起诉的事实、情节、定性是否发生大幅增减、变更，是否发生撤诉，是否被法院宣告无罪等。二是需要精通统计，要熟悉各业务条线考核细则，做好日常检察数据录入、汇总、上报、核查，还要根据检察业务数据，对执法办案情况进行汇总分析制作。三是需要精通信息技术，要会操作如办案、管理、统计、分析等各类软件，能够对信息平台进行日常管理和维护，确保信息平台安全、高效运行。

培根在《论学问》中指出：各种学问并不把他们本身的用途交给我们，如何应用这些学问乃是学问之外的、学问以上的一种智慧，亦即一种能力。对于案件管理而言，管理的能力与需要的知识同等重要，在一定情况下，能力可能显得更为重要。案件管理所需要相应的知识结构是其职能有效发挥的前提和基础，是一种潜能，而这种潜能的发挥，更需要相应的能力：

一是分析能力。需要一定的检察理论功底，善于从检察机关所办理的案件进行横向或纵向分析评估，及时反映执法办案的整体情况，为检察长、检委会提供有益的决策参考。二是协调能力。把案件管理的活动看成一个整体，作为一个系统加以管理，善于最大限度地协调各种资源、组织各种因素，形成紧密合作的整体，发挥最大功效。三是发现问题、解决问题的能力。能够具有一定的专业观察、概括的能力，能够对每一具体的法律监督活动熟悉，能深刻观察、仔细研究，能够正确、果断地解决在法律监督实务中所遇见的一系列问题。

（二）案件管理的有效沟通

欧洲社会协作系统学派创始人切斯特·巴纳德认为，个人和组织需要通过协作与沟通来克服他在自己及其环境在生物、物理、社会等方面的局限性。[①]每个组织内部是一个纷繁复杂的系统，如检察系统，上、下级之间，同事之间

---

① 张文昌、顾天辉主编：《现代管理学》，山东人民出版社 2007 年版，第 84 页。

若不能进行正常的协作、沟通和交流，则会使组织信息链条中断，人员之间的关系疏远，组织涣散。所以如何在组织内部进行有效沟通，已成为当前和未来"科学管理"的重要内容。

案件管理是检察机关履行法律监督职能的一项综合性的工作，不是由一个部门、一个人所能完成的，它是由若干个级别的若干个组织和个人所共同完成的；案件管理是检察权运行过程中各个要素进行能量与信息交换的过程，是各个要素互相依存、互相作用来推动检察权依法规范运行的过程，因而，案件管理需要进行有效的沟通。

一是与纪检监察部门沟通。"近年来一些地方探索成立案件管理部门，在加强案件管理方面确实起到了一些作用，但也误导了一些领导同志，认为有了这样一个部门，就能解决检察机关内部监督的问题了。"[1] 案件管理需要与纪检监察部门加强沟通，密切衔接，形成内部监督合力。无论是对于案件质量的考评，还是执法过错或违法违纪线索的移送，都应当充分发挥纪检监察的组织、牵头作用，发挥案件管理的全程、实时监控作用，以此完善内部监督制度体系，真正把防止腐败的要求落实到检察权运行的全过程和各环节。江苏省溧阳市人民检察院将案件管理的监督与干警"四档合一"的执法档案、人民监督员制度、远程执法办案监控等有机结合，为内部监督制约的整合提供了有益的借鉴。

二是与政工部门沟通。案件管理要始终坚持正确的政治方向。树立正确的政治观点，形成正确的政治立场，全面准确地理解和树立社会主义法治理念，不搞机械、僵化的"法条主义"，不搞孤立封闭的法律中心主义，善于进行价值判断和利益衡量，防止检察权的滥用，努力实现法律效果和政治效果的有机统一。更为重要的是，案件管理部门与政治部门通力合作，坚持科学化的绩效考评。一方面，要准确、真实地通过案件管理部门确定干警、部门的工作业绩，作为考评的依据；另一方面，要具体情况具体分析，客观、实际的分析和评定业绩，避免以数量评先后、定优劣的机械化思维定势。

三是与相关业务部门沟通。案件管理是为了实现事务与业务、办案职责与监督职责的相对分离，并不是要取代业务部门的自我管理和对下指导职能。因

---

① 申泰岳：《落实"两个并重"强化检察机关内部监督》，《人民检察》2011 年第 16 期。

此，根据案件管理的职能定位，与相关业务部门的沟通涉及案件管理工作的各个环节和流程，如何正确、恰当地履行职能，分工合作，避免越俎代庖，江苏省常州市人民检察院提出的"四个不准"为我们提供了有益的参考："不准代替办案业务部门行使职权，不准改变原有法定办案程序，不准影响各办案部门之间原有的配合制约关系，不准给检察机关和办案部门造成负面影响。"

四是与检察长的沟通。在我国，检察长是检察机关的首长，享有广泛的职权。除确定检察工作思路、工作重点等外，还在检察权的具体行使中发挥作用，如通过批办案件的方式启动相关程序，在具体的办案程序中各种法定措施的采取与解除等。为确保检察权运行的安全有效，也为确保检察权运行过程中各个要素权能配置的适度均衡，应当赋予案件管理部门适度的决策权，如检察权运行中不涉及限制或者剥夺公民财产和自由的决策权，相对简单的程序决定权。事实上，在案件管理的实际运行中，也逐渐获得了部分权能，如统一对外用印、案件的分流等，但是这种适度的决策权亟待制度化的实际规范和明确。

（三）案件管理的信息化

西方管理科学学派的代表人物埃尔伍德·斯潘塞·伯法认为，"要运用电子计算机等信息化手段，为现代管理决策提供科学化的依据，解决各项生产、经营问题"。[1] 管理信息化要求应用现代科学的理论和要求、方法，提高计划、组织和控制的能力，坚持管理手段由传统型向现代智能化转变，通过信息化网络平台，实现管理的最佳效能。

近年来，检察机关的法律监督任务日益繁重，2011年全国检察机关共提起公诉1201032人，同比增加4.6%；依法决定不批准逮捕151095人、不起诉39754人，同比分别增加5%和6.1%，而且今后还会有一定的比例增加。我们所处的时代是后工业时代或者说信息时代，随着现代信息技术的广泛运用到执法、司法活动中，技术的变革已经直接影响到了检察机关的管理，必须通过信息化的科学管理方式强化法律监督工作。

一是案件管理系统的统一规划。当前案件管理的信息化建设自下而上分散进行，投入大、类别多，且不能联网共享，造成了资源浪费，各自为战的局面。仅以江苏省案件管理系统为例，2010年初苏州市院会同苏州市工业园区

---

① 崔平著：《现代生产管理》，机械工业出版社2009年版，第32页。

检察院共同开发的案件管理软件平台，通过边试边改，逐步完善，实现了两级检察院同时使用的案件管理软件平台；2011 年江苏省院在苏州案件管理软件基础上研制并推广全省"案管工作平台"，并在全省进行推广、测试和完善；2010 年常州市院以江苏省院案管平台为依托，开发案件绩效管理系统，2012 年初常州市院又以江苏省院案管平台中的法律文书开具功能为依托进行功能扩展，开发了《常州市检察机关法律文书管理系统》，增加了管理功能和电子印章功能。上级检察机关要认真落实"十二五"时期全国检察机关信息化建设的要求，吸收、借鉴地方检察机关比较成熟的软件，结合实际，构建统一的融办案、管理、统计、分析、监督于一体的软件管理系统，尽快实现案件信息的纵向、横向互联共享，充分利用信息化建设提升法律监督能力。近日，由高检院开展的对检察机关案件管理系统需求征求意见活动，是案件管理信息化改革和创新的一项重要举措。

二是案件管理系统的各类平台的完善。信息软件的研发、配备知识解决了"路"和"桥"的问题，监督中应用的大量信息尚需要各级院采集、汇总、录入，形成信息大平台。[①] 当前，各个业务条线均已建立自身的应用软件，而这些已经运行中的业务软件平台与案管系统平台尚未对接，针对执法办案的动态流程管理尚未真正实现，如仅仅是不及时填录案件信息，就容易造成案件脱管、"黑箱"作业。同时案管系统与行政机关、司法机关执法办案信息尚未对接，无法对执法办案的源头性问题进行有效监督，如仅仅是违法立案、不立案、以罚代刑，就凸显刑事立案监督、刑事侦查监督、刑罚执行监督的缺失。因此必须认真研究和部署执法信息网上录入、执法流程网上管理、执法活动网上分级查询、执法环节网上全程监督、执法信息网上分享等问题，完善各类平台的操作，构建信息化大平台。

三是案件管理系统的建设与实践。案件管理系统是涉密系统，需要进行分级保护建设。需要加强各方面的沟通和协调，积极争取政策、法律和资金的支持，提升信息化建设水平。案件管理系统被定为机密级，需要加强安全措施防范。在信息资源共享的同时，规范和完善网络安全措施，明确使用案件管理系统的权限和级别，设置系统自带的动态监控，确保案件管理系统建设的规范、

---

① 徐安：《着力强化"十二五"时期的法律监督工作》，《人民检察》2011 年第 12 期。

安全和有序。以江苏省溧阳市人民检察院为例，自上而下从检察长、业务部门领导、一般干警和案管部门领导、案管工作人员等都赋予了不同级别的案管系统操作权限，通过系统设置保障了信息安全与规范。

结　语

管理是一门科学，案件管理具有自身的价值，案件管理机制的完善，还需要在不断探索和总结经验的基础上逐渐实现。某种意义上，法律领域是意义和符号领域，是由有关互动形成、再生产和予以改变的，是活动的过程。[①] 无论这种"符号和意义"被正式制度化或未被制度化，我们需要探知的不仅是案件管理的外部表征，更需要探知其合理存在的价值基础，通过运行机制的优化，不断彰显和实现科学、系统、高效、规范的案件管理机制的诞生。

[①]　参见［德］伯恩·哈特彼得斯著：《法律和政治理论的重构》，［美］马修·德福林编：《哈贝马斯、现代性与法》，高鸿钧译，清华大学出版社 2008 年版，第 138 页。

检察机关案件管理机制论纲

蒋世强 *

案件管理是检察机关各层级的管理者，通过计划、组织、领导、控制、创新等活动，协调、组织所拥有的资源，以便有效地达到既定目标的过程。案件管理是检察管理的核心，改革不适应执法办案形式需要的工作流程、管理模式，创新案件管理机制是推动检察工作科学发展的重大战略举措。自 2003 年 6 月最高人民检察院印发《关于加强案件管理的规定》以来，全国检察机关先后在理论和实践层面上对建立案件管理机制进行广泛探索，通过综合性管理与业务部门管理、专门性案件管理与部门案件管理、横向业务管理与纵向业务管理，对案件管理的职能定位、运行模式、工作流程等方面进行深层的试点运行，为规范执法活动，提高执法水平，保证案件质量，高效行使检察权奠定坚实基础。

一、态势——试点运行与理性推进

全国检察机关经过多年的探索实践，对案件管理工作进行深层的试点运行和理性推进，形成"五个明确"的基本态势，为助推全国检察机关设立案件管理机制奠定坚实基础。

（一）明确案件管理基本理念

检察机关案件管理是根据有关法律和文件，利用人力、物力、财力、信息等资源，对执法活动进行控制、组织、协调处理，以保证案件质量和办案效率，提高法律监督能力和执法公信力的活动。在实践中，案管部门对业务部门

---

* 蒋世强，重庆市人民检察院侦查监督处检察员，高三级检察官。

的执法办案活动进行管理和监督，具体案件办理仍由各业务部门负责，案件管理部门应当尽履行管理之责，且就显性的案件质量管理问题实施有限的管理。案件管理部门和案件办理部门分工负责，相互配合、相互制约，并在检察长和检委会领导下，对检察机关办理的案件履行管理、监督、参谋、服务职能的综合性业务管理；统一承担案件管理、流程监控、统计查询、质量管理、涉案款物管理、律师阅卷接待等主要任务，对原来的案件、线索管理范围进行调整优化、整合资源、形成职权清晰、责任明确的案件管理格局；明确具体操作流程和要求，形成相互衔接、相互制约、环环相扣的流程链条。以此，为案管机制的不断完善夯实理念基础。

（二）明确案件管理主要内容

在实践中，检察机关通过试点运行，逐步明确了案件管理的外延包括检察机关的自侦案件和监所、控申、民行部门办理的案件；公安机关、国家安全机关侦查，并进入检察环节的案件；检察长、检委会对案件的监督、上级业务部门负责人对案件的管理、部门之间的案件制约与监督。其管理的对象是检察机关承办的案件；手段是对案件的控制、组织、协调和处理；目的是加强自我监督，保障案件质量和办案效率。通过检察长的宏观管理、各业务条线的纵向管理、各部门负责人的内部管理、专业部门的重点管理、检察官的自我管理来实现的，并以程序性管理为主、实体管理为辅，通过统一受案、全程管理、动态监督、案后评查和综合考评对案件进行管理，实现对案件的全程动态、科学管理；案件办理是指检察机关根据相关法律对案件作出处理决定的专门活动，案件办理包括案件管理，案件管理是案件办理工作的重要组成部分，案件管理活动贯穿于检察机关执法办案工作的全过程，是执法办案工作的当然职责，执法办案工作任何环节都存在管理问题。案件办理是案件管理的前提，没有案件办理工作，案件管理就是"无源之水"；案件管理是案件办理工作的延伸，是为强化内部制约，保证办案质量和办案效率。以此，为案管机制的不断完善夯实内涵基础。

（三）明确案件管理机构设置

专门机构模式，包括案件管理部门和督导室、督察室，有的设立督导室作为全院质量评估的专门机构，配备有高素质、专职的督导员专司质量考查工作；有的设立检务督察室，通过业务督察活动，对执法活动的重点部门和重点环节实施监督制约，对办案质量进行考评。代管设置模式，有的检察院将案件管理部门附属于控申部门，通过控申部门履行案管职责。变相设置模式，有的检察院名义上设置案件质量管理中心，但只是有此牌子，没有正式的机构序列，仅履行一些表面的职能；有的检察院在办公室下设"检察事务中心"，在研究室下设"案件质量管理中心"，"两个中心"建设同步推进，但都没有正式的机构序列；有的检察院成立正式专门机构"检察业务综合管理中心"，同时履行"检察事务中心"和"案件质量管理中心"的职能，但都没有以"案件管理"部门设置独立编制。现代企业管理模式，有的检察院采取工作指数管理，借助各项指数对检察案件质量进行评估、计划、执行、调整，以确定量化指数作为管理目标，通过具体节点，设置一案一评，评价干警的办案水平，规范执法行为；有的检察院采用国际质量认证标准管理，侧重于过程管理和控制，减少人为因素对案件的影响，但各地选择具有多样性，不一而足。以此，为案管机制的不断完善夯实设置基础。

（四）明确案件管理职责范围①

明确案件管理是一项全局性、基础性的工作，各级院、各业务部门共同参与、积极配合、保证案件管理工作有效开展。2005年全国有的检察院探索成立独立于业务部门的案件管理中心，依托案件管理专门软件，通过网络对业务部门办理的案件进行宏观管理。统一对各业务部门办案的整个流转程序进行"受案、派案、结案、送案、签发法律文书、宗卷装订、立卷和归案档；统一对业务部门所办案进行监督控制；统一对业务部门的办案数据进行收集、汇总、分析和发布；统一对外联系协调和接待群众"等全面管理。运用标准化管理理念，制定案件管理的程序和规范，使管理者和被管理者都有统一标准可循，实现范围明确、制度统一、方法管理、规划管理、过程管理的目标。为涉及的全部案件管理工作制定流程图、反映案件流转过程、突出案件过程控制节点，从纵向看，体现办案程序的主要阶段和诉讼过程；从横向看，体现每个阶段和每个环节的主要内容；将案件管理的要求以文件形式来体现，全面反映办案工作内容，分解办案业务程序，细化办案操作要领，使办案工作程序严密，有章可循。以此，为案管机制的不断完善夯实外延基础。

---

① 戴景田等：《检察机关案件管理中心论要》，《人民检察》2009年第18期。

（五）明确案件管理协调衔接

明确管理、监督、参谋、服务之间的关系，四者是一个有机整体，管理和监督是主要职能，参谋和服务是衍生职能，离开管理和监督就失去案件管理的作用，没有参谋和服务难以实现有效管理；案件管理改革是对传统管理模式的重大变革，牵涉面广，尤需强化内外配合协调。在探索实践中，各级院的干部人事、检察技术、司法警察、计财装备等内设部门按照高检关于推进案件管理机制改革的整体部署，全力支持配合，高质量、高效率做好保障工作，确保新的案管机制尽快实施运转。案管部门承担统一收案送案职责，是检察机关与相关政法部门联系的"窗口"，在正式实行案件管理前，主动与当地公安机关、人民法院和律师协会进行沟通，介绍检察机关实行案件集中管理后，在收案方式，涉案款物移送，律师接待等方面的新规定、新要求，进行工作衔接，防止工作脱节断档。因此，为案管机制的不断完善夯实协调基础。

二、作用——可实行性与工具性质

近年来，案件管理机制通过试点运行，努力打造事务管理、质量监管、信息服务平台；实践证明案件管理可实现"五化"的作用，体现其工具性质。

（一）实现诉讼经济化

案件流程管理是从案件线索受理到初查、立案、决定逮捕、提起诉讼等活动进行系统地识别和管理的方法。案件管理由辅助性事项上升为实践科学，切实减少传统模式下，"案件流程繁琐、司法内耗加大、工作矛盾加剧"等问题，案件流程方式简单可行，与实体审查工作衔接和配合相当紧密，通过案件管理部门分流处理，各层级人员工作量基本达到平衡，办案质量和效率得到相应提升，有利于减少诉讼耗费，实现经济诉讼；检察机关法律监督职能涵盖整个刑事诉讼过程，作为某一案件办理的进程是一个整体，但各环节的监督工作却是各管一块，容易发生法律监督工作上的脱节和漏洞，案件管理机制将检察机关法律监督职能贯穿整个案件的各个诉讼环节，有利于强化制度规范的执行力，减少执法行为的随意性，确保执法办案依法、有序、规范运行，实现诉讼经济化。

（二）实现质量控制化

实践中，传统的案件管理方式，偏重于事后监督，没有把每一个办案环节完全纳入管理之中，更没有实行全程跟踪，导致案件管理工作很容易因一个环节出问题，就会必然失败的局面，影响司法公正与效率。实行案件集中管理部门承担事务性工作、实施办案流程管理监督、开展案件评查等制度设计，有利于办案人员更加专注地做好办案工作，对案件办理的各个环节实施管理监督，从统筹层面掌握办事动态，提高执法管理集约化、信息化和规范化水平；案件管理部门以各部门之间分权制约、相互配合为前提，各部门互相监督制约，从"办案人员轮案、案件办理期限预警、管理信息、办案信息、管理资源的综合监控"等方面实现案件质量控制化。

（三）实现资源优质化

在实践中，案件管理部门实施检察事务性工作与检察业务性工作的适当剥离，在办案力量难以同步增长的现实条件下，借鉴现代管理科学理念，优化监督管理方式，有利于缓解案多人少的矛盾，使检察官从繁冗的辅助性工作中解脱出来，把主要精力花在职业化的业务工作中，花在审查案件事实工作上，专注于提高办案质量，有效提高检察工作专业化程度。实现检察人员的分类管理，案件管理部门除领导职位外，其余部分人员是不具有检察官资格的，通过将法律专业知识扎实、阅历丰富的人员充实到检察工作第一线和不具备检察官资格的人员从事检察事务性工作两个杠杆，最大限度地调动、发挥并提高各类人员的工作积极性和工作能效，实现检察人力资源的整合优化，有利于提高执法效率、健全质量保障机制，实现案件资源优质化。

（四）实现保护平衡化

新修改的刑事诉讼法贯彻惩治与保障人权并重的原则，对检察机关规范执法提出了更高的要求。在实践中，检察机关加强对被害人、被告人、辩护人等诉讼参与人的权利保障，提高执法人性化程度，案件管理部门不但及时向全部案件的被害人、被告人进行诉讼权利告知，并在告知方法上不断改进，尤其注意实现被害人隐私权和知情权保护的平衡；在律师接待上，案件管理部门设置了专门的律师接待室，由专人负责跟进，并建立预约查询、电话查询等制度，既隔绝检察官和辩护律师的直接接触，又真正解决律师阅卷难、查询难等问题，案件管理部门进行律师接待的优势进一步显现；由于统一案件出口、入口，公安、法院与检察机关联系更加顺畅，极大提高案件流转的质量和效率，有效实现人权保护平衡化。

（五）实现信息公开化[①]

在实践中，检察机关案件管理部门掌握案件流程，不仅有利于检察业务管理，而且，直接方便律师和当事人查询案件。实行案件集中管理后，辩护人、诉讼代理人的接待工作由案件管理部门负责，修改后的刑事诉讼法对律师的诉讼权利作了进一步强化，不仅明确了律师在侦查阶段的辩护人地位，而且就辩护人、诉讼代理人案件侦查终结处理情况的知情权、有权申请司法机关调取证明犯罪嫌疑人罪轻和无罪证据、有权对司法机关妨碍行使权利的行为进行投诉，以及司法机关听取辩护人、诉讼代理人意见等内容作了明确规定。为了方便群众，检察机关案件管理部门开辟多种查询渠道，公开查询电话，在检察网站上设置查询功能；在检务公开屏幕上滚动播放受理案件信息；在举报大厅安装查询触摸屏等，将犯罪嫌疑人姓名、受理时间、所处环节等不涉密信息予以公布，实现信息公开化。

三、基础——诉讼规律与司法属性

结合司法实践，从价值理性的角度，检察机关案件管理机制建设拥有"五个方面"的依据，体现法理进步和检察权的改革方向。

（一）案管机制改革与诉讼规律相符[②]

案件管理机制具有解决纷争的迅速性、经济性，提高纷争解决结果的正确性，提升当事人对裁判结果的信任度等优点，为实现司法公正与程序经济之间的平衡，从案件管理改革寻求突破口，已成为国家裁判机制与诉讼构造改革的发展趋势。检察机关在案件办理中对案件流程实施管理控制，对检察权进行优化配置，具有法理上的正当性。近年来，随着检察业务专业化、规范化水平的不断提高和司法体制改革的深入，传统的以线条考核为核心的处（科）层式案件管理模式逐渐显露出不足，具有条块分割、多头管理、单兵作战、效能低下

---

① 苏广志等：《案件管理的长效机制探索》，《人民检察》2009 年第 18 期。

② 罗欣等：《案件集约管理：检察职权优化配置路径选择》，《人民检察》2011 年第 24 期。

等缺陷，已经不能很好地满足和适应检察工作的可持续性发展。自 2003 年以来，全国各地检察机关纷纷结合自身实践，在过程控制理论、系统化理论、组织结构扁平化理论、信息化管理理论等现代管理理论指导下，从案件流程控制、提升案件质量、加强内部监督制约等视角进行案件管理改革，采取"规范案件流程、整合检察资源、统一受理和移送、控制案件进出口、适用案件管理网络平台，事前预警、事中监控、事后监督、跟踪评价"等手段，通过案件管理系统、电子卷宗系统，随时对案件的运行进行监控、分析、评价，实行对执法办案的动态管理。作为一项实践催生的自下而上检察改革新事物，案件管理源于全国各地基层院在案件办理中，面临检察资源的低效率配置、案件质量、案件效率难以兼顾等机制瓶颈，与人民群众日益增长的司法需求不相适应的矛盾，而对案件管理模式进行的有益的实践探索和机制创新。因此，案件管理机制改革与诉讼规律相符。

（二）案管机制改革与司法属性相符

检察工作是执行和运用国家法律的专业性、司法性较强的工作，司法性是检察权的本质属性；但传统的检察权在运行过程中存在着浓重的行政化色彩，不仅体现在机构设置、经费来源、职能定位等外在体制上，还渗透在内部管理的不同层面。在管理观念上，权力本位色彩较浓，对公正、效率、人权等价值缺乏应有的关注；在模型上，案件管理渗透在案件办理的诸多实体事项中，完全依附并服务于案件办理，形成以不同业务为界，各系统的封闭自足的运行体系，各部门间的联系、沟通、协调能力较差，条块分割、各自为政的现象比较严重；在管理方式上，缺少工作流程，以人管人、用行政命令代替行为规范，管理与被管理者主要建立在"下级服从上级"的层级权力基础之上，缺乏完备的工作文书和规章制度，造成业务工作缺少规范性、随意性和弹性，管理空间大、管理弱化、形式化严重，与案件管理相对应的检察人员管理难逃行政化的羁绊。2000 年，高检院公布了《检察改革三年实施意见》，决定改革检察官办案机制，全面建立主诉、主办检察官办案责任制，决定符合实践需要；但由于案件管理体制没有与检察官办案体制同步改革，极大地影响主诉（主办）检察官办案责任制的实际效应，无法对检察官形成有效监督，难以平衡放权与限权这一基本矛盾，在这样的前提下，案件管理机制肩负着消解案件管理行政化弊端和助推（主办）检察官办案责任制的双重使命而产生。因此，案件管理机制改革与司法属性相符。

（三）案管机制改革与程序监督相符

在传统的诉讼制度下，流程控制权和实体控制权经常被混合在一起，由同一审查部门行使，必然会导致流程控制权因未受到重视而疏于管理，实体审查权因缺乏制约而被滥用，不仅不能使检察机关的审查权对当事人的合法权益进行充分保护，而且，由于诉讼的低效率和缺乏公正的现象，直接损害检察机关的权威和诉讼的公信力。在现代诉讼中，流程控制权已上升为与实体审查权同一层级的权力，流程控制权与实体审查权分权制约后，案件流程控制权从科（处）、办案人员手中剥离出来，形成一个独立运行的新型机制，有效将案前、案中、案后有机统一起来，形成"横向到边、纵向到底"的案件管理监控体系，既是程序监督制约原理的合理内核，又避免检察机关内部横向和纵向监督机制的局限，影响司法公正效率不当因素得到制约。因此，案件管理机制与程序监督相符。

（四）案管机制改革与诉讼效率相符

刑事诉讼领域实行的是起诉法定主义和起诉便宜主义相结合的"二元模式"，但受刑罚本质观的影响及对实体公正的过于偏爱，检察官成了发动起诉的机器，公诉要求"有罪必罚、有罪必诉"，在事实上造成了"查明案件事实"，可以不计成本反复延期，一退再退、置程序公正和效率目标于不顾等情况。无论刑事被害人及其亲属，还是一般的社会公民都希望犯罪分子尽快地受到国家的刑事制裁，即使被告人也希望国家能够尽快地对其应否负刑事责任和判处何种刑罚给出一个结论。否则，案件久拖不决，将使被告人的地位陷入一个不确定状态，影响其自身权利，诉讼效率的高低直接决定和影响着人民对诉讼公正的认识。刑事实体观念的理性化进程呼唤刑事程序理论的新发展，刑事程序理论的新发展必将迎来刑事诉讼实践的新变革。对诉讼正义与诉讼价值认识的更迭，将会折射到案件管理领域，引发案件管理模式的革新，案件管理机制的建立，最大限度保障检察业务的程序公正。因此，案件管理机制与诉讼效率相符。

（五）案管机制改革与法治文明相符[1]

司法透明是法治文明进步的标志，是保障当事人合法权益，是确保执法工

---

[1] 戴景田等：《检察机关案件管理中心论要》，《人民检察》2009 年第 18 期。

作质量、实现公正执法的重要保障；检察机关通过加强群众监督、舆论监督和内部监督、有效破解部分学者提出的"谁来监督监督者"的逻辑困境。近年来，高检以推进检务公开、深化检察改革，充分体现了检察机关对司法透明趋势的高度重视和准确把握；检察权公开既是防止检察权力专断的有效途径，又是诉讼民主化的一个表征，检察权公开表现在必须将依法惩治犯罪同切实保障当事人的合法权益有机结合起来，体现对当事人主体地位和意志的尊重，保障案件审查过程中相关当事人及时了解案情。法制与民主要求在实现公诉的国家和社会利益的同时，应兼顾被害人的具体要求和利益，切实保障被害人的诉讼权利；检察权的公开体现在新闻媒体有权报道和公众有权知悉方面，实现在法律允许的范围内，通过多种形式，逐步达到检察工作的依据公开、程序公开、结果公开，形成社会对检察工作的监督合力，促进检察权沿着良性的轨迹运行。随着检察权公开的范围和层面逐步加大，检察机关现有的结构模式难以满足群众日益增长的权利诉求，而案管机制的改革就具有促进检察权公开的作用。因此，案件管理机制与法治文明相符。

四、需求——内部制约与外部监督

案管机制建设，是检察工作发展到一定阶段的必然产物，是各种外部和内部需求的综合反映，具体有"五个方面"的需要，并通过系统的案件管理来体现。

（一）社会文明进步需要案管机制改革[①]

随着经济的迅速发展和社会的不断进步，全社会对检察机关提高执法公信力的要求与日俱增，社会大众的民主意识和法制意识进一步加强，特别是维权意识大幅增强，迫切需要检察机关通过强化法律监督，来维护社会公平正义。这与检察机关正确行使检察权的新期待与检察机关原有的执法理念存在差异，在推动司法体制改革和工作机制改革中，加强和改进对案件的管理方式尤为重要。同时，案件管理决定案件最终的处理结果，不干涉办案的具体过程，但对案件的流程管理和办案期限都起着重要的决定作用。司法机关采取各项严厉措

---

① 尹吉：《检察机关案件管理研究》，《人民检察》2009 年第 18 期。

施纠正程序违法，加大执行程度力度，但办案制度能否得到严格遵守，只靠执法者自我约束是远远不够的，可行的办法是要外在力量的约束。而成立案件管理机构对案件进行统一的指挥、协调、督办，对违反程序的行为进行预警纠正，加强程序监督，实行监督与办案相分离，是案件管理机制理论支点。

（二）业务总量上升需要案管机制改革

每当事物的总量发生重大变化时，相应地管理方式也要发生变化，发展变化的需求是管理学中关注的一个动态要素。当前人少案多的现象日趋突出，如果仍采用原有的业务管理方式，已不适应检察权的正确行使。在这种前提下，有的检察机关自发地设立专门的案件管理机构，并不断加以完善，虽然，各自的案件管理模式存在一定差异；但是，其集约化案件管理的基本模式，却引领着全国检察机关案件管理发展的方向，在对外监督与内部监督的关系上，坚持"管办适度分离"的原则。如果说公安机关侦查权、人民法院审判权应当予以监督和制约，那么职务犯罪侦查权、公诉权同样需要监督和制约；职务犯罪的侦查权、批准和决定逮捕权、公诉权都是实在的公权力，涉及对其指向对象的公民权利的限制或剥夺，对这类权力的行使必须加以监督和制约，这种监督形式是通过监督程序来实现的。通过程序审查、程序监督，实现检察权的实体公正；通过建立案件管理机制，是强化内部监督制约的有效措施。

（三）执法办案规范需要案管机制改革

高检院针对不同时期检察机关执法办案中实体质量和程序质量的突出问题，加强了对检察权运行中的过程控制，对自侦部门"一竿子插到底"的办案方式，影响办案质量的现状，出台了"侦、捕、诉"的举措，强化内部监督；为提升办理自侦案件的执法公信力，出台了人民监督员制度，强化外部监督；为了规范执法，防范刑讯逼供，出台了讯问职务犯罪嫌疑人实行全程录音录像的举措，强化内部制约。虽然一定程度地促进了检察机关执法办案的公正性，但却过多地牺牲执法办案的效率。为此，设置专门的案件管理部门，整合检察机关内部监管资源，强化横向的集约化管理，不失为案件管理机制改革的重要途径。近年来，在检察机关内部，为了解决职务犯罪侦查工作存在的突出问题，高检除采取推行人民监督员制度、同步录音录像制度、职务犯罪上提一级批捕制度等措施，强化侦查工作的内部监督和外部制约，加强对职务犯罪侦查工作的监督，而对于公诉职能和其他检察职能的监督和制约相对薄弱，需要加强检察机关法律监督能力建设，是检察机关加强自身执法监督的有效举措。

（四）管理模式缺陷需要案管机制改革

检察机关传统的案件管理模式存在纵向管理方面趋于强势，在横向管理趋于弱势，表现为二纵无横，二纵，即案件承办人、主管副检察长、检察长或检察委员会；基层人民检察院、省辖市人民检察院、省级人民检察院。无横，即虽然控告申诉、侦、捕、诉、监所之间存在着配合与监督，纪检监察具有监督的职责，但没有专门性的从事横向监督的案件管理部门；尽管检察长可以对各个业务部门进行管理，但各位副检察长各管一段，致检察长不能及时统筹管理各项业务工作，鉴于纵强横弱的管理现状，应调整为纵横并重。同时，为解决当前检察业务管理环节存在事后监督居多，容易造成案件超期羁押和久拖不决的问题，需要一套完整的案件管理系统十分重要，只有通过建立案件管理系统，才能将各个业务部门之间的动态数据信息进行整理分析、以清晰的全貌呈现在领导决策层面前，为每个业务部门、每位干警的工作业绩评判提供公平、公正、公开的参考依据，为一定时期检察工作的安排部署提供准确、及时的决策依据，为案件管理提供坚实的技术保障，实现检察业务公正与效率的目的。

（五）内设机构格局需要案管机制改革

公安机关和审判机关的内设业务机构是以业务门类为主，以业务流程为辅，而检察机关内设业务机构大部分是流程关系。据此，检察机关与公安机关、审判机关业务管理的需求明显高于公安机关和审判机关，相反，公安机关和审判机关由于内部制约明显少于检察机关，其过程控制的需求大于检察机关。同时，我国经济发达地区和一些中心城市检察机关都不同程度存在着案多人少的矛盾，其中既有办案力量投入欠缺的原因，又有办案资源分配不合理的因素。刑检部门和自侦部门都会出现一定时期的办案高峰期和低潮期，但两类部门之间所处的诉讼阶段、职能定位不同，经常不会同处于一个办案期，不同时期投入的人力、物力在何种情况下能够达到最优配置，为解决类似问题提供参考依据，保证通过合理统筹资源流动，在一定程度上缓解部门的办案压力，而案件管理部门通过案件管理系统中的案件信息化平台，将数据不断地录入信息管理系统，生成动态数据报表，再由各业务部门的动态数据报表导入案件管理系统中的决策系统，形成综合动态数据报表，并配合以往同期数据的情况对比，将整个信息情况完整呈现在决策层眼前，为办案人力资源分配提供决策依据，最大限度地减少人为因素、反映客观情况。

五、特征——管理新颖与办案客观

案件管理部门通过对办理的案件（业务）数据进行全面、连续地综合分析，呈现"五个特点"，客观反映检察机关办案状况。

（一）案件管理模式的新颖性[1]

案件管理，逐步形成检察机关办案业务中的事务工作，由案件管理部门一个窗口承担，对办案业务进行管理、监督、考核三位一体的案管工作机制；并在检委会的领导下整合业务部门资源，建立健全多项机制保障、多项机制衔接的案件管理体系。案件管理部门从宏观上，纯程序性地把握案件的质量，通过填报案件项目数据，经过计算机电子化、数字化的处理，不仅可以迅速掌握检察机关办案（业务）数字的总量和趋势，而且可以掌握检察机关受理的每一件案件在各职能部门的办理期限情况、相应的强制措施实施或变更情况、暂扣赃款的数量变动情况、办案程序流程情况，以及中止或终结等处理结果情况等内容。由此，突出案件管理模式的新颖性特点。

（二）案件管理形式的全面性

案件管理部门严格按照案件的受理标准，对移送的法律文书、案卷资料进行审查，对符合受理条件的，将案件主要信息录入电脑，编码登记，然后将案卷移送业务部门。案管中心用数字化全面具体地反映所有案件及业务动态的全部信息，案件管理的工作范围与检察业务开展的范围同步，工作流程配套与整个检察业务机制的运行状况同步，工作内容与检察办案业务活动同步。检察统计的数据和案件管理的工作，是针对全部案件环节的办理过程及业务工作流程的全面连续的数据进行采集，综合进行定量或分类分析，既可以反映办案业务总的概况，又可以具体反映某一案件的办理情况，还能够客观说明某一环节或某一部门的工作开展情况，并可以进行纵横向的比较，对于领导或上级机关指导业务，推动工作起着重要的依据作用。由此，突出案件管理形式的全面性。

---

[1]　单民：《检察机关案件管理探讨》，《人民检察》2009 年第 18 期。

（三）案件管理方式的严格性

案件管理部门，对于业务部门已经办结需要送达的案件，从程序是否合法、法律手续是否完备、法律文书是否规范等方面进行严格审查，把好最后一道关口，发现错误及时纠正，审查无误的，由法警送达。同时，案管部门通过案件专报及动态分析，及时上报重大及带倾向性问题的情况，案件管理通过案件专报对重大案件及时上报；结合一定的调研，对一段时期案件动态进行量化及办案情况的具体分析。这是领导和上级检察机关掌握情况的信息来源的重要渠道，对领导工作作出决策，或制定相应政策具有参考价值。由此，突出案件管理方式的严格性。

（四）案件管理内容的客观性

案件管理部门坚持主动与公安机关、人民法院相关部门沟通，协商会签文件，避免案件在某个环节滞留，保证流转顺畅；对公安机关移送案件的涉案证据、赃物查对核实后，进行编码，统一管理，对案款进行监管，督促办案部门及时将案款交财务部门，案款的入库和出库必须由案件管理部门签章监管。在具体案管实践中，案件管理集中体现在对"三道工序"案件的管理，案件管理部门对案件的进口出口进行统一管理，负责案件的登记、备案等流程手续，应否受理等实体性的问题，由相应的业务部门负责，案件管理机构不负责实体审查；对于受理的自侦案件举报线索的管理，经案件分流审查进入初查程序的，由案件管理部门统一登记后转交负责初查的部门，负责初查（或侦查部门）在确定承办人、初查、立案侦查至诉讼终结的各个阶段均应到案件管理机构进行程序登记；对有关强制性法律文书、赃款、赃物的管理，具有人身强制性和财产强制性法律文书的审批后，由案件管理部门登记、编号、备份、加盖院印，对赃款赃物的扣押时间、入库时间和流转、处理情况进行登记后，交计财部门统一账户，由专门机构保管。由此，突出案件管理内容的客观性。

（五）案件管理程序的制约性

随着现代管理知识的普及，"结果的质量形成于过程"等理念已被普遍接受，案件管理中最重要的内容就是对办案流程进行监控和管理，将经验式的工作过程变为流程化作业，引导检察机关对案件管理由传统的、注重结果的管理模式向现代的、以过程监控为核心的管理模式转变，从根本上减少工作的随意性。案件管理是对检察机关全部办案信息的占有和把握，在程序上、宏观上对案件办理信息进行严格统一的管理，克服传统的处（科）层制组织模式，信息传递的垂直性、单向性，业务关系的纵向性、垂直性，系统运行的封闭性、僵化性。不仅关注信息的纵向传递，而且，强调信息资源的横向整合和功能部门之间的相互协调和相互制约，加强各办案环节的沟通，实现案件的粗放式管理向集约式管理的跨越。由此，突出案件管理程序的制约性。

六、目标——司法公正与制度公平

案件管理机制改革体现司法制度高效、公正、权威、规范、系统的价值目标，实践中，应坚持"五个取向"，确保检察机关实现目标价值。

（一）高效性价值取向[①]

在实践中，设立案件管理部门，专司案件质量控制，将计划执行、监督和考核部门分开，是案件管理程序的关键。在工作职能上，对业务流程实现系统化管理，通过认真履责，促进执法规范化建设，有效地遏制手工操作过程中可能发生的违法违纪行为；在工作方式上，将干警执法档案与信息化相结合改进案件管理系统软件，将各项检察业务全部纳入网上流转；在办案与信息录入的衔接上，分别由案件管理部门人员、业务部门内勤分别录入，或者全部由案管部门负责录入。案件管理机制改革，借助网络技术平台支持案件进行集约管理，将行政事务从检察业务中剥离出来，有助于检察业务专业化建设。程序正义、诉讼经济理念近年来逐步为人民所接受，案件信息化有助于缩短办案周期，提高诉讼效率，节约司法资源。案件管理部门把工作重点向统一受理、流程监控、法律文书开具、涉案款物监管等方面倾斜；同时，开展案件评查、绩效考评、专项检查、统计分析等工作，对案件管理中发现的重大问题开展研判，把握社会治安和执法办案的整体趋势，提出改进和加强执法办案工作的意见和建议。由此，突出监督管理网络化。

（二）公正性价值取向

执法办案是检察机关的主要业务，是行使检察权的集中表现，而案件管理，却是以案件管理系统为平台，以信息化为手段，以案件考核评估为标准，

---

① 罗欣等：《案件集约管理：检察职权优化配置途径选择》，《人民检察》2011 年第 24 期。

创新案件流程管理机制、案件质量保障机制、强化对执法办案活动的全程监督。案件管理改革，规范案件办理流程和全程管理、动态监督，有助于实现案件程序公正和促进实体公正，执法办案程序的规范化客观上起到保障和促进实体公正的作用；对执法办案质量的检查、评查，势必要细化案件考评指标，对提升案件质量可以起到导向作用。案件管理部门对本部门实施教育，树立以身作则的执法理念；在制度设计上，确保依法依纪行使职权，对不予受理的案件报主管领导审批。"权力失去制约，必然导致滥用"，案件管理本质上是属于公权力，有权就有责任，用权必受制约，这就要求案管部门在行使案件管理权限的过程中，处理问题必须坚持客观公正性。由此，突出过程控制精细化。

（三）权威性价值取向

案件管理机制改革，遵循监督者更要接受监督的理念，以诉讼监督和法律监督相分离原则为指导，强化内部监督制约，增加检察业务司法属性，以公开促公正，以公正促公信。在司法实践中，坚持完善案件管理预警机制，由案管部门根据各类案件的预警标准，由案管部门对达到预警标准的案件及时向相关部门发出预警通知；完善案件质量激励机制，通过案件的评查通报对优秀的案件进行表彰，对有瑕疵的案件进行确认并追责；完善案件管理衔接机制，案件管理机制只是检察工作机制改革中的一个部分，不能脱离检察工作这个整体，确保检察工作资源得到合理充分的利用。当前，随着案件管理工作的不断推进和强化，对案件集约化管理，改变纵强横弱的检察业务管理格局，拓展内部监督制约，弥补传统案件管理中事后追责救济功能的不足，对于有异议的不立案、不批捕、不起诉、撤回起诉等案件，进行事中实体审查、督查、对涉案款物的扣押、冻结处理实行实时动态监管等，以规范办案、公正执法、提高执法公信力、维护司法权威具有重要作用。由此，突出动态管理实时化。

（四）规范性价值取向

按照现代管理理念，管理依据传统的、经验式的管理方法，越来越不适应现代社会的需要，规范化是科学管理的前提和应尽义务，没有规范化，就不可能有科学的案件管理。从案件管理工作的历史演变来看，案件管理工作基于计算机技术，特别是网络技术的快速发展，最初使用计算机进行案件管理，只是简单的录入、登记、查询、分析，随着计算机技术，特别是网络技术的迅猛发展，不少有条件的检察机关开始实行网上办案，并逐步探索出以信息化为依托的比较系统、规范、高效的检察机关案件管理模式。信息化技术在处理海量数据、实现资源共享、固化流程等方面具有得天独厚的优势；实现全国检察机关案件管理工作的规范化、科学化和一体化，没有信息化为依据，是根本不可能实现的事情。由此，突出信息管理常态化。

（五）系统性价值取向

案件管理部门的定位是深层性的业务机构，通过履行管理、服务、监督、参谋等职责，强化检察机关的内部监督，维护检察工作系统化，提高办案质量和效率，增强检察工作公信力。管理和服务职责属于微观管理的范畴，监督和参谋则属于宏观管理的范畴，对于案件管理工作，微观管理和宏观管理的关系是需要处理的一对矛盾，案件管理部门的管理、服务、监督、参谋职责之间是辩证统一的关系。管理主要是指流程管理，服务主要是承担事务性工作，监督主要是对实体问题提出处理意见，参谋主要是为领导决策提供依据。通过服务、管理工作了解和掌握检察机关执法办案的信息，并进行过程控制和系统管理；通过监督、参谋等工作，发现执法办案中带有普遍性、倾向性的问题，并针对性地对业务部门提出纠正意见，达到规范办案的效果。由此，突出资源利用最大化。

七、功能——管理监督与参谋服务

案件管理遵循决策权、监督权和执行权相分离原则，实施"五个定位"，实现决策辅助、监督管理职能。

（一）流程管理职能

案管部门，侧重于对办案流程和实体质量的全面管理和监测预防，以案件管理部门为主导，加强办案动态跟踪监督，并将检察业务考评工作与案件流程质量管理相结合，通过管理活动促进办案活动，保障办案质量、提高办案效率、降低办案成本、实现司法公正；通过管理，及时总结办案经验、找准问题、提出解决问题的意见措施，果断作出准确决策；利用信息网络平台，发挥检察业务协调中心枢纽作用，保证办案工作顺利进行。具体采取"统一收案派案，将本院收到的公安移送案件进行登记，并按案件诉讼文书标准分类排列，再根据案件性质和复杂程度分派给相应的办案人员；负责案件分流程序性事项，决定简易、普通程序的适用"等办法，利用电子信息技术对各个办案环节、承办人的办案情况进行同步跟踪监督，设定临近办案期限的预警提示标识，有效遏制超期办案、提高办案效率；统筹分析办案部门收案、开庭、退查、结案、积案等详细信息，对涉案证据和冻结、扣押赃款赃物的保管和监控，并提交检察长批示、检委会讨论案件综合信息报告，为案件研判、量化考核、检委会监督和决策提供全面案件信息数据。

（二）信息公开职能

统一案件进出口，统一法律文书送达和印章管理，并在法律允许的范围内对检察工作的依据公开、程序公开、结果公开。接受社会各界监督，案件管理部门作为人民群众咨询、办事的服务中心，负责案件信息的发布，听取国家机关、社会团体、企事业组织和人民群众对案件办理的意见，注意公众知情权和被害人、嫌疑人、被告人隐私权的平衡；负责联系和保障诉讼参与人的权利，在法定期限内向犯罪嫌疑人、被害人送达权利告知书，并听取意见；负责对律师接待和沟通，建立律师预约查询、电话查询制度，有条件的可派专人负责跟进，解决律师阅卷难、查询难等问题；负责对公安及法院的联系和信息反馈，按诉讼流程向公安机关和人民法院移送案卷，送达文书，并上报上级部门备案。

（三）监督制约职能①

案件管理部门通过统一受理案件、登记和分流，对任何违反法定程序，办案流程的案件都会被提前预警、催办、督办，使案件公开透明，对办案全程进行动态监督；通过对主要法律文书和印章的统一管理，防止检察机关法律文书和强制措施的滥用，促进办案工作规范化。实践中，对执法办案过程实行全程管理和动态管理、程序管理，对办案程序执行情况进行同步监督，对办案人员违反程序法和办案规定的行为进行监督纠正和通报，包括非法证据的排除；对执法活动的重点环节和重点部门以及监督死角进行监督制约，重点对贪污、贿赂与渎职侵权案件、刑事案件与职务犯罪案件管辖整合处理、公安机关对逮捕决定是否执行和是否移送案件等情况进行督察；对拟提交检委会和"三不一撤一无罪"（职务犯罪案件不立案、刑侦案件不批捕、审查起诉案件不起诉、撤

---

① 单民：《检察机关案件管理探讨》，《人民检察》2009 年第 18 期。

诉案件、无罪判决案件）案件的办理情况，进行实体审查，跟踪监督；对诉讼参与人对办案人员投诉进行调查处理和复核反馈，将复核中发现新的线索记录在案，并通知相关部门，必要时重新开始调查，将调查处理结果回复投诉人；对涉案款物处理情况进行监督，并对出具扣押、冻结文书进行跟踪监督，防止扣押款物流失，依法规范查封扣押行为，确保信息公开对检察机关案件管理工作的促进作用。

（四）评议研判职能

案管部门对办案情况定期综合分析、报告，宏观上把握办案数据、质量、效率、效果和安全的关系；由案件管理部门制定质量考核标准，采取自查、抽查、总查、评价等方法对案件质量进行考评；协同检务督察室，配备高素质、专职的督导员担任质量监督考查工作，对案件的办理进行督察；协同办公室、研究室对案件管理过程中发现的普遍性、倾向性问题进行案件质量管理调研，为检察长、检委会决策和办案工作服务。案件管理部门属于新型综合业务部门，案件管理职能的发挥离不开与各业务部门之间的分工、协调、配合，切实注意检察业务纵向管理与横向管理的关系，案件管理部门与业务部门的职权界限的关系，只有这样，才能充分发挥案件管理机制的职能作用。

（五）承担事务职能[①]

案件管理部门承担事务性工作是履行管理职能的前提和保障，不承担事务性工作，履行管理职能就没有载体，履行管理职能是对承担事务性工作效果的检验。在实践中，要避免"将案件管理部门作为检察院的检察院，不从事事务性工作，而在正常的办案程序之外，再多设一个环节，介入检察机关执法办案的各个方面"；避免"将案件管理部门作为专门的案件收发室或大内勤"，仅仅将各部门单行受案变为统一受案，单纯从事日常性的事务工作。案件管理部门承担哪些事务性工作，可根据各地实际情况进行配置，但案件受理、分流、部分重要法律文书、举报线索的受理、案卷管理归案、送卷等基础性工作，应当由案件管理部门负责。承担事务性工作应围绕案件管理来开展，从发展的角度来看，案件管理部门逐步成为集案件事务、立案、案件质量评查、信息分析、对外接待于一身的综合案件管理部门。

---

① 申云天：《检察机关案件管理工作中的十个关系》，《人民检察》2012 年第 10 期。

八、格局——程序规范与质量管理

在实践过程中，大致有"五种设置模式"，但各地在设置格局方面不尽相同，必须结合自身实际，设置独立编制的案件管理部门，对案件实行集中管理。

（一）线性管理型

这种模式，将业务部门的自身内部管理和上下级的对口管理结合，检察机关的重建之初，随着检察业务的开展，由于人员素质、管理理念、管理手段等主客观条件的限制，对案件管理采取在主管检察长领导下，由各业务部门对案件进行归口管理，采取通过业务部门建立内勤的方式，实现案件的统一分流和管理。具体以办案流程环节为抓手，采取部门采集信息、统一上报为主要特征，依赖于业务部门自身管理和上下级的对口管理，是一种多元化线性管理体制，是一种粗放型的管理模式。2003年，高检制定的《关于加强案件管理的规定》，明确了案件管理工作的具体内容，案件管理的思路逐步清晰，管理的模式由线性化向网络化发展，传统的办案模式逐步向集约化管理模式发展。

（二）集约管理[①] 型

这种模式，以强化案件质量，重点案件监督，突出办案效果，提高办案效率为重心，注重办案与管理的职能分工，强化管理与事务相结合，提升案件管理的实效、内涵和层级。对全院各业务部门办理的案件实行统一管理，规定各业务部门受理的案件经案件管理部门登记后，由案件管理部门按照案件性质直接转交给主办检察官办理，自侦案件在流转过程中，必须通过案件管理部门登记转办。主办检察官作出的决定，由案件管理部门登记后，转交给侦查机关或审判机关。案件管理部门实行诉讼程序预警系统，在办案期限到前若干天发出警报，案件管理部门能够及时全面了解和掌握检察机关全部业务情况，便于检察长对办案进行统一指挥、协调、督办，使检察机关的整体优势和效能得到充分发挥。在具体运作中，将案管机构打造成一个从事务性服务为主、兼以案件流程管理的组织，以解决办案数量急剧攀升的现状下整合检察资源，在提高办案效率的基础上进一步提升办案质量。重点实施检察职能的整合、优化配置，

---

① 罗欣等：《案件集约管理：检察职权优化配置路径与选择》，《人民检察》2011年第24期。

辅之对超期预警案件、强制措施变更的案件、未移送赃款物证案件、改变定性案件、超期未归档案件、拖延期案件以及历史超期预警案件等检察业务中的风险环节的程序监控。在实践中，必须进行统一的案件管理软件开发，在检察系统构建统一适用的案件管理软件系统，为办案信息的顺畅流转，以及案件管理机制的正常运转奠定基础。

（三）监督管理型

这种模式，以强化内部管理制约和自身监督、体现案件管理机构的法律监督能力，采取诉讼职能与诉讼监督职能适当分离、案件办理职能与案件管理职能适当分离的方式，对其内设机构、人力资源、办案资源、监督渠道、案件受理渠道等进行整合，实现将监督环节由"事后追责"变为"事前预警""事中矫正"的目的。在具体实施过程中，将原来分散在各业务部门的内勤人员重新整合，遵循程序性、独立性和统一性的原则，对检察机关管辖的案件的程序性工作独立行使管辖职能，对案件流转的全部程序进行监控，对犯罪嫌疑人、被告人的超期羁押期限实施跟踪监督。同时，将原来由业务部门负责的告知送达、文书传递、数据统计、立案归档等事务性工作，以及调研、信息、宣传等综合工作统一归口由案件管理部门负责，变单纯的案件对口管理模式为开放性、全程性、全员性的管理模式，在不修改部门设置的情况下，将案件管理与网络管理相结合，形成大的案件管理体系，统一受理案件、监控案件流程、评查案件质量。对进入检察环节的案件实行受案审查，由案件管理部门依法对案件的整个诉讼过程进行程序性审查，及时了解各类案件在不同诉讼环节的办理情况，准确掌握各类案件在办理过程中存在的具体问题，直接对检察长和检委会负责，为检委会讨论决策提供依据，主要通过评估案件、分清办案质量的优劣，以促进和提高办案质量。

（四）信息管理[①]型

这种模式，尝试用最前沿的信息化技术和信息化理念，充分发挥案件管理部门和办案部门双重监管力量的综合效应，结合办案工作的实际需要，不断升级完善网上办案的管理系统。通过实现办案、审批、打印全程网络运行和案件信息数据共享，改变传统办公办案模式，充分发挥各系统无缝对接等技术手段

---

① 王正海：《检察机关案件管理"六监督"模式新探》，《人民检察》2010年第23期。

的作用；案管部门对网上流转的案件进行全程动态监控，发现问题及时预警，实行事后监督向事前及事中监督、静态监督向动态监督、结果监督向诉讼过程监督的转变，充分利用案管系统软件；案管部门规范自侦部门扣押的赃证款物进出库流程，监督赃证款物在各个检察环节的流转情况，并跟踪最终对涉案赃证款物的处理意见，防范赃证款物管理中容易出现的漏洞；对正在办理案件事实、证据、适用法律以及办案纪律、办案安全等方面进行办案质量评估，定期将案件跟踪监督的情况汇总；案管部门在办案期限即将届满之前，对承办人和相关业务部门负责人分别进行提醒、预警，促使业务部门及时办案，防止超期羁押；通过计算机监督平台，迅速形成直观反映检察机关各业务部门的受案情况、审查办理情况的资料信息，并进行分析比对，便于领导和相关部门及时全面掌握检察业务工作动态，通过对检察机关所办理的案件进行横向或纵向分析评估，及时反映执法办案整体情况，借助现代计算机技术、数字网络技术及现代化办公设备，案管部门每日将全院办案部门及干警的收案、开庭、退查、结案、积案等详细情况进行系统汇总，形成功能强大、种类齐全的办案信息资源库。

（五）**事务管理**[①] **型**

这种模式，以事务管理和办理为主的案件管理模式，随着经济改革逐步深入，社会转型时期的主客观因素在短期内又难以得到根本改观，而社会公众对司法机关的执法规范化要求不断提高，一些地区在探索检察干警分类管理过程中，通过剥离办案过程中的大量事务性工作，为办案人员减负、减压，设置以事务性工作为主的案件管理部门十分重要。在案件管理改革探索的初期，这种模式既是解决检察机关所面临的突出矛盾的有效途径，又是提高司法效率，保障司法公正的有效办法；检察事务与业务分离，在更高层次上体现以办案人员为本的用人理念，对于提高办案人员的工作积极性，提高检察官的职业化程度有巨大帮助。

九、任务——运行方式与监督措施

案件管理部门以案件流程管理程序为主要职责，兼管部分实体审查职责。

---

① 李建新：《管理学视角中的基层检察院案件管理工作》，《人民检察》2012 年第 13 期。

在实践中，落实"五个统一"的具体任务，采取相应的运作措施，确保任务的完成。

（一）案件受理统一

自侦案件从初查开始，公安机关、国家安全机关、海关移送的案件从受理开始，对所有案件的各个诉讼环节实行统一管理，使案管部门能够在第一时间掌握第一手资料，及时、准确把握工作动态；对自侦初查案件的管理，规定举报中心统一受理案件线索，并通过局域网将线索受理和分流情况报案件管理部门备案；自侦部门决定初查的，在初查、立案侦查至诉讼终结各个阶段均应通过局域网到案件管理部门进行程序登记，案件管理部门对分流线索的办理情况适时进行监督检查，逐步形成案件监督网络系统。

（二）文书管理统一[①]

强制性法律文书和涉及诉讼环节流转的法律文书统一由案管部门保管、登记和开具，通过编号、用印同步掌握案件办理情况，纳入案件管理部门管理的法律文书，案件管理部门根据业务部门提供审批手续完备的正式报告及审批表、登记编号后开具法律文书，规范强制措施的依法适用；通过法律文书，防止滥用扣押、冻结等强制措施，规范强制措施的审批程序和适用范围，保证法律文书的严肃性；通过法律文书的登记编号及开具、主动掌握案件办理情况，使进入诉讼程序的每一起案件都同步置于监督之下，分担业务部门部分程序性、辅助性工作，使办案人员集中精力办案，逐步形成法律文书管理系统。

（三）考评管理统一

对不立案、不批捕、不起诉、撤案、法院判无罪的案件，作出决定或收到判决后十五日内，相关部门应将决定书或判决书连同相关材料一并交案管部门进行复查，由案件管理部门对复查案件在实体、程序和法律文书方面的相关情况提出复查意见，复查过程中发现案件在实体和程序方面存在问题的，案件管理部门在复查报告中提出，并反馈给相关部门；每季度案管部门对检察官办结的案件进行质量评价，包括案件的实体质量、程序质量、卷宗质量、法律文书质量；对于自侦案件（含不立案案件）、刑事赔偿案件，不捕、不起诉、撤案

---

① 苏广志等：《案件管理的长效机制探索》，《人民检察》2009 年第 18 期。

（含退补后被撤销的案件）和无罪案件，上级督办、社会关注的案件重点评价；案件管理部门根据案件质量评价标准，给每件案件评出相应等级，在向检委会汇报后计入干警个人档案，作为晋级、晋职的重要依据；每半年召开一次案件质量点评会，对案件质量评价中发现的问题进行通报、典型案件进行重点讲评；解决以前案件质量审核把关分散滞后，监督力度不够的问题，使焦点案件接受专门的监督和检查，逐步形成管理考评系统。

（四）赃物管理统一

有的检察院在试行案件管理部门后，出台《关于加强涉案款物管理的规定》，通过"三单一书"（扣押清单、移送清单、返还清单、刑事判决书）对照审查，实现以往涉案款物单一管理到案件管理部门全程统一监督管理的转变。扣押、冻结、移送、返还等法律文书必须由案管部门统一编号、统一开具，办案部门依法扣押款物后，应当在三十日内通过案管部门移交院赃物室；公安机关、国家安全机关、海关移送的涉案赃款赃物，通过案管部门登记后，统一交院赃物室保管；案件管理部门对赃物赃款的处理情况进行监督，对开出的扣押、冻结文书进行跟踪监督，防止扣押款物流失，有效地杜绝赃款赃物管理中的违法违纪现象，逐步形成赃物控制系统。

（五）数据管理统一

将统计工作纳入案管部门，案管部门将静态的统计数据和动态的案件监督管理相结合，每月为检察长提供最新的检察业务分析报告，用数据分析找出案件管理部门的问题，检察监督中的薄弱环节，为检察业务决策提供参考；案件管理部门利用掌握案件"进出口"信息，保证统计数据的可靠性、真实性。有的案件管理部门建立了《案件质量指标体系》，实现自侦案件立案准确、审查批捕结论准确、审查起诉结论准确、个案监督准确、鉴定复查准确，达到自侦案件大要案率上升、自侦案件实刑率上升、个案监督实刑率上升、批捕案件实刑率上升、刑事抗诉案件改判率上升、民事抗诉案件改判率上升、息诉息访率上升、检察建议采纳率上升、违法行为纠正率上升、案件结案率上升的目标，达到办案中实现无超期羁押、无非正常上访、无办案安全事故、无无罪判决、无错案、无严重违法违纪的业务效果，用数据反映检察业务开展情况、案件质量和办案效率情况，逐步形成管理数据系统。

十、成效——经验提炼与功效成果

检察机关实行案件集中管理，逐步探索形成适合检察机关加强内部监督制约，取得"五个效应"的效果，规范执法办案行为。

（一）内部监督效应[1]

由于每件案件"进"与"出"都要经过案管部门统一受理、统一流转、统一备案、统一监控等一整套环节，使案管部门对案件的"过滤网"和"监控器"功能得到充分发挥，改变过去办案"多头进、多头出"，案件不易管理的弊端，树立案管部门的威信，表明案管部门保障案件质量的重要程序设置。案管部门成立后，大量的业务、信息汇集到一起，原来的办案手段已不能满足实际需要；在这种情况下，开发多款业务软件，借助科技力量提高工作效率，根据业务管理模式特点，研发互通互联的案件管理软件，包括案件自动编号、案件材料录入、法律文书打印、案件随时分配、案件网上流程、网上预警、程序监督、实体审查、案件质量评查等一系列具体内容，构建案管部门管理，指挥反贪、反渎、批捕、公诉四大业务部门的案件网络平台、节省人力资源、规范执法行为、降低诉讼成本，提高案件管理工作的科技含量，有力推动检察业务管理信息化建设。为切实加强对执法办案活动的全程、动态监管，促进办案质量和执法水平的不断提高，推动检察工作创新争优发展，保障正确行使检察权，维护公平正义，奠定信息化基础。

（二）诉讼监督效应

为了强化案件监督管理工作，各地试点运行的各级检察机关，先后作出《关于加强案件监督管理工作的决定》，对案件监督管理工作的组织领导、指导思想、工作原则、职能要求、规范化建设等提出了一系列的要求，对检察机关专门性案件管理工作进行了定位、定性、定责、定向，以强化诉讼监督合力。在案管部门的监控下，尤其是诉讼监督质量得到相应的提高，追捕、追诉及立案监督水平得到明显提升；案管部门在案件受理审查过程中，发现需要监督的案件，以《案件流程监督卡》的形式，提醒业务监督部门予以重视，并重点跟踪督办。同时，案件管理部门对每个处（科室）、每个人的办案数量、办

---

[1]　王划：《山西山阴：四年"案管"收获七重效果》，《检察日报》2012年7月24日。

案质量在日常工作中予以考评记载，年终根据年度的数字统计和评分结果，每个处（科）室、每个人的排名有目共睹，为评优评先提供事实依据，为强化诉讼监督奠定程序化基础。

（三）流程规范效应

案管部门根据受理登记及时督促，做到进口把关、出口审核，送达时密封后交法警队完成，有效防止任意退侦、延期现象的发生，缩短办案周期。在实践中，通过对办案流程管理职能定位，坚持本着"对内管理，对外协调"的原则，切实做好案件受理、文书开具、案卷移送、律师及当事人接待等办案流程全程监控，确保流程管理的科学性；通过对法律文书的监督，对开具的主要法律文书认真审核，确保出口文书的准确性；通过及时送达对外、对内卷宗、文书等材料，确保案件审结的时效性；通过在案管部门设立液晶显示屏，滚动播放案件进出口信息，确保检务的对外公开性；在文书审查方面，仔细审查侦查机关、业务部门的法律文书、鉴定文书；在案卷审查方面，审查侦查机关移送文书及案卷材料；在受理案件方面，注意审查赃物赃款的扣押情况；在受理案件方面，对移送的部分证据材料进行初步审查。现在，审查逮捕案件一般在3日内审结，公诉部门的简易程序的案件一般在15日内审结，按普通程序办案的刑事案件的诉讼时间整体提前了5日，这种效率和水平是前所未有的，为流程管理奠定规范化基础。

（四）自侦监督效应

现在，自侦案件初查后未立案的，采取强制措施的、扣押赃款赃物的，均要报到案管部门备案备查，个别人在办案中想"自由发挥"，已没有可能；案件的法律文书均由案管部门统一开具，案管部门对立案、不立案的案件均进行审查，不仅规范了自侦案件的管理，而且规范了涉案赃款赃物的管理。案管部门对案件实行全程管理后，弥补了以往批捕、起诉部门各自履责造成的监督空挡，使公安机关"另案处理"不报捕、批捕后不移送起诉等情况明显减少；检察业务统筹能力明显提高，各级检察委员会和检察长通过专门的案件管理部门，及时、客观、系统、全面地掌握业务工作的宏观和微观的运作情况，有利于科学研判和正确决策，促进执法规范化建设，不断提高办案工作流程的有效执行，为自身监督管理奠定制衡化基础。

（五）工作决策效应

在实践中，案管部门要求逐月对检察业务进行汇总并撰写督察报告，每季度、每半年、年终对检察业务情况进行汇总分析，考察各项工作与上年同期升降幅度，并研究数据变化、分析原因，提出对策。实行案件集中管理后，案管中心就成了检察业务工作的"司令部"，检察长、检委会通过案管部门及时了解全院办案情况、执法现状，准确定位某一阶段的工作重点和需要解决的突出问题，对检察长领导指挥业务工作帮助很大。在实践中，为做好案件管理的决策工作，强调对办结的案件、法律文书中存在的问题及时进行纠正；对特别重大、敏感案件的风险研判及预警工作信息向业务部门领导及时反馈；对案件的诉讼节点及时进行登记和严格监控；对受理案件、案件送达过程中的问题及时与业务部门沟通，推动案管工作顺利进行，为检察工作奠定决策化基础。

十一、挑战——潜在困惑与现实问题

案件管理机制运行过程中，虽然步入了良性运行轨迹，但却潜在"五对矛盾"，使之面临严峻挑战，急需在实践中加以克服和解决。

（一）预防功能与案件管理的矛盾

检察机关对检察执法中出现的不良倾向采取补救性措施，防止其酿成违法违纪现象，挽救有不良倾向的检察人员，确保检察执法活动按照法定标准在法定程序内进行。在传统的内部监督方式上，主要是以旁观者的身份远离检察执法活动，被动地对受理举报和自首进行调查核实，再根据核查事实，决定是否对被调查人进行处罚，被动的检察执法中出现的违法违纪现象进行查处的监督，只能实现对已经违法现象进行监督的单方面效应，无法对执法实施过程监督的双重功能；尽管近年来实施的检务督察，可以在一定程度上弥补传统监督方式的不足，但由于检务督察主要限于警容警风的检察监督，以及巡视的不定期性，无法确保其深入到检察执法活动本体，更无法在根本上改变传统监督的被动性特点，内部监督所要达到的预防违法违纪和直接监督效能仍然无法实现，导致预防功能与案件管理的矛盾。

（二）办案功能与案件管理的矛盾

传统的检察纪检监督，通过对既往违法违纪的查处、引领检察人员依法规范执法行为，相对于既往出现的违法违纪问题的检察活动，属于事后监督的范畴，其功效主要在于警示其他人员引以为戒，确保检察办案中不再出现类似问题，无法对检察办案实施适时监督，不能及时有效地发现和纠正检察执法活动中可能出现的违法违纪问题，等到违法违纪问题出现，只能总结教训、处理责任人、无法直接规范检察权运行的根本目的。在实践中，业务部门相互实施诉讼流程中的监督，是后一个程序对前一个程序的制衡，本质上是属于事后监督，无法全面有效地发挥内部监督具有的同步发现和纠正问题的功效，导致办案功能与案件管理的矛盾。

（三）监督功能与案件管理的矛盾

为增强检察办案内部监督的实际效能，近年来对检察纪检监督模式进行了改革，赋予各内设机构主要负责人对本部门检察人员行使检察权的情况进行直接监督的权利，并以对违法违纪现象承担连带责任的方式，增强各部门负责人履行监督职责的责任感；但各内设机构主要负责人对本部门检察人员行使检察权的直接监督的重要性认识程度，受制于各部门主要负责人对本部门检察人员履行职责廉洁状况的评价程度，其本身具有一定的局限性。内设机构主要负责人是检察权在各内设机构运行的主要决策者，其他检察人员执法办案中的决定和实施的活动，都要经由内设机构负责人的授权、委派和同意，检察权的运行和效果，直接与各内设机构主要负责人的法律政策水平和执法廉洁程度相关联；内设机构主要负责人本来就是内部监督的重点，赋予各内设机构主要负责人监督权限后，就使其有更大的决策权和影响力，对内设机构主要负责人实施内部监督的必要性就更突出，内部监督的根本问题，并没有随着双重监督模式的建立而加以解决，导致监督功能与案件管理的矛盾。

（四）管理功能与案件管理的矛盾[①]

在实践中，案件管理部门机构不健全，没有设立相对独立的职能部门，基本上没有案件质量管理部门，人员配备较弱，监控职能分散、不统一；有的检察院象征性设置案件监督管理部门，但设置比较混乱、不科学，在纪检监察部门附设案件监督管理机构，通过对干警违法违纪情况的查处来监督案件的办理情况，即通过管"人"来管"案"；有的检察院设置检务督察室（处、科）、

---

① 杨晓：《案件质量管理机制改革研究》，《人民检察》2011 年第 14 期。

案件质量管理部门等，但实际上都是附属于其他部门，一套人马、两块牌子，并没有真正发挥案件监督管理的职能作用。在具体履责过程中，案管部门只能被动地了解案件的具体情况，没有把握案件受理人、出入关口的条件，导致督察力度不够。同时，缺乏规范的办案流程管理机制，管理是做好一切工作的基础，检察机关案件管理远未达到从受理、分流、查办、反馈等整个办案流程的监控管理。制定的办案流程只在承办部门内部操作，缺乏公开、动态的反馈，使案件处于部门和承办人控制下的封闭状态，无法体现侦办监控和过程管理，很难发现案件质量问题；而检察机关通过各种业务制度、规章、纪律等检察工作实施的管理，则更接近于行政化管理，不能有效地与案件管理相衔接，无法达到对案件质量强化管理的目的，导致管理功能与案件管理的矛盾。

（五）评估功能与案件管理的矛盾

目前，科学的、具有可操作性的标准尚未建立，当出现无罪案件时，没有一个权威性标准确定案件是对还是错，有无质量问题。实践中，自觉或不自觉地以后一个诉讼阶段的结果作为前一阶段案件质量的评价标准。或以法院判决为标准来判定检察案件质量，此标准因法官执法水平的差异和认识的不同而呈现不固定的特点，同样的案件，在同一法院可以有不同的判决结果。或以根据后一环节的结果来评定案件质量的优劣。以公诉案件作出不起诉决定，就相当于对侦查和审查逮捕质量进行彻底否定，当处理结果出现明显差异时，侦查部门和侦查监督部门又会拿出本部门的质量标准来抗辩，很难评判有没有质量问题。近年来，不少检察机关对下级检察机关进行案件质量检查和执行办案流程情况进行考评，并将考评结果作为评先的重要依据。虽然此举对案件质量起到促进作用，但行政色彩浓厚，导致案件考评流于形式。实践中，存在抽查的案件数量少，不能反映整体情况；抽查的案件类型不确定，缺少代表性；有的考评偏重于具体数字；评查人员业务素养、实践经验、责任心和原则性的差异，使考评活动不具有说服力和指导性，没有与业务管理真正有效衔接，导致评估功能与案件管理的矛盾。

十二、思路——路径选择与策略思考

为规范检察机关执法活动，提高办案质量，案件管理部门要针对"五个提升"的工作思路，不断提升案管工作人员的综合能力。

（一）提升过程管理能力[①]

案件管理包括办案流程管理、案件质量管理、案件综合信息管理，能在特定时间内迅速地对各类办案信息进行综合、分类、分析、明细、总结出办案的特点和规律，找到办案中存在的问题并提出改进的思路。这就要求从事案件管理的人员具备多学科的知识技能，不仅要懂得检察办案技能，熟悉实体法和程序法，还要掌握现代管理的基本技能，能够将现代管理的知识熟练地融入案件管理之中。只有这样，才能使案管人员真正熟练地从事案件管理工作，督促改进和提升办案技能的内部监督作用，提升过程管理能力。

（二）提升发现问题能力

案管部门对检察业务部门办理的案件信息进行汇总储备，仅是案件管理的初级形态，对案件实施流程和质量管理，仅是案件管理的外部表征；而案件管理的核心，是通过综合执法的各种信息，实施流程和质量管理，发现原案办理中带有规律性的特征，找到办案中存在的带有普遍性和倾向性的问题，并针对性地对各业务部门提出纠正意见，督促其更改，以达到规范执法办案的效果。这就要求从事案件管理的人员具有较高的发现问题和解决问题的能力，能够透过现象看到本质，通过解剖麻雀，找到案件办理中存在的普遍性问题，并能够根据存在的问题，提出解决问题的对策，提升发现问题的能力。

（三）提升业务技术能力

案管是对检察业务执法办案的综合管理，案件管理人员要熟悉检察机关的侦查业务、公诉业务、刑事诉讼监督业务、民事行政检察业务、刑事申诉复查和国家赔偿业务；这就要求案件管理人员能够懂得检察业务工作流程、掌握各种业务工作技能、熟知检察业务工作容易出现问题的环节，应对案件管理过程中遇到的各种复杂问题。只有这样，才能使案件管理真正成为内部监督的有效手段，创新检察管理，推动检察工作科学发展的有力措施，提升业务技术的能力。

（四）提升业务综合能力

案管工作要求每一个案管人员熟练地掌握一两门检察业务技能，通过努力可以做到，但要求一个案管人员熟练掌握所有业务技能，则要经过专门的有目

---

① 向泽选：《案件管理：强化内部监督的又一抓手》，《检察日报》2012 年 1 月 11 日。

的的训练才能实现。这就要求强化对案管人员检察业务的集中培训，请各业务部门的业务能手讲授各检察业务流程和各项检察技能，各相关检察业务的内容，尤其是容易发生问题的环节，可能出现问题的种类和特征，使从事案件管理人员对各检察业务有一个总体的认识和把握，在案件管理工作起步之初，强化对案管人员的各项检察业务的集中培训就显得尤为重要。案件管理是一项兼具检察学、管理学以及计算机知识的综合性、复合性的工作，它不仅要求管理人员具备法学和检察学知识的储备，还要求具备计算机知识、管理知识、综合协调等方面的技能，必须对案管人员进行多学科、多技能的培训，不断提升业务综合能力。

（五）提升政治素养能力

检察案件管理工作处于检察业务的后方，是为检察业务的规范、科学发展出主意、提建议的参谋部门，是为院领导科学决策提供智能服务的部门。案件管理工作性质决定，对这个部门工作的人员要求高，要搞好案件管理工作，使其真正发挥内部监督的效能，除了要求案管人员具有比其他部门检察人员更高的检察技能和管理技能外，还要求案件管理人员更要具备为检察工作科学发展而努力工作的奉献精神。当前，就必须对案管人员强化社会主义核心价值观的教育，强化政治素能的培养，使每一个案管人员懂得树立"六观"的重要性，并能够将其贯穿到案管工作的每一个细节，"细节决定成败"，真正把案管队伍锻造成为一支政治过硬、精通业务，讲奉献、能办案、擅协调的高素质队伍，使案管人员真正成为对检察业务实施内部监督的专家能手，不断提升政治素养的能力。

十三、跨越——开拓方向与深化趋势

为了保障案件管理工作平稳推进，当前检察机关必须加强案件管理的理论研究与实践探索，着力深化"五个机制"建设，促进案件管理跨越式发展。

（一）深化案管探索机制①建设

创新管理，是以理论为先导的，理论指导实践，在现代社会、各行各业共

---

① 尹吉：《检察机关案件管理研究》，《人民检察》2009 年第 18 期。

同的管理理念与基本方法，构成了现代管理学的原理，随着各类管理学超常规发展，检察管理理论研究相应地在不断演进。但是，现代管理学原理在管理学体系中的企业管理学中迅猛发展，而检察学眼下的检察管理学却处于雏形阶段。当前，检察机关案件管理机制已初步形成，正值推进阶段，具体通过实施源头控制、动态监督和全程管理，把横向单一线性管理逐步变为纵向集约管理，把扁平管理逐步演化为网络化矩阵式管理，实现对案件的流程监督和全面监控；案件管理部门作为整个执法办案活动的监督中心、管理中心、协调中心，通过信息化手段对案件流转过程进行监控，实现流程化集约管理。这是将现代管理学的基本原理与检察机关的性质、职权、组织结构、工作规律、诉讼角色理论有机结合的体现。在具体实践中，要加强检察案件管理理论研究，促进案件管理工作纵深发展，以深化案件管理探索机制建设。

（二）深化案管实践机制建设

实践是检验理论的表现形式，检察管理不同于企业管理；但通过不断实践，企业管理中的全程管理与动态监控，系统化管理与标准化管理理论，逐步演进为检察业务中的流程管理的主要内容，检察执法办案中出现的问题，都与全程管理或动态监控相关。在市场经济体制下，市场主体的效益扩张主要靠调动内部机制的活力，而检察机关要充分发挥法律监督职能，必须建立与之相适应的工作运作机制，案件集中管理是一项全新的工作，没有现存的模式可借鉴。在实践中，上级案管部门要主动深入基层，及时掌握工作进展情况，开展针对性的指导，积极帮助下级院解决工作中存在的问题。采取"从要素结构上把握管理主体、管理对象、管理手段、管理目标等内容；从检察权运行过程上把握决策、执行、监督等内容；从案件管理的方式上把握构建高效、科学的质量控制、组织管理、绩效考核、人力资源管理模式等内容；从构建科学的工作绩效上把握参与管理、过程和结果并重、以人为本等内容；从检察案件管理的发展上把握当前急需增强集约化"等内容，建议高检院在总结各地实践经验的基础上，结合《最高人民检察院案件管理暂行办法》确定的原则，制定适合于全国检察机关案件管理基本规范，并将其纳入到执法规范体系之中，以深化案件管理实践机制建设。

（三）深化案管发展机制建设

要以执法办案的公信力和效能为目标，以满足全程管理和动态监督的需求来完善案件管理平台、科学整合检察业务、队伍、后勤保障等管理资源、强化专门性案件监督管理部门的功能，落实案件管理部门的功能是系统的、全面的和强化的。在实践中，要正确处理集中管理与条线管理的关系、案管与办案的关系、管理与服务的关系、案管部门与其他部门的关系，坚持统一受理案件、统一开具涉及人身权利和财产权利的法律文书、统一组织、协调案件质量考评，以及专项执法检查活动，体现过程中的节点控制；统一组织、协调案件质量考评，以及专项执法检查活动，减少各业务条线自查难查的自我监督自我的难题；坚持"处理好案件管理部门监管职能与控告申诉、侦、捕、诉相互之间的配合制约职能关系；省级院、省辖市级院案件管理部门的监管职能与同级院各业务部门对下级业务指导职能的关系；案管部门的监管职能与检委会办公室、人民监督员办公室、检务督察办公室职能的关系；省级院、省辖市级院对案件管理部门承办的常态性监管、专项执法检查和年终业务考评与上级院对下级院的整体绩效考评的关系；推进规范化建设，强化全程管理、动态监督、细化过程控制与提高可操作性、提高效率和降低成本的关系"等有效举措，实现案件管理的集约统筹功能、资源整合功能、促进发展功能，以深化案管发展机制建设。

（四）深化案管评估机制建设①

案件管理系统开发的目的主要是便于对各部门案件信息进行管理，通过系统运用提高办案效率，使案件办理流程规范化；通过处理各业务部门的信息为决策层提供参考依据，在设计时既要考虑用户界面、技术成本，又要设定项目评估。如果仅是将以前检察机关的业务考核指标作为评估项目，那么该系统可能无法完全在决策参考上提供帮助，其更多的是起到监督的作用。数据对打击、监督职能发挥参考价值有余，而对教育、保护、预防职能有限。在案件管理系统的项目评估上应当以实现打击、预防、监督、教育、保护功能的有机统一为目的，广泛征求意见进行评估，而不是机械地将各部门的业务考核指标直接作为项目纳入到案件管理系统中。实践中，应确定风险评估预防范围，反贪、反渎、侦监、公诉、控申、监所、民行等业务部门所办理存在风险的各类案件，都应纳入案件管理的风险评估预警的范畴；确定风险评估等级范围，根

---

① 范思力：《案件管理信息化建设研究》，《人民检察》2012 年第 11 期。

据案件性质、紧急状况、行为方式、形成规模、激励程度、发展趋势，以及可能造成的社会危害与社会影响等因素，将案件确定为三个等级进行风险评估预警；确定操作程序范围，采取"设置模块、个案分流、部门评估、综合评估、动态监控"等方式，将风险评估预警作为案件管理的必经程序，强化风险调控，以深化案件管理风向评估预警机制建设。

（五）深化案管配套机制建设

案件管理系统不仅涉及检察院内部的多个业务部门，而且涉及上下级检察院的工作。信息化是案件管理的重要保障，案件管理的重要基础是信息化，案件管理以信息化为支撑，根据案件管理工作需要和刑事诉讼法的修改完善，全力开展研发工作，开发一个统一的集办案、审批、管理、统计、查询于一体的综合性软件系统；制定一套完整的，在全国范围内适用的案件信息管理规范十分必要，规范应当以信息保密原则、信息访问级别化原则为核心，明确案件管理系统相关部门的责任，对涉及案件信息共享、传播、获取、规范、分类和存储问题，从程序、要求、责任几个方面进行明确规定；要对上下级之间的访问权限范围、信息反馈的处理程序作出明确规定，并建立案管工作平台，全面推广应用，实现案件网上全程动态适时监管，充分发挥案管平台的整合效能，积极运用信息技术，全面提升案管工作水平，以深化案管配套机制建设。

分离到契合

——案件管理和执法办案风险评估

钟石生 [*]

执法办案风险评估机制是检察机关实现案件管理科学化的重要形式，也是检察机关深入推进三项重点工作，尤其是社会矛盾化解工作的重要途径。通过在检察办案环节引入执法办案风险评估机制，促进检察机关案件管理体制的科学化，对因执法办案可能引起的信访、群体性事件、突发性事件等影响社会稳定的苗头性、倾向性问题进行及时评估并作出预警，以增强检察工作的主动性、实效性和预见性，正成为检察机关亟须面临的新课题。

一、引言——检察机关执法办案风险及其评估预警

（一）执法办案风险的界定及来源

有学者将执法办案风险作了广义与狭义之分，广义的执法办案风险包括外部环境和内部工作机制对执法办案造成的不当干扰以及执法办案过程和执法办案结果对社会产生的不良影响。狭义的执法办案风险仅指执法办案过程和执法办案结果对社会产生的不良影响，包括引发信访、群体性事件或者突发性事件等。[①]一切执法办案活动，都必然存在一定的风险。执法办案的风险来源主要有两个方面：一是外部环境如媒体、舆论、有关部门的干预等内部因素，二是检察机关内部工作机制以及检察人员执法行为等内部因素。从司法实践看，

[①] 莫纪宏、谢鹏程、孙春雨：《检察机关如何建立执法办案风险评估机制》，《人民检察》2010 年第 13 期。

执法办案风险主要源于执法人员违法违纪、办案质量下滑、办案程序不当和当事人权益保障不到位等原因引发的不稳定因素和社会矛盾。因此，执法办案风险是检察机关在执法办案过程中，因执法办案人员违法违纪、办案质量或效果导致的矛盾激化以及复杂的执法环境等所引发的风险。

（二）执法办案风险评估预警

风险评估是指在风险事件发生之前或之后（但还没有结束），该事件给人们的生活、生命、财产等各个方面造成的影响和损失的可能性进行量化评估的工作。即风险评估就是量化测评某一事件或事物带来的影响或损失的可能程度。[1] 最高人民检察院在 2011 年 7 月 11 日通过的《关于加强检察机关执法办案风险评估预警工作的意见》中指出，执法办案风险评估预警是指检察机关办案部门和案件承办人员在执法办案过程中，对检察执法行为是否存在引发不稳定因素、激化社会矛盾等执法办案风险，进行分析研判、论证评估；对有可能发生执法办案风险的案件，提出处理意见，积极采取应对措施，及时向有关部门发出预警通报，主动做好释法说理、心理疏导、司法救助、教育稳控、协调联络等风险防范和矛盾化解工作，有效预防和减少执法办案风险发生。[2]

（三）建立执法办案风险评估预警机制的必要性

执法办案风险评估机制作为一种工作方法创新，不是创设和修改法律，而是依据宪法和其他法律的原则和立法精神，以取得法律适用的最佳效果。建立执法办案风险评估机制具有现实必要性。

首先，执法办案风险评估是检察机关应对当前复杂执法环境的客观需要。

当前我国正处于社会转型时期，社会矛盾触点增多，敏感性、关联性、对抗性、破坏性增强，信访总量高位运行，群体性事件时有发生，执法环境复杂而敏感。这对检察机关的执法能力和执法水平提出了更高的要求，检察机关的维稳工作异常突出。在这种情况下，对风险评估的要求就不仅仅局限于行政机关，司法机关对此问题同样要重视。[3] 复杂的社会大环境以及检察机关内部环

---

[1] 参见百度百科，http://baike.baidu.com/view/863635.htm，2012 年 8 月 15 日访问。

[2] 参见《最高人民检察院关于加强检察机关执法办案风险评估预警工作的意见》（2011 年 7 月 11 日最高人民检察院第十一次检察委员会第六十三次会议通过）。

[3] 莫纪宏、谢鹏程、孙春雨：《检察机关如何建立执法办案风险评估机制》，《人民检察》2010 年第 13 期。

境促使检察机关必须切实提高执法能力和水平，对执法办案过程中可能形成的风险进行评估预警，判断执法办案是否严格执行法律政策，是否保障当事人的合法权益，以实现三个效果的有机统一，促进社会的和谐稳定。

其次，执法办案风险评估是检察机关深入推进三项重点工作的重要途径。

把风险评估作为执法办案的必经程序，是防范和化解社会矛盾，维护社会和谐稳定的工作机制创新，是检察机关深入推进三项重点工作特别是社会矛盾化解工作的重要途径。执法办案风险评估有利于检察机关及时发现、分析、研判执法办案过程中引发社会矛盾问题的主要情形和因素，以便采取针对性措施，从而有效化解社会矛盾；有利于检察机关发现和掌握案件中引发社会矛盾的特点和规律，通过检察建议等方式，有针对性地进行社会治安综合治理，积极参与社会管理创新；有利于通过有效化解社会矛盾，提高公正廉洁执法水平，强化执法办案，以实现三个效果的有机统一，全面提升执法办案的公信力。

再次，执法办案风险评估是促进检察机关案件管理科学化的必然要求。

风险管理是一门新兴的管理学科。从20世纪30年代风险管理开始萌芽，20世纪50年代风险管理发展成为一门学科，20世纪70年代以后逐渐掀起了全球性的风险管理运动。1983年在美国召开的风险和保险管理协会年会上讨论并通过了"101条风险管理准则"，它标志着风险管理的发展已进入了一个新的发展阶段。20世纪80年代，风险管理理论和方法引入中国，其研究和应用领域也逐步扩展。[1] 把风险管理的理论和方法应用到检察业务管理，对于提高检察管理科学化水平，防止因执法不当引发涉检信访特别是群体性事件和突发性事件，具有非常重要的意义。[2]

二、分离——传统案件管理体制与当前执法办案风险评估机制

（一）当前执法办案风险评估机制的问题

1. 风险评估范围较窄。一方面，评估的案件范围较窄。很多检察机关并非

---

[1] 参见百度百科，http://baike.baidu.com/view/189055.htm，2012年8月20日访问。

[2] 莫纪宏、谢鹏程、孙春雨：《检察机关如何建立执法办案风险评估机制》，《人民检察》2010年第13期。

将所有案件都纳入风险评估的框架之中，而是仅仅规定一个评估的大致范围，至于案件是否属于评估的范围，完全由案件承办人自己掌握，承办人有时会因业务繁忙而对案件风险评估予以忽略。另一方面，界定的风险范围较窄。很多检察机关将风险范围限于"涉检信访"，并未包括案件可能引起的社会影响、网络舆情等其他风险，这与当前检察机关积极参与社会管理，深入推进三项重点工作的任务是不相适应的。

2.风险评估模式静态化。在风险管理中，风险的识别和评估都不是一次完成、一成不变的，而是一个不断修正和重新确认的过程。但在执法办案过程中，有些检察机关进行机械办案、就案评案，只从案件某一点评估办案风险，得出结论，或者想一劳永逸，一次性静态评估，而不是随着案件发展过程对风险进行修正和重新确认，对办案风险进行定期、动态、多次评估。

3.风险评估启动程序倾向化。随着经济社会的不断发展，检察机关办案数量急剧增加，承办人员办案压力不断加大，不少检察机关、承办人员对"一案一评、有案必评"的做法很不理解，认为这无形之中加大了其工作任务，纯粹是浪费司法资源，因而对于风险评估启动程序上采取被动评估的方式，甚至出现两个极端倾向。一方面，有的干警在评估过程中"走过场"现象较为严重。仅凭在案书面材料进行评估，而不与案件移交单位、当事人及其近亲属、涉案单位以及上级主管部门进行沟通，听取他们的意见，对案件进行闭门式评估，使得评估结果缺乏科学性、准确性。另一方面，有的干警在评估过程中"夸大化"现象比较严重，对其承办的案件不作具体的分析评估，对所有案件一律评定风险等级，推给控申部门办理，这种处理方式既加重了控申部门工作压力，也在无形之中增加了信访工作成本。

4.风险评估后处理方式被动化。尽管对评估的所有案件制定了相应的风险预警处置方案，但对案件风险评估后如何处理的问题，大部分承办人员采取的是被动等待的态度，对于可能引发社会矛盾和不稳定因素的案件，主动疏导化解、释法说理、司法救助、教育稳控、协调联络等风险防范和矛盾化解工作做得还不够，造成一些本可避免的信访案件的发生，使评估预警工作不能发挥应有的作用。

（二）传统案件管理体制的缺陷

1.案件流程管理的缺陷。检察机关过去一直沿袭各业务部门分散、条块化管理、线性审批的传统案件管理模式。各业务部门的案件受理、分派，完全由部门负责人决定，随意性较大，案件的分配上也容易出现数量不均衡的现象，为承办人员办理人情、关系和金钱案留下了口子。在案件从举报、侦查、侦监、公诉等部门的流转过程中，没有一个业务部门能够全面了解和掌握案件行踪情况。各业务部门各自为政、各管一段，案件管理职权分散，管理模式存在较大漏洞和弊病，无法对各个办案环节实施全面有效的监督，无法对案件可能造成的风险进行有效的控制，使得管理环节出现脱节、空挡的现象，形成法律监督的"盲区"。

2. 案件质量管理的缺陷。传统案件质量管理模式由检察长、主管检察长进行宏观管理，部门负责人或主诉检察官进行直接的自我监督管理，上级业务部门的监督管理来实现的。这种质量管理模式存在以下几个问题：一是注重结果管理，忽视过程控制，属于事后监督管理模式，无法对案件质量进行事前评估和事中矫正；二是注重实体质量，忽视程序管理，属于静态监督管理模式，无法对案件质量进行动态的监督管理；三是对案件的质量无科学、统一的管理评查标准，质量管理完全取决于各部门管理者的个人素质；四是各业务部门兼具管理者和监督者的双重身份，当出现责任追究时，部门负责人、检察长从办案责任主体转化为监督主体，可能影响办案质量的公正评价。在这种案件质量管理模式下，对案件质量缺乏事前和事中监督，内部监督可能流于形式，有可能出现违法违规办案的现象，出现难以预料的各种案件风险。

3. 案件考评管理的缺陷。在传统的案件管理模式下，对案件的考评往往注重实体考评，忽视程序考评，没有专门的考评机构进行负责，考评标准和条件也不统一。对于考评所需要的各种数据，也是由各个业务部门负责统计、填报，并上报办公室，但办公室并不对这些数据进行核查，只是将这些数据汇总并报送上级检察部门，容易存在不全面、不准确的现象，甚至出现弄虚作假的问题。

（三）风险管理学带来的启示

现代社会瞬息万变，矛盾纠纷累积，社会风险叠加，为了有效解决矛盾纠纷、防控社会风险，风险管理学应运而生。如前所述，风险管理学已经日益走进我们的视野，风险评估作为风险管理学的关键环节，对不良后果或不期望事件发生概率进行描述及量化，发现、分析和衡量风险，提出风险防范措施，以减少风险。作为全程参与刑事诉讼的法律监督者，检察机关在行使法定职能尤其是侦查、侦查监督和公诉职能时，其蕴含的国家权力和公民权益的直接冲突导致办案风险无处不在。如何防控和化解执法办案风险，仅仅提高检察人员办案风险意识和风险防控意识远远不够，将系统、规范的风险管理体系运用到检察机关案件管理中，不仅有利于强化案件本身的有效管理，而且可以更加有效地管控和防范执法办案风险的发生。

三、契合——案件管理的科学化与执法办案风险评估机制的规范化

（一）通过案件流程管理动态监督执法办案全过程

通过设立专门的案件管理部门，将风险评估机制引入案件流程管理，统一和规范案件"进出口"，将风险评估作为执法办案的固定流程，主动评估执法办案可能造成的案件风险，做到"一案一评、有案必评"，承办人员如不完成"风险评估"环节，接下来的办案流程将无法操作，从而将风险评估责任落实到每位承办人员，使执法办案风险降至可控范围。将风险评估纳入案件流程管理，对整个执法办案活动进行监督、管理和协调，对执法办案全过程实施源头控制、动态管理和全程监督，将促使检察机关对案件的管理由注重结果、强调实体控制的传统管理模式向注重过程、强调程序控制的现代管理模式转变。案件管理流程克服了传统案件管理模式下线性审批、分散、条块管理等弊病，有助于强化检察工作的事前和事中监督，是从根本上减少和避免违法违规办案，防范和降低执法办案风险的重要手段。

（二）通过案件质量评查有效防控执法办案风险

对业务部门办理的案件进行质量评查，是实现规范办案、科学办案、提高办案质量、防控办案风险的关键手段，也是案件管理的核心内容。通过案件质量评查，实现对案件质量的主动监督、全程监督和动态监督。质量评查的方式包括程序审查和实体审查。程序评查通过风险评估流程中的"动态跟踪反馈"功能实现，办案部门可以定期对案件质量进行自我评估，就案件质量进行量化分析，归纳整理出不同类型案件信访风险评估处理方法，然后反馈给控申等相关部门。对典型案件、社会关注度高以及遭到投诉的案件由案件管理部门进行实体审查，审核发现案件办理过程中是否存在违法违规现象，及时向原案件办

理部门进行反馈，督促纠正办案中的错误，预防案件风险的发生。另外，案件管理部门对特定时间内的案件（一季度或一年）进行质量评查，审核执法办案过程中存在的普遍性、倾向性问题，经领导审批后向各业务部门进行反馈，引导各业务部门及时总结执法办案过程中的经验和问题，不断提升执法办案的能力和水平，有效防控执法办案风险的发生。

（三）通过案件统计分析全面提升执法办案水平

案件管理部门对执法办案的相关数据进行全面准确的汇总、统计、分析、通报和研判，对案件承办部门的执法办案情况进行综合评估，全面客观地评价执法办案质量，以实现对检察执法办案工作的整体把握，对检察机关的办案情况、办案效果和社会影响，以及承办人员公正文明执法、廉洁自律等普遍性问题进行综合分析，定期制作检察业务工作报表和综合分析报告，及时发现苗头性、倾向性问题，提出风险预警信息，并对检察业务整体工作提出指导性意见和合理化建议，督促相关部门及时落实或改进，促进检察机关案件办理质量和执法水平的整体提升。对检察机关执法办案情况进行统计、分析、研判，有利于全面提升检察机关的执法办案水平，降低甚至消除执法办案风险的发生。

（四）通过案件集约化管理力促案件管理规范化

长期以来，检察机关的事务性工作和队伍建设都有专门机构负责，作为检察工作中心的检察业务工作却缺乏统一管理。案件管理部门的设立实现了检察事务性工作和业务性工作的适当分离。最高人民检察院于2011年10月28日成立了案件管理办公室，对最高人民检察院机关案件流程、案件质量和案件统计信息等进行集约化管理，并承担对全国检察机关案件管理工作的指导职责。同时，最高人民检察院也已要求各级检察机关推行案件集约化管理，建立"统一受案、全程管理、动态监督、综合考评"的执法办案管理监督机制。各级检察机关按照最高人民检察院的要求，陆续建立了符合各地实际的专门案件管理部门。对检察事务性工作和业务工作的适当分离，一方面可以使案件承办人员从繁杂的事务性工作中解脱出来，专心致志地做好执法办案活动，提高执法办案效率和质量；另一方面也强化了案件管理部门对执法办案活动的内部监督制约，使得业务、队伍、事务管理做到条理清晰、责权明确，实现检察业务在内部监督制约下的相对独立，力促案件管理的规范化和科学化。

四、完善——强化案件管理促进执法办案风险评估机制的规范化

（一）成立部门，完善制度，促进案件管理的集约化和科学化，实现执法办案风险的有效防控

2002年11月，河南省郑州市二七区人民检察院在全国首创案件管理中心。2003年6月，最高人民检察院下发《关于加强案件管理的规定》，要求省级人民检察院要根据本地实际，制定具体的案件管理办法，对市、县两级人民检察院的案件管理工作作出相应规定。全国各地检察机关纷纷结合自身实际，从程序管理、质量监督等不同方面进行案件管理改革与尝试，制定相应的案件管理办法，成立案件管理中心，加强对案件的集约化管理。2003年10月，郑州市人民检察院正式成立了全国首个地级案件管理中心，全市13个基层检察院于2005年6月底之前全部成立了案件管理中心。此后，辽宁、吉林、江苏、内蒙古等多省、区的检察院也相继成立了案件管理部门，推广郑州经验。陕西、北京、湖北、四川等省、市的部分地区也先后开展了案件管理改革工作，并在不同程度上取得了实效。2010年4月1日，山西省人民检察院成立了全国首家省级案件管理中心。2011年10月28日，最高人民检察院成立案件管理办公室，对全国检察机关的案件管理工作进行指导。通过成立专门的案件管理部门，完善相应的案件管理制度，可以促进案件管理的集约化和科学化，实现执法办案风险的有效防控。

（二）综合运用各种信息化手段，将每个执法办案风险点纳入风险管理范畴

加强对检察机关执法办案活动的全程、动态管理，通过开发案件管理软件系统，将管理软件系统分成若干个子系统，搭建集约化管理平台。一是案件线索管理系统。对案件线索统一录入进行归口管理，对线索在受理、审批、分流、备案、查处等环节规定明确的保密要求和具体规定，保障案件线索网上流转安全运行。二是收送案管理系统。统一收案、统一分案、统一录入信息、统一送案，实现案件流程一体化，通过电脑自动派发案件，在制度上抑制人情、关系、金钱案的发生。三是赃证物管理系统。对赃证物实施条形码管理，跟踪记录赃证物网上流转的环节，有效遏制手工操作可能引发的违法违纪风险。四是案件监督管理系统。通过系统对案件的各个环节进行全程监督，各项检察业

务涉及的非涉密案件全部实行网上流转,通过网上录入、网上监督、网上监督、网上公开,杜绝了案件暗箱操作的可能性。五是案件查询管理系统。对于一般案件,查询不受限,案件当事人及其近亲属、律师和社会公众均可通过检务接待区的自助式案件查询机获取相关的案件信息,可以避免与执法办案人员的不正当接触,杜绝权力寻租的可能性,也可以实现网上办案的外部监督,使每个执法办案风险点纳入风险管理范畴。

(三)强化办案环节管理,促进执法办案规范化,使案件管理工作成为一道强大的"风险防火墙"

检察机关执法办案规范化建设是检察机关"四化建设"的一项重要内容,是检察管理的核心。检察机关应该通过建立管理与监督、实体与程序、结果与过程、质量与效率并重的案件管理新机制,充分发挥案件集约化管理的优势,强化案件在受理审查、跟踪监督、结案核查以及案后评查,加上案件的风险评估,将案件向风险管理延伸,使案件管理工作成为一道强大的"风险防火墙"。

首先,强化案件受理环节的管理,建立执法办案风险信息收集机制。根据案件所处诉讼阶段的不同,注重向前、向外延伸信息收集渠道,使信息来源不断扩大,以抓住先机来充分发挥风险预警的作用。一方面,将风险评估向前延伸,在案件受理环节,加强与公安机关的沟通协调。由案件管理部门负责对公安机关移送的案件进行初审,在审查过程中,加强与公安机关进行沟通,广泛收集执法办案风险信息,将风险评估向前延伸,提前进行风险预警提示,将风险化解在萌芽阶段。另一方面,将风险评估向外延伸,扩展风险信息来源途径。通过群众举报、检察长接待下访以及民生检察热线等形式,依托人大代表、政协委员、人民监督员等多种监督途径,深入了解人民群众对检察机关执法办案的意见和建议,提前预测和评估执法办案风险,提高执法办案风险评估的针对性和预见性。

其次,强化案件办理环节的管理,做好案中及时跟踪监督。案件管理部门受理案件后,通过案件管理系统中设置的执法办案风险评估模块,动态跟踪案件承办人的案件审查过程,督促承办人员对案件办理的风险大小及时评估。当风险达到一定级别后,对可能引发涉检上访,或者存在其他重大不稳定因素的,系统自动向控申等相关部门发出预警,通知相关部门及时介入、引导、干预,制定和实施科学的处置预案。在案件办理过程中,案件管理部门要加强对各业务部门落实执法办案风险评估预警处置情况的跟踪监督，发现问题及时向办案部门提出整改和纠正意见，防止涉检信访风险的发生。

再次，强化案件办结环节的管理，做好风险评估预警同步核查。案件审结前，案件管理部门除了对案件进行程序审查及适当的实体审查外，也对执法办案风险评估预警处置情况进行同步核查，督促案件承办人及相关部门及时化解矛盾纠纷，做好风险评估预警工作。案件审结后，通过案件管理部门统一填写相关法律文书，统一送达。案件管理部门在法律文书送达之前，将该案执法办案风险预警情况进行审查，审查承办人员的办案工作是否达到规定的标准，对于进行总结或未达到标准进行通报，提高风险评估的自觉性。

最后，强化案件办后环节的管理，进行案后评查和类案风险研判。把执法办案风险评估预警作为承办人员办案质量评查的重要内容，按照"谁承办、谁负责；谁决定、谁负责；全面评估、及时预警；防范在先、及时化解"的原则，进行执法办案质量评查，并将涉检信访评估预警纳入办案部门和承办人年终考核，将风险责任落实至部门和个人。在办案系统中确立案件风险等级、填写风险评估分析表及处理办法，确保"一案一评、有案必评"。对评估后确定存在执法办案风险的决定事项或执法行为，承办部门负责人须责成承办人立即启动风险化解方案，及时化解矛盾，有效防范执法办案风险。必要时由院领导、部门负责人亲自做化解、协调工作。案件办结后，对风险评估不准确和处理措施不当造成不良后果的承办人员，按照责任大小进行问责。除了对个案进行风险研判外，须加强类案风险研判预警评估机制。案件管理部门通过对执法办案信息的收集、传输、处理、存储、共享等工作，对一定范围内的执法办案情况进行综合统计分析，开展执法办案风险评估及排查研判，找准问题，总结经验，准确决策，积极探索执法办案风险评估长效机制，指导执法办案高质量、高效率进行。

基层检察机关参与社会管理创新的
队伍困顿与路径选择

——以中东部地区公诉队伍为样本

方顺才　桑　涛　盛吉洋*

加强和创新社会管理，是继续抓住和用好我国发展重要战略机遇期、构建社会主义和谐社会的必然要求。检察机关作为国家法律监督机关，担负着维护人民合法权益、维护社会公平正义、维护法制统一尊严权威、促进经济社会全面发展的神圣使命，积极参与加强和创新社会管理，自然是新形势下检察机关面临的重大课题。但是，"加强和创新社会管理，检察机关准备好了吗？"当前检察队伍对于参与加强和创新社会管理，能否做到认识到位、方法落实、善做善成呢？因为"政治路线确定之后，干部就是决定的因素"[1]。这就需要我们对广大干警的思想认识和能力现状进行准确分析，发现薄弱环节，找出解决之策。就部门而言，公诉部门站位执法办案第一线，同时也站位参与加强和创新社会管理第一线，"人多事多"，其参与加强和创新社会管理的状况，是检察机关参与此项工作的重要"晴雨表"；就地域而言，我国中东部地区无论地域面积、经济社会发展还是在社会管理中所遇问题，都在全国具有一定的代表意义。鉴此，我们选择了我国中东部地区两个基层院的公诉队伍作为考察样本，通过对队伍现状的分析，对照要求查找差距，进而寻求改进路径。

---

* 方顺才，浙江省杭州市萧山区人民检察院；桑涛，浙江省杭州市萧山区人民检察院；盛吉洋，安徽省淮南市谢家集区人民检察院检察长。

[1] 《毛泽东选集》第二卷，人民出版社 1991 年版，第 526 页。

一、加强和创新社会管理对公诉队伍的基本要求

曹建明检察长指出："公诉是我国检察机关核心的标志性的职能之一，是法律监督的重要组成部分。各级检察机关要深刻认识新形势下公诉工作的重要地位和作用，准确把握新任务新要求，不断增强做好公诉工作的使命感、责任感和紧迫感。"公诉部门既在维护稳定第一线，当然也在参与加强和创新社会管理第一线，他们的工作总量和队伍所占检察队伍的比例，也必然地决定了检察队伍参与加强和创新社会管理的质效与影响。

（一）公诉部门参与加强和创新社会管理的途径

检察机关公诉部门参与加强和创新社会管理的重要途径，是在严格依法办案的基础上，围绕曹建明检察长提出的"公诉职能的延伸和内涵的深化"做好工作，即不能仅仅满足于依法办理案件，而是要立足抓源头、抓基础、抓根本，更加注重公诉职能的必要延伸，推动社会矛盾化解、实现加强和创新社会管理。

从某种意义上说，司法活动本身就是一种社会管理。这种特殊意义的社会管理，是通过对犯罪人及其行为的惩罚约束（监禁或者管制）进行管理，使其丧失再犯能力或降低再犯可能，同时通过对被害方的抚慰、赔偿以及社会关系修复实现社会管理。从这一角度上看，公诉部门参与加强和创新社会管理，首要的是立足职能，结合执法办案，要确保办案质量、严格诉讼程序、强化法律监督，坚守法律底线，做好执法办案的"前半篇文章"；同时，检察机关参与社会管理创新又不仅仅只是办案，还要根据新形势、新任务和人民群众的新要求，重点搞好四个"延伸"，做好执法办案的"后半篇文章"。

一要坚持把化解矛盾纠纷贯穿于公诉工作始终，向修复社会关系延伸职能、深化内涵。二要加强法制宣传，促使被告人真诚悔罪，教育公民自觉遵守法律，向预防和减少犯罪延伸职能、深化内涵。三要建立健全执法办案风险评估机制，向防范办案风险延伸职能、深化内涵。四要结合办案认真落实公诉环节的社会治安综合治理措施，向社会治安综合治理延伸职能、深化内涵。①

---

① 参见曹建明检察长在全国检察机关第四次公诉工作会议上的讲话。

（二）加强和创新社会管理对公诉队伍提出的要求

新时期新任务，向公诉队伍提出了新的更高的要求，那就是广大公诉人员不能再简单地就案办案，在具备证据审查判断运用等公诉能力之外，还应当具有较高的群众工作能力和社会管理水平，具备参与加强和创新社会管理的本领。从应然的角度来说，公诉人员还应当具备以下能力：

1. 矛盾调处能力。执法办案的宗旨是化解社会矛盾，加强和创新社会管理的基础也是化解社会矛盾，因此，立足办案调处矛盾纠纷、实现"两造皆服"、定分止争、案结事了、社会和谐，既是执法办案的落脚点，也是其目标所在，因而调处纠纷、化解矛盾的能力，是公诉人员所应具备的重要能力。

2. 群众工作能力。从群众中来、到群众中去，相信群众、依靠群众、为了群众，一向是我党立党的宗旨和工作的基本方法。公诉部门在参与加强和创新社会管理中，必然地要与群众打交道，不可能关起门来搞社会管理，因此，就必须用群众认同的态度倾听诉求，用群众认可的方式查清事实，用群众接受的语言诠释法律，用群众信服的方法化解纠纷，这就要求公诉人员要具备做群众工作的本领。

3. 释法说理能力。公诉工作要贴近群众、实现效果，离不开对法理、事理、情理的阐释，只有将道理说清、法律说明，才能得到公众的认可，才能得到群众的拥护，才能维护法律的权威。说理不当，有理可能被人误解为无理；说理清楚，则可以清除误会、阐明真相、避免混乱。同时，公诉人员还要能够用群众听得懂、能接受的语言去明法说理，不能只会说"法言法语"。这种释法说理能力，既是公诉人语言能力的一种，同时也是参与加强和创新社会管理的重要能力。

4. 风险预警能力。当今社会，风险层出。就检察机关而言，在执法公信力存在式微危险的今天，一些案件或事务一旦处置不当、不慎、不力，就可能酿成极端性事件、引发群众上访、造成群体性事件、甚至引起社会混乱动荡。这就要求公诉人员要有风险预警能力，善于从执法办案中发现容易引发突发敏感事件的信息，增强学会防控处置风险的方法，提高应对突发敏感事件的主动性、预见性、针对性和时效性，从而在有力指控犯罪的同时，又能够有效控制各类矛盾在公诉环节的累积。

5. 舆情研判能力。随着经济社会的发展和信息网络技术的普及，公诉执法越来越处在开放、透明、信息化的大环境中，各种信息传递直观、快捷，越来越多的公诉案件成为舆论关注的焦点和敏感点，案件处理稍有不当，舆论导向便容易走向极端、走向反面，给办案工作带来负面影响，给工作带来被动，给社会管理增加难度。为此，公诉人员在执法过程中，就要具备舆情研判能力，要注意关注舆论焦点，跟踪舆情动态，准确预判舆论走向，及时采取有效措施，披露真相、引导舆论，防范敏感案件矛盾升级。

6. 刑事政策能力。宽严相济的刑事司法政策是我国的基本刑事政策，它不但有利于彰显法律的惩治、预防、教育、引导功能，而且对于最大限度激发社会活力、最大限度增加和谐因素，提高社会管理科学化水平，具有特殊重要的意义。公诉人员在工作中，不能仅仅只依靠刑事法律手段去处理案件，还要能够掌握运用"法度之外，情理之中"的多种处理案件方式，尤其是要善于综合运用宽与严两种手段，对不同的犯罪行为和犯罪分子，对严重犯罪中的从宽情节和轻微犯罪中的从严情节，对实体处理和适用程序，都要体现宽严相济、公平公正的要求，做到宽中有严、严中有宽、严惩据据、宽处有理、宽严有度、不枉不纵，具备刑事政策的运用能力。

7. 沟通协调能力。加强和创新社会管理，需要党委领导、政府负责、社会协同、公众参与，检察机关在办理重大、疑难、复杂、敏感案件时，在处理群众性事件和涉检信访、突发性事件等复杂问题中，在根据案件情况与社会管理相关的问题时，都需要及时向党委反映情况、向上级院汇报案件、与有关机关、组织协调、沟通、配合，进而形成合力、互补优势，达到最好的执法效果，而不能自行其是、单打独斗。因而，公诉人员的沟通协调能力十分重要。

8. 献计献策能力。参与加强和创新社会管理，要求公诉人员不仅要站在一个办案人的角度，更要站在为国分忧、利国利民的立场上分析、思考、解决问题，应当具有责任意识、忧患意识、政治意识，积极为加强和创新社会管理献计献策。要重视在办案中发现经济社会发展和社会治安综合治理中的突出问题，积极开展该领域内犯罪专项调研，及时向党委、政府和有关部门、行业和基层组织提出有针对性的检察建议、意见，帮助建章立制、堵塞漏洞，有效防范和化解风险。

二、公诉部门加强和创新社会管理的队伍现状分析——以中东部地区两个基层院为样本

新时期、新任务、新挑战，对检察队伍提出了上述新的要求，这就需要我们对照当前的队伍状况去查找、反思和分析。

（一）中东部地区基层公诉队伍现状调查

基层检察院是全国检察系统的细胞，也是检察机关参与加强和创新社会管理工作开展的重点单位。基层检察院参与社会管理创新工作的开展情况，能够从一个侧面直接反映出全国检察机关此项工作的基本样态，关系着全国检察机关此项工作的成败。对照参与加强和创新社会管理对检察队伍的基本要求，我们选择了我国中部和东部地区两个基层检察院公诉部门作为考察标本，通过对两个院当前队伍情况的考察，试分析研究当前检察机关参与加强和创新社会管理工作中存在的带有普遍意义的问题。

某基层检察院 A。该院位于我国东南沿海某省，该地区属于经济较发达地区，经济社会发展走在全国前列，流动人口数量较大，各方利益冲突较多且复杂，涉众、涉企、涉金融经济类案件较多。该院现有编制 140 余人，公诉部门现有干警 38 人，自 2008 年以来，该院每年受理的公诉案件数量一直在 2000 件以上。

表 1 A 院公诉人员基本情况

人　　数	38		
出生年月	1970 年以前出生 3 人	1970 年以后1980 年以前出生 8 人	1980 年以后出生 27 人
第一学历毕业院校、专业	法学 36 人	其他 2 人	
现任法律职称	检察员 8 人	助检员 22 人	书记员 8 人
从事公诉工作年限	10 年以上 6 人	5 年以上不满 10 年 4 人	不满 5 年 28 人
从事公诉工作以来办案总数	500 件以上 9 人	100 件以上不满 500 件 12 人	不满 100 件 17 人

续表

人　数		38		
从事公诉工作前有无工作经历及时间	有工作经历5人	无工作经历33人		
从事公诉工作前从事职业及时间	高校教师1人，2年	其他机关4人：法官1人，5年；警察1人，4年；其他行政机关2人，分别为2年、1年		
父母职业	机关干部15人	企业事业单位职工9人	经商6人	农民3人
家庭户籍类别	城市居民35人	农民3人		

某基层院 B。该院位于我国中部某省，该地区属于老工业区，产业结构以煤炭、钢铁、机械制造为主，该院在当地属于中等规模院，现有干警39人，其中公诉部门6人，每年受理公诉案件200余件。

表2　B院公诉人员基本情况

人　数		6		
出生年月	1970年以前出生2人	1970年以后1980年以前出生2人	1980年以后出生2人	
第一学历毕业院校、专业	法学4人	其他2人		
现任法律职称	检察员4人	书记员2人		
从事公诉工作年限	10年以上2人	5年以上不满10年无	不满5年4人	
从事公诉工作以来办案总数	500件以上2人	100件以上1人	不满100件3人	
从事公诉工作前有无工作经历	有工作经历3人	无工作经历3人		
从事公诉工作前从事职业及时间	工人1人，3年	其他机关工作人员1人，8年	律师1人，2年	
父母职业	事业单位职工3人	无业居民2人	农民1人	
家庭户籍类别	城市居民5人	农民1人		

上述两个院公诉队伍的组成，可以大致折射出当前我国基层院公诉队伍甚或整个检察队伍的基本状况，那就是队伍年轻、学历较高、青黄不接、经验欠缺、实践不足、下基层少。深入考察了解，两个基层院公诉队伍的共性特点是：

1. 从自身条件上看：

一是年轻化。队伍年龄结构趋于年轻，尤其是东部地区，由于近年来检察队伍扩大编制，大量年轻人通过公务员考试的形式进入检察队伍，使整个检察队伍年轻化。

二是城市化。家庭出身大部分是城镇居民，且家庭条件比较好。受应试教育等因素影响，家庭条件较好的城市孩子，受教育的机会和条件较之农村的孩子相对较好，考取公务员进入检察队伍的机会相对也比较多，有的干警家庭条件比较优越，平时开私家车代步，出远门乘飞机，甚至连"绿皮车"都没坐过。

三是简单化。人生经历、生活阅历相对简单，大部分属于出家门进校门、出校门进单位门的"三门"干部，社会经验不足。有的同志尤其是外地同志甚至除了单位和住处外，对周边的环境情况都不熟悉，有的听不懂地方方言，更谈不上熟悉基层、了解基层。

2. 从能力水平上看：

一是学院化。从知识结构上看，基本上都受过较系统的法学教育，具有法学教育背景，法学功底比较扎实，司法独立和法治意识较强。

二是应试化。能够通过"千军万马挤独木桥"式的"国考"进入检察队伍，学习能力较强，应试能力也较强，动手能力和处理实际问题的能力却有所欠缺。

三是才艺化。大部分自幼得到较好的才艺教育，具有一定的才艺，同时受媒体"选秀"、"速配"、"超女"、"快男"等节目影响，有较强的表演、表现愿望和才能。

四是"学徒化"。大部分从事公诉工作年限在五年以下，或者办案数量在100件以下，还没有掌握基本的公诉技能，处于"学徒"状态。

3. 从认识水平上看：

一是书本化。与实践接触少，与基层接触少，认识社会的主要途径靠书本。

二是理想化。对社会生活的认识与对事物发展走向的判断、看法过于理想，想当然地认为会根据自己的预想发展变化，而结果却往往出乎意料。

三是网络化。大部分认识与判断依赖网络，平时通过网络了解社会，对社会政治经济的看法也受网络影响。日益发达的网络使人足不出户就可以完成购物、交流、掌握新闻资讯和了解社会热点问题等活动，这对青年一代的影响是巨大而深远的。

4. 从人生态度上看：

一是个性化。受我国计划生育政策影响，年轻干警中独生子女比较多，与20世纪末干警队伍相比，现在的干警更注重自我个性的张扬、自我价值的实现，思考问题更多以自我为中心，对一些问题往往有自己的主见，不会一味盲从，不会轻易改变自己的看法和做法，个性化标志明显。

二是多元化。受知识结构和所受教育、所接触的网络、媒体的影响，价值判断和评价标准更趋多元化，志向各不相同，追求各有差异，世界观、人生观、价值观不再单一。

三是平淡化。对检察工作的热情趋于平淡化，尤其是在基层，大部分同志把检察工作作为一个职业而非事业，对检察工作的职业荣誉感、自豪感、归属感不再十分强烈。如果有机会调整单位，大部分同志愿意去往上级机关或者工作较轻松、收入较高的经济部门和政府机关，这一情况在 A、B 两个院都不同程度地存在。

（二）队伍现状对加强和创新社会管理所产生的影响

上述种种情形，对于公诉干警的工作态度与行事方式具有较大的影响，这些影响也会必然地反映在日常工作中。从参与加强和创新社会管理的视角看，存在以下问题：

1. 就案办案现象较普遍。由于公诉部门办案压力相对较大，办案人手中积案较多，为了尽快将案件办出去，一般不去考虑和开展矛盾调处工作，而是直接向法院一诉了之，没有定分止争、案结事了的意识，更没有因势利导、做好教育、感化、挽救、帮教等参与社会管理工作的意识。如一起信用卡诈骗案，犯罪嫌疑人张某在 ATM 机上拾到他人未退出的信用卡，直接提取现金 6000元，回家后将此事告知其父亲张某某，并将赃款交给其父亲留作家用，后案发，赃款已全部退还被害人，公安机关以张某涉嫌信用卡诈骗罪、张某某涉嫌掩饰隐瞒犯罪所得罪移送审查起诉，办案人提出以信用卡诈骗罪、掩饰隐瞒犯罪所得罪向法院起诉，后经科室把关，经检委会讨论，对两人做相对不诉处理。

2. 机械执法现象较普遍。办案中不考虑个案的具体问题，搞执法一刀切，不会运用刑事政策手段区别对待，尤其是处理涉众型案件，往往生搬法条，搞"一网打尽"，刑事政策能力差。如犯罪嫌疑人刘某夫妻因违章摆摊被城市管理警察查获，刘某因中午饮酒，情绪失控，殴打了现场执法的警察导致一名警察轻伤，后被制伏，刘妻在警察上前制伏刘某期间，对执法人员有推拉的行为。公安机关以刘某构成妨害公务罪移送审查起诉，审查中办案人认为刘妻系妨害公务罪共犯，建议追诉，经科室把关，认为刘妻的行为情节显著轻微，不需要追究刑事责任。

3. 调处矛盾能力不够。不善于做人的工作，害怕与当事人打交道。有的案件虽然也考虑并进行了矛盾调解，但由于调处经验不足，或者干脆自己就是一个"孩子"，难以让当事人信服，调处不成功，于是干脆放弃了矛盾调处工作，依赖案件起诉到法院去做调解工作，或者干脆让当事人自行调解，不愿意主动出面调解、不做检调对接工作。如某非法行医案，犯罪嫌疑人提出愿意赔偿被害人经济损失，办案人让当事人自行调解。事后虽然被害人在和解协议上签字表示谅解，但对赔偿数额并不满意，流露出"吃亏"的情绪，经认真询问，被害人系外地人，由于司法机关和调解组织没有出面主持调解，因担心得罪犯罪嫌疑人一方今后生活受影响，违心接受"调解"结果并签字。

4. 群众工作能力不够。存在"衙门作风"，没有基层工作经验，又不愿意做群众工作，在办案中不习惯亲临现场、不愿意深入基层、到群众中去调查了解案件情况，听取群众意见，满足于坐在办公室里审查书面材料、需要补充证据打电话要求公安机关代劳补充，遇有群众反映情况、发表意见不注意倾听，片面地认为群众不懂法、提出的诉求不合理因而不加考虑。如一起因农民集体上访后查处的职务侵占案件，办案人仅就卷宗材料所反映的问题提出意见，没有深入该村了解详细情况，没有向村民和基层组织做细致的解释工作，导致起诉后群众对结果不满意，在法庭上起哄干扰庭审，造成不良影响。

5. 释法说理能力不够。在办案中说理不够，作出不起诉、不抗诉、增减认定犯罪事实时不说明道理，不能用群众听得懂、能接受的语言去阐明事实、阐释法律，在法庭上不能根据案件的实际情况调整出庭预案、宣传法制，使群众接受、使被告人服判。如在一起聚众扰乱社会秩序案件的庭审中，公诉人没有根据庭审中部分被告人翻供的情况及时调整公诉策略，不是用证据说话证明犯罪，而仍然按照被告人认罪的套路一成不变地发表公诉意见，造成旁听群众不服，在法庭上呼喊口号、冲击审判区，影响了庭审的正常进行。

6. 办案风险意识不够。办案中考虑问题简单化，对案件的敏感程度关注不够，对案件的舆论走向不了解，对于网络、媒体上的舆情放任自流，片面地斥为非理性的声音，结果导致宣传方面的"失语"，丧失了舆论先机；不能根据当事人的个性特征确定工作方法，简单地认为只要是依法处理案件，案外的问题与己无关，等等。如一起寻衅滋事案件，犯罪嫌疑人在审查起诉阶段讯问时提出公安机关有刑讯逼供行为，办案人根据在案其他证据，认为案件本身事实清楚、证据充分，足以认定，对公安人员如何刑讯、是刑讯逼供还是违反办案纪律在办案过程中殴打犯罪嫌疑人没有详细问明，尽管案件判决生效，该被告人仍不断向上级控告，并扬言出狱后要采取极端手段报复公检法所有办案人，造成工作被动、维稳压力增大。

此外，办案中大局意识不够、维稳意识不够、沟通协调能力不够、不能从案件中发现与社会管理密切相关的机制性、体制性问题并提出改进建议等问题，也都在当前工作中或多或少存在。

（三）产生上述问题的原因

上述问题的发生，对检察机关参与社会管理创新必然产生不利的影响，究其原因，主要有以下几个方面。

1. 没有建立起对群众的深厚感情。大部分公诉干警没有社会底层的生活经历，没有基层工作经验，与群众接触少，对群众诉求了解少，对群众深厚的感情还没有建立，不能站在群众的立场上去思考问题，认真考虑群众的利益和诉求，或者片面认为群众的诉求不符合法律规定，而全盘予以否定。

2. 意识形态上，存在"司法超脱"的观念，不关心政治，不关注民生，不愿意接触基层、了解群众，做群众工作。受前几年法学教育大气候的影响，年轻干警普遍存在"精英政治"或"精英司法"的意识，言法治必称西方，不注重对法治与治国方略"本土资源"的学习研究。多数干警在办案中发现不了案件背后反映出的与社会管理相关的问题，不懂得根据办案提出加强和创新社会管理的措施建议；同时，检察机关的思想政治工作的方式方法有待进一步改进，近年来虽然也开展了大量教育实践活动，但真正使干警印象深刻、影响干警工作态度和人生态度、使干警入脑入心、真诚接受的举措并不多，大多数活动要么是运动式短期行为，要么是走过场，教育效果不明显。

3. 人案矛盾尚未得到根本解决。尽管近年来检察机关编制扩大，但案多人手缺、案难骨干缺、案新经验缺的问题还一定程度存在，大部分公诉干警没有更多的时间和精力去考虑公诉职能的延伸和社会矛盾的调处。以 A 基层院为例，受理的公诉案件数量在逐年增长，大多数同志忙于应付消化积案，大量社会矛盾调处工作无暇开展。在检察机关"案多人少"矛盾日益突出的今天，更多的办案人选择了对案件的简单化处理，向法院一诉了之。

4. 公诉新手多，办案经验不足，基层工作经验不足。受部门工作性质影响，公诉部门年轻干警较集中，与基层接触较少。大部分基层院选择将年轻干警先放在公诉部门进行学习锻炼，大量新手进入公诉部门，也使公诉部门人员更新流动加快，一些业务骨干往往就此被选拔任用到其他领导岗位上去，造成了公诉部门成了常年的"新人培训基地"，办案质量、执法水平令人担忧。尽管国家对于大学毕业生下基层锻炼有明确要求和安排，但具体到每个单位，这项工作往往出现简单应付的现象，如在去向安排上，往往会就近选择一些条件较好的基层单位；人员安排上，多安排通晓本地方言的同志；部门安排上，多安排非业务部门的同志去基层，公诉部门因人手紧，工作忙，难得专门抽调人员下基层。而公诉工作的方式大部分时候还是审查案卷材料，如不刻意安排与基层接触，与其他部门相比，确实存在与基层接触不够的现象，这就造成不会利用基层组织和矛盾调处机构化解矛盾妥善处理案件，不会在办案中考虑基层问题、结合基层实际、注重基层管理，片面认为只要能依法办理案件就能解决纠纷，达不到"案结事了"的目标。

5. 工作机制引导欠缺。检察机关参与社会管理创新，需要根据社会形势采取相应的举措并抓好落实。但由于立法和工作机制方面的影响，大部分有利于社会管理创新的工作机制还没有建立、健全、完善，有些机制虽然已经建立，但在工作开展上流于形式，如检调对接、办案说理、检察建议等工作机制，各地虽然已经开展，但工作还不够深入具体；对基层起导向作用的上级院业绩考评机制中，由于大部分考评依据是检察报表数据，而社会管理创新工作又难以用数字在报表中体现，导致在具体业绩考评时基本体现不出对社会管理创新工作的考察，致使这项工作成了软任务，说起来重要，做起来次要，忙起来不要，考核的导向作用没有发挥好。

三、基层检察机关参与社会管理创新的路径选择

上述问题，反映在公诉队伍中，折射出基层检察队伍的基本现状。这一现状以及由此对检察机关参与加强和创新社会管理所产生的影响，迫使我们在反思原因的基础上，有针对性地选择有效的改进路径。

（一）思想认识上，实现"五个扭转""五个树立"

1. 扭转社会管理创新与己无关的思想，树立职责所系、积极参与的观念。社会管理与检察工作密切相关，既是检察机关履行职责的重要内容、发挥职能的重要领域，也是检察机关必须承担的重要社会责任。因此，当前改进检察机关参与加强和创新社会管理的首要任务，就是在思想上扭转干警事不关己的观念，强化干警参与社会管理创新的责任意识。要多宣传、多强调检察机关参与社会管理创新的重要意义，要以执法人员核心价值观学习实践活动为契机，引导干警树立为民执法、积极参与社会管理创新的思想；要采取有效的措施，通过及时肯定、向身边的典型人物学习、将有事业心、责任感、工作成效显著的同志选拔到领导工作岗位等实实在在的手段，教育干警真正树立职业荣誉感和为民执法的事业心，而不是简单地说教。

2. 扭转就案办案的思想，树立服务大局的观念。要教育干警真正带着对人民群众的深厚感情去办案，把维护稳定、化解矛盾作为执法办案的出发点和落脚点，把最终是否实现案结事了作为执法水平的评判标准，选择相关案例进行深入讲评，引发干警对执法宗旨与目的的深思，促进干警参与社会管理创新的主动性。

3. 扭转机械"找法"[1]的思想，树立调解也是执法的观念。执法活动从某种意义上说确实是一种"找法"行为，需要"心中永远充满正义，目光不断往

---

[1] 陈兴良、蒋熙辉：《找法的艰难》，《人民法院报》2002 年 8 月 19 日。

返于刑法规范与生活事实之间"①。但这种"找法"行为只是简单层面上的适用法律活动,"找法"的真正目的是定分止争。因而,就要扭转干警在办案中简单依靠法条确定案件性质的观念与习惯,进一步启发和鼓励干警在确定案件性质的基础上调处矛盾、解决纠纷、化解积怨、实现执法根本目的。

4. 扭转"精英司法"的思想,树立执法为民的观念。要加强社会主义法治理念教育,引导干警提高辨别是非的能力,自觉抵制错误的法治思想对检察工作的影响,坚定检察工作的人民性,坚持检察工作必须充分体现人民意志、反映人民愿望、倾听人民要求、接受人民评判,同时要注意不能简单地说教,要通过具体、鲜活的事例教育干警执法为民的重要意义,启发干警的群众观点和服务意识。

5. 扭转片面的"司法中立"思想,树立定分止争的观念。要教育干警正确理解司法中立的核心内涵,它不是脱离群众自说自话,而是为了排除干扰公正执法,其本质目的还是为了定分止争。为此,要教育干警吸收借鉴法治的本土资源,在法学教育的基础上增加干警传统文化与本土智慧教育,吸收东方文化中以人为本、办案是化解矛盾的思想,通过对传统伦理、法律文化的学习,树立用中国的方法解决中国问题的意识与能力。如反思老百姓为什么崇拜甚至迷信包公,却对一些舶来的西方法律制度不信服,其根源和本质就是崇尚为民着想、为民做主、为民服务的思想。实际上,当前西方法治思想也在反思与变革,西方人也在学习东方式的治国理政智慧,我们完全可以汲古而出新,不可妄自菲薄。如古人在办案中,就讲究"勤于听断,善已,然有不必过分皂白可归和睦者,则莫如亲友之调处。盖听断以法,而调处以情,法则泾渭不可不分,情则是非不妨稍借。"②"遇亲戚骨肉之讼,多是面加开谕,往往幡然而改,各从和会而去。如卑幼诉分产不平,固当以法断,亦须先谕尊长,自行从公均分。"③吸收借鉴这些思想,我们要改变以往就案办案的工作方法,注重在实际工作中根据案件的不同情况,采取不同的工作方法,既要注意通过法律手段解决本案的问题,又要将目光放远,看到本案处理的后果,特别是一些可能引

---

① 张明楷著:《刑法学》,法律出版社 2007 年版,第 15 页。

② (清)汪辉祖:《学治臆说·断案不如息案》,《为政善报事类》,岳麓书社 2005 年版,第 118 页。

③ 《名公书判清明集》,中华书局 1987 年版,第 10 页。

发群体性事件、可能造成其他不良影响的案件，在处理时更要慎之又慎，避免简单化、随意性。

（二）工作机制创新上，确立五个机制，实现机制引领

1. 建立公诉案件质效保障机制，减少社会矛盾。新形势下，检察机关执法办案质量与办案效果面临多个层次目标要求，不仅要求做到实体准确，还要求做到程序到位、证据合法、定分止争、案结事了。确保每一起刑事案件得到公正处理，确保无罪的人不受刑事追究，这既是公正执法的底线，又是修复由犯罪破坏的社会关系、化解社会矛盾的首要方法，更是避免因案件处理不当引发新矛盾的根本途径，而实现办案的法律效果、政治效果和社会效果，又是通过办案促进社会和谐、加强和创新社会管理的重要保证。因此，要通过规范办案流程、建立质量预警、完善质量管理、强化能力培养、加强办案质量风险防范、定期进行案件质量讲评等多种途径，构建立体化的办案质量保障机制，提高干警质量意识，有效提升公诉案件质量；要体现司法的大众化与人民性的要求，建立出庭公诉评议制度，通过常规听庭、观摩听庭、暗访听庭、交叉听庭、网络庭审直播等形式，邀请人大代表、政协委员、法律同仁、社会群众等各界代表旁听评议，帮助公诉干部直接了解社会公众对公诉工作的新期待新要求，促使公诉工作融贯民意、民愿、民情，既做到严格依法办案，又让人民群众听得懂、看得明、想得通，有效提升办案的效果，从而实现办案质效的统一。

2. 建立宽严相济刑事政策深化机制，将化解矛盾制度化。当前有关宽严相济刑事司法政策的基本原则和要求人们已经耳熟能详，但在具体案件的操作中，却往往发生走偏，出现"宽严皆误"[①]的现象，执法效果不好，群众不满意，其原因之一就是具体机制细化不够。因而，对于宽严相济刑事政策的具体运用，需要进一步细化，这就要准确把握中央"两减少、两扩大"精神，积极对宽严相济的刑事司法政策深化机制进行研究，建立或落实宽严相济的适用标准和条件、轻微刑事案件和解的基本原则、案件范围、办理程序等方面的制度，明确规定哪些案件应当从刑事政策的把握和运用角度入手，首先考虑从重从快处理或者首先考虑不起诉处理，而不是为图便捷省事简单地一诉了之；切

---

① （清）赵翼："能攻心即反侧自消自古知兵非好战；不审势则宽严皆误后来治蜀要深思。"

实把握因民间纠纷引起的案件、人民内部矛盾引发群体性事件的捕与不捕、诉与不诉的界限，修复社会关系，减少社会对抗。

3. 建立检察环节社会稳定形势研判和办案风险评估机制，化解办案风险。检察机关一方面要在执法办案过程中，对执法行为是否存在引发不稳定因素、激化社会矛盾等风险及时分析研判，加强预警通报，主动做好风险防范和矛盾化解工作，另一方面还要关注社会舆论热点，对本地区发生的重大事件以及与检察、公诉工作有关的舆情信息进行分析研判。为此，就要建立和完善执法办案风险分析研判、分级评估和预警化解等制度，对办案中发现的不和谐因素、社会危险源点，及时提出防范建议和治理措施，力保社会治安大局稳定；要深入开展风险排查研判工作，对拟作不起诉、撤回起诉、不抗诉决定的案件以及其他存在矛盾隐患或可能引发涉检信访的案件进行重点防控，积极建立公诉环节说理制度开展说理工作，注重法理情结合，有效化解矛盾纠纷，避免因当事人对检察工作不了解、不理解而引发涉检纠纷；要建立涉检网络舆情监控机制，加大对网络舆情的监控力度，对本地区发生的重大事件以及与检察、公诉工作有关的舆情信息进行搜索、整理和分析，及时全面掌握事件发展动态，防止因执法不当激化或引发新的矛盾。

4. 建立有效的社会矛盾调处机制，倡导调处优先的原则。要建立刑事和解、检调对接工作机制，引导干警积极开展矛盾调处工作，要求办案中必须优先考虑和开展矛盾调处工作，从而使检察工作融入社会矛盾大调解平台，健全与人民调解、其他执法司法机关调处、行业性调解的衔接机制，依托人民调解组织等矛盾纠纷调处平台，细化调解工作中检方与调方的工作分工，如将赔偿部分的调解主持工作交由人民调解委员会负责，实现矛盾调处机制的社会化运作，将调解结果与案件裁判结果相结合、与社区矫正相结合，有效整合社会资源，积极有效地合力化解社会矛盾，增强检察环节化解矛盾的力度和成效。

5. 建立重点地区、重点人群、重点领域工作机制，延伸检察职能。重点地区、重点人群、重点领域的管理，是加强和创新社会管理的重点与难点，检察机关应当认真落实检察环节综合治理措施，以创新的精神开动脑筋、寻找有效措施、建立有效机制，实现检察职能延伸，将这方面的工作做好。如学习借鉴欧美的"社区检察制度"等，建立检察官进社区机制。近年来，欧美开展了"社区司法"运动，除了社区警务和社区矫正，社区检察也渐成气候，以美国的社区检察为例，"将侧重点置于滋生犯罪的社会、环境或其他社区状况的调控上。……社区检察致力于在检察院、执法机构、社区以及公私立机构间构建起长期而主动的合作，其中检察权在解决现实问题、提高公共安全以及增强社区生活品质等方面发挥着至关重要的作用。"①美国刑法学家安东尼·V.艾法利认为，"社区检察通过提供'公民与国家合作'和鼓励草根司法来推动公民社会发展；提升被害人、加害人与社区尊严。为实现社区的长治久安，社区检察官通过滋扰消减、无毒品与娼妓区、恢复性司法、社区法院、削减松动、消减逃学以及涂鸦清理等多种手段和形式施加影响，以改善周边安全"②。为此，检察机关在派驻检察室之外，还可以开展社区检察工作，在重点社区、重点领域、针对重点人员，设立社区检察室或检察官工作室，这样既不需要受编制申报审批的制约，又可以实现检察工作进社区服务民众、调处矛盾、服务社会管理。再如未成年人管理创新方面，根据未成年人犯罪规律，学校教育是预防犯罪的关键，因为"与家庭相比，学校更有条件来实施社会控制。第一，从整体上说，学校比家庭的看管更有效率，因为老师可以同时监督许多孩子。第二，与许多父母相比，老师更容易辨认出孩子的偏离和不良行为。第三，与家庭相比，学校更加强调秩序和纪律，因此学校会采取一切可能措施来控制孩子的不良行为。第四，与家庭一样，当孩子因不能自律而出现偏离行为时，学校有足够的权威和手段来实施惩罚。"③检察机关要特别加强与学校的合作，建立检察官进学校机制，开展检校共建，利用学校有效的控制措施实现矫正与预防的功效；同时，检察机关还应当与各级团组织合作，经常到居委会、乡镇、社区开展形式多样的活动、讲座，适时给未成年人以正确的人生观、世界观、价值观、爱情观、金钱观、公德观教育，引导他们做一名合格的接班人；检察机关还应积极参与网络虚拟社会的建设管理，清理少年周边环境，以收治本之效；要加大整治校园周边环境力度，清理整顿学校周边的各种娱乐场所及各种影视厅、网吧，严厉打击各种社会丑恶现象，让未成年人远离暴力、远离淫秽，营造一个未成年人舒心的学习、生活环境，保障未成年人有一个和谐、健康的生

---

① 张鸿巍著：《美国检察制度研究》，人民出版社 2009 年版，第 226 页。
② 张鸿巍著：《美国检察制度研究》，人民出版社 2009 年版，第 227 页。
③ ［美］罗伯特·J.桑普森、约翰·H.布劳著：《犯罪之形成：人生道路及其转折点》，汪明亮等译，北京大学出版社 2006 年版，第 107 页。

存与成长空间。

（三）队伍素质培养上，加强五种锻炼

针对检察队伍中的薄弱环节，要有针对性地在干警参与社会管理创新工作能力培养上下功夫，全面提升干警参与社会管理创新的能力。

1.加强办理疑难复杂案件的锻炼，提高刑事政策的运用能力和社会矛盾的调处能力。当前公诉工作中一个较为普遍的现象是，领导为了办案求稳，往往将重大、疑难、复杂的案件交给办案经验丰富的老同志去办，担心年轻人"办事不牢"，一旦工作出纰漏则影响检察机关形象。诚然，检察机关参与加强和创新社会管理，需要讲求办案效果，杜绝由此引发新的不稳定因素，但年轻干警没有经过风雨中的摔打锻炼，就无法得到迅速提高，无法提升化解社会矛盾能力从而独当一面。因此，就应当在大方向掌控的前提下，刻意地将一些需要做矛盾调处等工作的较复杂疑难案件交给年轻人去办，并对办案化解矛盾工作提出较高的要求，使其"跳一跳，够得着"，要帮助他们克服调处矛盾工作怕费事、担心效率低、效果差的思想，在遇到困难的时候，要及时为他们出主意、想办法、打气鼓劲，在取得成效的时候，要适时对他们的工作予以肯定，帮助他们找到调处成功后的成就感和职业荣誉感。当然，在此过程中，要选择经验丰富的同志作为导师为他们把握方向，帮扶纠偏，不能信马由缰，失去方向。

2.加强应对复杂局面的锻炼，提高处理复杂问题的能力。要有意识地安排年轻干警协助党委政府在处理群体性事件、案发性事件、公共危机事件、重点区域整治等方面的工作，锻炼他们的沟通协调能力、献计献策能力，引导社会管理活动的法治化。如安排他们参与对群体性事件的稳控处置工作，锻炼他们与各方面进行协调沟通、为领导决策出谋划策能力，并引导群众依法维护自己的合法权益，不受别有用心的人煽动；安排他们及时提前介入重大、有影响案件，在指导公安机关提取固定证据的同时注意案件处理的社会影响及社会矛盾纠纷化解；在公共卫生、交通、安全等事故发生后，安排他们参与事故调查、参与疏导群众情绪、解决矛盾纠纷等等，从而在复杂局面中锻炼他们的应急、稳控、沟通协调能力。

3.加强基层工作的锻炼，提高做群众工作的能力。要培养干警对人民群众的深厚感情，就要让他们到群众中去，了解群众的生活，体察群众的疾苦，倾听群众的声音，提高做群众工作的本领。要积极组织年轻干警下基层锻炼，到艰苦的地方锻炼，学会与群众相处、学会用群众的语言与群众交流，要真心为群众服务赢得群众的信任与尊重；要引导干警在办案中多通过调查核实证据、复验案件现场、走访案发地群众、询问案件当事人等形式，依托检察业务工作积极接触群众，积累群众工作经验。可以根据案件的性质、证据的状况、群众的反响等，确定几类必下基层的案件，对上述工作的开展作出硬性规定，督促加强基层工作锻炼。

4. 加强办案风险和舆情研判锻炼，提高风险预警与舆情研判能力。要发挥年轻干警熟悉网络的优势，作好网络舆情分析研判工作，教育他们充分认识舆情在新形势下的地位、作用，高度重视和关注舆情特别是网络舆情，充分发挥舆情在检察工作中的作用。可以结合工作，选择部分干警担任舆论评论员，研判舆情走势，评估舆情影响，加大对网络舆情反映的案件情况关注，正确引导网上舆论；组织干警参加重大案情的公开发布等活动，使广大群众与媒体记者、网络推手了解事实真相，目睹法律正义，进而有效化解舆情，消除矛盾隐患。要教育干警养成在公开、透明、信息化的条件下执法办案的习惯，锻炼和培养干警树立办案风险意识，以战战兢兢的态度和脚踏实地的作风，做好办案风险的预判、处置、平息工作，对于敏感案件，安排干警收集舆论、信访、维稳信息并进行判断，提出处置预案，依法、客观、主动向党委报告案情和诉讼进展，促使案件法律效果和社会效果的有机统一。

5. 加强法制宣传锻炼，提高释法说理能力。要发挥年轻干警学习能力强、多才多艺的优势，因势利导地开展多种多样的法制宣传、释法说理工作，实现法制宣传的多样化、趣味化、通俗化，以群众喜闻乐见的形式送法下乡、送法进厂、送法进校、送法进社区，同时也使干警在法制宣传过程中锻炼和提高自己用群众听得懂、能接受的语言去宣传法律、释法说理；要立足职能，利用好出庭支持公诉这一重要职能，发挥公诉席宣传阵地的作用，结合具体案件事实证据等情况，充分揭露被告人犯罪行为的社会危害性，促使被告人认罪悔罪，教育群众知法守法，实现"台上的释法说理"；要在平时的工作中注重个案的说理工作，根据要求做好不起诉、不抗诉、增减犯罪事实时的说理文书撰写以及当面说理工作，实现"台下的释法说理"。

检察权配置规范化问题研究

李　云[*]

检察权，是检察机关依法所拥有的权力。[①]所谓"依法所拥有"，是指依据宪法、人民检察院组织法和各类诉讼法以及其他法律中对检察权限的规定，检察机关在法律上及实际活动中所享有的权力。世界各国司法、检察制度的不同，检察权的含义也不同，检察权的内容取决于各国的法律制度及宪法与法律的规定。新中国的检察制度，是在新民主主义革命根据地的检察制度的基础上，学习借鉴原苏联的检察制度，结合中国国情创制的[②]。我国的检察制度是社会主义类型的检察制度，其建立的思想基础是人民民主的国家观，检察机关行使职权是代表国家所进行的一种行使检察权的活动。

一、正确认识我国检察权的配置缺陷是规范检察权配置的前提

1979 年检察机关恢复后，因当时我国处在计划经济时期，法治的理念在人们的意识中比较淡泊，所以当时检察机关的工作职能和内部设置完全按政府内设机构的形式设立，根据《中华人民共和国宪法》及《中华人民共和国刑事诉讼法》的有关规定，人民检察院的工作职能主要有法律监督的职能，对侦查机关侦查的案件进行审查及代表国家支持公诉的职能，对国家工作人员及国家机关工作人员利用职务及与职务有牵连的犯罪行为进行侦查的职能。其内设机构主要有批捕科、起诉科、经济科、法纪科、监所科、控申科、民行科等业务

[①]　龙宗智著：《检察制度教程》，法律出版社 2002 年版，第 83 页。

[②]　张智辉：《检察制度的起源与发展》，《检察日报》2004 年 2 月 10 日。

科室及办公室、研究室、政治处等非业务科室。这些配置基本上是按照诉讼法的流程而相应建立并带有强烈的行政色彩。随着我国改革的不断深入,社会主义市场经济的确立,依法治国方略的实施,这些配置的缺陷也逐渐凸显出来。

(一) 定位不准确

我国学术界和实务法律阶层对检察权的性质和归属观点颇多,主要有"行政权说""司法权说""行政司法双性说"和"独立国家权力说"。众说纷纭的主要原因是由于世界各国社会制度和法律制度的多样性、中国法制建设的复杂性使研究者各自依据的参照系不同,而且研究者的理论起点又和政治制度密切相关,很少有相互调和的可能性,由此导致对检察权的性质和归属不能达成共识。结合中国的实际,"行政权说""司法权说""行政司法双性说"和"独立国家权力说"都带有片面性。这种定位的不准确性,限制了检察权整体效能的发挥。

(二) 权力不独立

我国的检察机关是在地方党委和上级检察机关的双重领导下开展工作。在目前的双重领导体制下,上级院只能对下级院进行业务上的领导,而人事权和财权受制于地方党政,特别是财权不独立,这使检察机关很难抵御地方干涉,检察权的独立性和法律监督的公正性难免要打折扣。检察院在某些地方政府首长的眼里甚至成为地方政府的一个职能部门。我们的执政党中相当一些领导人仍然把检察机关与公安、法院笼统地称为"公检法",把带有专政性质和强制性管理职能的部门统称为"政法机关"。很多地区的公安机关一把手,兼任着政法委员会书记职务,或者担任地方党委常委职务,某种程度上限制了检察权的独立行使,影响和制约了检察理论的形成和发展[①]。

(三) 级别不统一

"一府两院"的格局确立了检察机关的领导班子的级别应高于一般行政机关,但是,在少数基层检察机关副检察长职位仍然没有明确"正科级";在政治部门和反贪部门的设置上,有的地方将其列为政府一级局,有的则列为二级局,还有的干脆不明确级别,这对政治部门和反贪部门的内外工作关系极为不利。在检察机关内部,一般说来,政治部门和反贪部门的级别又相对高于其他科室,特别是政治部门和反贪部门的主要负责人一般都进入了本级院的党组,

---

① 谭世贵编:《中国司法改革研究》,法律出版社 2000 年版,第 310 页。

这就对确定中层干部职数和检察官等级以及开展干部轮岗带来难题，不利于人事制度改革；在中层干部职位的级别确定上仍然沿用的是九十年代制定的"比例确定级别"的办法，年轻的中层干部无法明确级别，不利于干部的成长，也严重影响了检察干警的提拔和任用。

（四）结构不合理

目前，检察业务部门仍然是按照诉讼环节和受案范围进行设置，科室之间的关系没有理顺，存在分工过细、环节过多、贪多求全和职能交叉重叠等问题，造成重复劳动和忙闲不均，"一人科""二人科"过多，力量分散。在历次的检察机构改革中，行政部门不是减少而是增加了，造成行政部门过多、行政人员的比例过高。众多内设机构中，政治处、办公室、技术、行政装备、法警等非业务机构在基层院内设机构中占30%至40%，比例过大，降低了业务属性和司法职能。检察机关内设机构全国没有统一而明确的规定，对于自侦部门，只有重庆市人民检察院被最高人民检察院批准将渎职侵权部门和反贪部门合并，成立职务犯罪侦查局；对于职务犯罪预防机构，有些地方将之作为反贪局的内设科室，有的则并列于其他业务部门。这些不规范的机构设置，既不利于上下级检察机关之间开展工作，也有损检察机关的整体形象。

（五）称谓不科学

从检察系统纵向来看，检察机关四级设置的名称不严谨。当前撤县建市的地方越来越多，县级市检察院和设区的市检察院均称"某市人民检察院"，这容易被误解为同级单位，既影响上下级之间的隶属关系严肃性，又给工作带来不必要的麻烦；从横向来看，检察院之间的同一机构设置和名称不统一，检察机关内部有厅、局、处、科、队、室等各种称呼，这些称呼均带有浓重的行政色彩，不能反映检察机关的特点，缺乏应有的法律底蕴；从机构设置的主要职能来看，机构称谓不能涵盖主要职能，最高人民检察院机构改革中，将审查批捕部门更名为侦查监督部门，本意是为了凸显侦查监督职能，但审查批捕部门具有审查批捕、立案监督和侦查监督三大职能，仅取其一显然有失偏颇，况且在实践中有些刑事案件并不经过提请批捕即由侦查机关移送公诉部门直接起诉，侦查监督工作实际是由公诉部门负责的，这种更名确实是不成熟的。

由上可见，我国现行的检察权配置不仅不科学、不合理，而且带有浓厚的计划经济时代的行政色彩。如不对其进行改革，不仅跟不上时代发展的潮流，也势必会影响检察工作的全面开展。

二、准确定位我国的检察权制度是规范检察权配置的基础

研究当代中国的检察权，不能抛开中国检察权的历史渊源，割裂检察制度的历史发展，不能脱离赖以生存和发展的中国的社会条件。抛开现有的检察制度，完全照搬西方国家的东西，绝不是科学的态度。检察权的科学定位问题，是检察理论中最具根本性的问题，它决定着检察改革的方向，迫切需要解决。检察权的性质定位应该把握检察权的基本特征，即检察权的法定性、检察权的独立性和专有性、检察权行使的程序性、检察权的程序裁量性。结合世界各国对检察权的定位和检察权的基本特征，结合我国司法的性质，应当将检察机关的职权定位为检察权，而不是单一的法律监督权。所谓检察权，就是依据宪法和法律，由国家检察机关独立行使的专有权。它以国家名义公诉一切犯罪，以查处特定主体犯罪，维护国家利益为根本使命，并与国家审判权相对应、与带有司法程序性的权能相匹配，以制约、制衡为主要功效的独立权种。对检察权的性质定位应准确把握和理解三大关系：

（一）检察权与党的领导的关系

依法独立行使检察权与坚持党对检察工作的领导是一致的。我国的宪法和法律都是在党的领导下由人大制定的，体现了党的路线、方针、政策，体现了人民的意志和利益，检察机关严格依法办案，就是在检察工作中认真执行了党的路线、方针、政策，就是真正维护了人民的利益。因此，依法独立行使检察权是党对检察工作的基本要求，是人民群众对检察机关的殷切希望，是检察机关在依法治国基本方略指导下的必然价值取向[①]。一方面，检察机关依法独立行使检察权离不开党的领导，只有在党的领导下，检察机关才能排除各种干扰和阻力，才能避免或少犯大的错误，才能真正做到依法独立行使检察权，才能严格执法。就检察实践而言，检察工作从无到有，从恢复到发展壮大离不开党的坚强领导；我们正在进行的反腐败工作，如果没有党强有力的领导，只靠检察机关孤军奋战，就不可能取得明显的阶段性成果。另一方面，党只有让检察机

---

① 沈海云：《独立行使检察权问题研究》，《检察新视野》2005 年 3 月 14 日。

关依法独立行使检察权，才能使党的各项政策、主张落实到检察工作中去，才能防止和避免人治的干扰和危害，也才能真正推进依法治国的进程。党应当并且只能选择通过党的路线、方针、政策来领导检察工作的领导方式，绝不能干预具体案件。党的领导的具体方式，可以考虑在检察机关建立直属的党组织，以实现党章规定的"政治、思想、组织的领导"，排除地方党组织对检察独立的干扰，这种干扰已经被证明是地方保护主义的一大毒瘤①。这种区别于地方党组织的直属领导的领导方式，在中国的军队系统中已经被证明是成功有效的。

（二）检察权与人大监督的关系

依法独立行使检察权与自觉接受人大及其常委会的监督也是一致的。我国的根本政治制度是人民代表大会制度，在人民代表大会制度之下设立行政机关、审判机关和检察机关，分别行使行政权、审判权和检察权。这种国家权力构架表现为正立体三角形——人民代表大会是立体三角形的顶角，行政、审判、检察则分别是三个底角，顶角与底角不是同位权力，而是在全国人民代表大会之下，行政、审判、检察之间的监督和制约，通过设置专门法律监督机关的形式，实现国家监督②。自觉接受人大及其常委会的监督，是检察机关依法独立行使检察权，不受行政机关、社会团体和个人干涉的重要保证。只有自觉接受人大及其常委会的监督，检察工作中的正确部署和决定才能得到强有力的支持，工作中存在的问题和困难才能得到及时纠正和解决，才能使检察机关充分发挥法律监督职能，切实保障国家法律的统一正确实施。如果没有人大的法律监督，检察机关依法独立行使检察权就会走样，就等于削弱了检察权，社会的公平和正义就无法得到很好的维护。同时，检察机关依法成立后，就具有了独立的法律地位，其执法活动就应忠实于事实，忠实于法律，而不受任何行政机关、社会团体和个人的干涉。根据我国宪法和立法法的规定，人大只有立法权，而没有司法权，如果没有检察机关依法独立行使检察权，国家权力机关的立法目的就会落空，社会主义的民主与法治建设就是纸上谈兵，就无法使人民的意志和利益得到很好的实现。因此，在人大与检察机关的关系上，应该是检察机关通过最高人民检察院总体向全国人大负

---

① 曹呈宏：《独立行使检察权的问题与主义》，好律师网，http://www.haolawyer.com/。
② 黄东基：《基层检察机关内设机构改革问题研究》，广西壮族自治区人民检察院，http://www.gxjc.gov.cn/。

责，而各级地方检察机关不但与地方各级人大不应当存在隶属关系，相反检察机关应当负有监督地方各级人大是否有不当行使职权，侵害全国法制统一的行为。而全国人大对最高人民检察院及地方各级人民检察院的授权与监督检查，应该通过质询、弹劾、罢免等法定方式行使，也不能干涉到个案的层面。

（三）检察权与司法权的关系

《中华人民共和国刑事诉讼法》第三条在规定公、检、法三机关在刑事诉讼中的基本分工的同时，规定"检察、批准逮捕、检察机关直接受理的案件的侦查、提起公诉，由人民检察院负责"。从这一规定看，诉讼法除明确了批准逮捕权、侦查权和公诉权以外，还含混地规定了一个"检察权"，像一个"口袋"，以便于把其未尽的权项装进去。在大陆法系国家和我国澳门实行侦检一体化，即在审判前的侦查过程中，检察机关处于主导地位，领导和指挥侦查的全过程，警察处于服从地位。侦查与审查起诉在刑事诉讼法典中被作为审判前的一个统一的程序，审查起诉不是独立的阶段，而是侦查活动的一种终结，侦查和审查起诉可以说是融为一体了。侦查终结时，符合起诉条件的，检察院则提起公诉。不过，在我国确立检察机关对公安机关的领导、指挥权是不切实际的，和其法律监督者的地位是相冲突的。监督者与被监督者必须保持一定的距离，以维持对侦查活动实施法律监督的机制，无距离即无监督。关于检察机关是否有权随时发动侦查任何案件的问题，人民检察院组织法和刑事诉讼法的规定存在一定矛盾，应依据现行刑事诉讼法第十八条的规定"对于国家机关工作人员利用职权实施的其他重大的犯罪案件，需要由人民检察院直接受理的时候，经省级以上人民检察院决定，可以由人民检察院立案侦查"。另外，根据刑事诉讼法第八十七条的规定，人民检察院认为公安机关应当立案而不立案的，经通知公安机关立案，公安机关应当立案。但公安机关仍然不立案，或者立案后故意拖延不积极开展侦查的，经省级以上检察机关批准后，也可以自行立案侦查。不能像现行人民检察院组织法第十条规定的那样，"人民检察院发现并且确认有犯罪事实的时候，应当提起刑事案件，依照法律规定的程序进行侦查或者交给公安机关进行侦查"，否则会导致检察机关侦查权的过分扩张，随时会引起与公安机关侦查管辖权的冲突，使侦查管辖陷入混乱无序的局面①。

---

① 陈光中：《刑事诉讼中检察权的合理配置》，法律教育网，http://www.chinalawedu.com。

三、规范检察权内部设置是规范检察权配置的核心

中国司法体制改革的关键，是完善司法职权划分，适当配置司法职权，科学界定司法职权的范围，廓清司法机关之间的角色边界[①]。在检察权的合理定位下，独立的检察权能应当逐步得到加强和完善。作为一种制度化的检察权内部设置，应当立足我国国情和具体运作需要进行考量，以更好地推动检察改革的深入进行。

（一）权限规范

检察机关权限配置的最终目标应该是垂直管理。但是，在目前的体制下，检察机关完全独立的垂直管理是不现实的。如今，检察业务经费保障标准已经出台，"检察一体化"正在积极推进，这些都为独立行使检察权创造了有利条件。我们要抢抓机遇，争取政策，创设更好的检察工作发展环境。

1. 干部管理规范化。在干部管理体制改革中，必须强化上级检察院对下级检察院的组织领导，加大上级检察院党组的干部协管力度[②]。一是党组书记和检察长人选，由上一级检察院党组提名，但须征得同级党委同意。双方意见不一致的，由上一级检察院党组报本级党委决定。党内程序确定后，按照现行法律规定的程序办理；二是党组副书记人选，由同级党委提名，但须征得上一级检察院党组同意，双方意见不一致的，由同级党委报上一级党委组织部门协调；三是副检察长等班子成员人选，上一级检察院党组和同级党委均可提名，一方提名须征得另一方同意，双方意见不一致的，由同级党委报上一级党委组织部门协调。

2. 经费保障垂直化。在经费管理体制改革中，对于检察机关为履行国家公务而必然涉及的一些事项，如为保障检察机关的正常运转所必需的办案经费、办公装备、基础设施、工资福利等款项的拨付，应尽可能地减少行政机关对此控制的机会，实行"业务经费省级统筹、其他经费分级负担"。一是对省级以下检察院不同性质的经费实行不同的保障办法。业务经费（包括办案费和装备

---

① 刘海亮著：《司法体制改革的关键：完善职权划分　清晰角色边界》，何家弘、胡锦光主编：《法律人才与司法改革：中日法学家的对话》，中国检察出版社 2003 年版。

② 沈海云：《独立行使检察权问题研究》，《检察新视野》2005 年 3 月 14 日。

费等）实行省级统筹；人员经费、行政经费由同级财政保障；基础设施建设纳入同级地方经济与社会发展计划，以地方解决为主，中央和上级财政补助为辅。二是为了减轻省级财政的压力，中央财政应当进一步加大对政法机关专项转移支付力度，增加其中检察经费的总额和所占比例。对一些贫困省的检察经费应给予适当的倾斜，保障检察机关的正常运转。三是实行业务经费省级统筹后，应当由省级财政部门会同省级检察院根据检察业务工作的实际需要，对业务经费据实预算，并以不低于全省一般性财政支出增长的速度逐年增长；办理大案要案所需经费，应当追加专项预算。四是检察经费预算要单独报人大审议批准后执行，预算经费不能及时如数核拨的，由人大监督执行。

3. 内设级别制度化。对于检察机关党组书记和检察长职位应明确为与同级政府负责人相同的级别，以真正确立"一府两院"的宪法地位；对于检察机关党组副书记和副检察长职位应低于检察长一级明确级别；对于其他党组成员应参照副检察长明确级别，但可以设定一定的考察期限；对于中层干部应在其他党组成员下一级明确级别。

4. 职责权限一体化。检察机关内部检察权运行的特征，是肯定检察官的相对独立性与保证整个检察机关的协调一致性。为了有效地实现法律赋予的检察权，履行职责，我国检察机关内部应当实现高度的协调统一。一要规范检察长的权利。检察长是检察机关的首长，检察长是人民检察院的领导机构。检察长对检察机关的工作负有全面的领导责任；检察长主持检察委员会会议，并负责执行会议决定；检察长对各项工作在行使职权时依法享有决定权；检察长有权任免和提请任免检察人员，建议撤换下级人民检察院检察长、副检察长和检察委员会委员；检察长对外代表人民检察院，各级人民检察院检察长向同级人民代表大会报告工作。二要规范检察委员会的权利。检察委员会是依据人民检察院组织法设立的，是我国各级检察机关实行集体领导，讨论决定重大案件和检察工作中其他重大问题的机构。随着依法治国方略的实施，对检察委员会制度应提出新的、更高的要求。在检察委员会的人员构成上，应当提高成员的构成素质，除本院业务领导、业务部门主要领导外，可以将某些高素质的普通检察官吸纳入检察委员会；要限制案件讨论范围，增加业务指导，充分发挥检察委员会的政策把握和业务指导作用；要健全回避制度，强化自行回避，明确回避范围；在议决事项责任上，要强化责任机制，防止人人负责又无人负责的情况出现。三要规范检察一体化机制建设。在肯定检察官相对独立性的同时，将其组成统一的组织体，使各级检察机关在工作中相互配合，协调一致，共同抵御各方干扰，全面完成检察任务。

（二）机构规范

检察机关内设机构的设置应当既要有利于检察权的全面、正确行使，又要有利于检察资源的有效配置和法律监督职能的充分发挥；既要提高工作效率，又要保证工作质量。因此，在机构安排上应把握好两个原则，一是精简效能原则。要尊重目前检察机关普遍存在的经费不足、人员不够的现实，实事求是地设置内部机构，不宜贪大求全，过多设置。应着力精简非业务部门，充实业务部门，在编制、结构上尽量向业务部门倾斜，加强一线办案力量，充分发挥检察机关的整体效能；二是科学合理原则。要把科学设置当作检察机关内部机构改革的第一要素，围绕法律监督职能即公诉权、职务犯罪侦查权、逮捕权、诉讼监督权的行使来安排，调整职能，理顺关系，根据工作需要按业务性质进行重构，最大程度上解决职能相近、工作交叉、任务重叠的问题。内设机构详见"人民检察院内设机构"。

表1 人民检察院内设机构

业务部门	法律监督工作局	侦查工作监督科	
		审判工作监督科	
		内部督察科	
	刑事检察工作局	主诉检察官办公室	主诉检察官
			主诉检察官助理
			书记员
	职务犯罪侦查局	侦查一科	设办案组
		侦查二科	
		综合科	
		技术科	
		预防科	
行政部门	人力资源部		保留法警队
	业务调研部		
	行政事务部		
派驻机构	纪检监察处		

1.业务部门机构设置。业务部门成立三个工作局，即法律监督工作局、刑事检察工作局、职务犯罪侦查局。

(1)法律监督工作局。法律监督工作局下设"侦查工作监督科""审判工作监督科""内部督察科"。侦查工作监督科主要针对公安机关在刑事诉讼的全部过程依法进行监督。侦查工作监督科在主办检察官的领导下工作，负责对公安机关从立案到侦结的全部诉讼活动及监管场所工作的合法性进行法律监督。在发现问题后，有权依问题的性质不同，发出检察建议、纠正违法通知书及直接行使侦查权，并在基本事实及基本证据确凿的情况下，建议主诉检察官介入引导侦查。审判工作监督科在主办检察官的领导下工作，负责对人民法院刑事审判及民事行政审判工作的合法性进行依法监督，并依据违法的程度不同，发出检察建议，下发违法通知书，进行或建议抗诉直至直接进行侦查。内部督察科的主要职责是对全院各部门的业务工作进行内部监督。一是负责对检察机关职务犯罪侦查局的侦查活动进行依法监督；二是对刑事检察工作的全程诉讼活动进行跟踪监督；三是受理公民及当事人的上访及控告申诉工作；四是负责因本院工作失误所致的赔偿工作；五是对拟提交本院检察委员会讨论的不诉案件进行前期审查，并决定是否提交检察委员会进行研究；六是对增减犯罪事实，增减罪名及公安机关要求复议的案件进行备案审查或跟踪督察。

(2)刑事检察工作局。刑事检察工作局是检察机关实行专业改革的重点部门，下设若干个"主诉检察官办公室"，具体数目应视具体案件数量而定，同时要针对内部自行侦查的案件和针对公安机关侦查的案件进行具体分工。主诉检察官办公室内设有主诉检察官、主诉检察官助理及书记员职位，并按职责进行细化分工。主诉检察官办公室在主诉检察官的领导下，进行案件审查批捕到公诉的诉讼全过程工作，并结合每个人的职责分工对案件的质量负责。主诉检察官办公室视工作需要，可以在立案阶段介入侦查工作，并根据公诉工作的实际需求，要求侦查部门按示证标准收集、提供、列举证据，主诉检察官办公室负有引导侦查工作进行的职责及权力。

(3)职务犯罪侦查局。一是设立两个侦查科，在检察机关内部实行侦查工作一体化，既考虑到资料、情报、人力、设备等共享，也考虑到工作量的需要及竞争机制的引入，对职务犯罪的侦查工作分设两个科负责侦查。二是设立综合科，负责职务犯罪侦查局全局的案件线索受理、管理、归类；视工作的需要负有对个别案件线索初查的权力，负责全局的统计报表等工作。三是设立技术科，基层检察院的技术侦查部门是应该设立的，但不应大而全，而应向小而精的方向发展。应针对各院侦查职务犯罪工作的具体特点，培养专门的人员，结合具体案件的进展情况，有意地运用侦查技术手段，改变侦查部门多年来一支笔、一张纸的工作模式，切实提高技术含量。四是设立预防科，负责职务犯罪的预防，宣传及社会治安综合治理的工作。

2.行政部门机构设置。行政部门应该逐步向大行政转变，在现有情况下，考虑公务员级别落实等实际问题，可选择分设的途径。具体可整合为三个部，即人力资源部、业务调研部、行政事务部。(1) 人力资源部是政治部门的改称，仍然主管政治工作、宣传教育、司法警察和干部管理。(2) 业务调研部是研究室、检察委员会办公室、人民监督员办公室和检务督察部门的结合体，具体职责包括按照《人民检察院政策研究室工作规则（试行)》规定的职责范围工作并负责人民监督员办公室的日常工作；负责检察业务调研；负责检察委员会的日常工作，对提交检委会研究的案件进行会前审查；对检察机关业务部门的工作进行督察。(3) 行政事务部是办公室和行政装备部门合并成立的，仍然主管文电、信息、行政后勤、财务、统计等工作。

3.纪检监察部门的设置。鉴于纪检监察工作的特性和检察人员监督的必须，纪检监察室应归口地方纪检监察部门管理。基层人民检察院设派驻纪检监察干部，市以上人民检察院应设立纪检监察处。

（三）人员规范

在新的公务员法中，所有国家公职人员分为行政执法类、司法类、专业技术类和综合管理类四大类，检察官属于司法类公务员。检察机关内部的人员定位，必须根据公务员法建立相应完善的制度。

1.检察人员分类管理制度。检察机关内部应对检察人员按照不同职位进行划分，并分别按照相应的职务序列进行管理。一类为检察官。包括检察长、副检察长、检察委员会委员和检察员，依照检察官法实行检察官等级管理制度，包括提高检察官的待遇、加强任职保障、建立科学的晋升制度等。二类为检察辅助人员。包括主诉检察官助理、书记员、检察技术人员和司法警察等协助检察官履行检察职责的人员。检察技术人员按照公务员专业技术类职务序列进行管理；司法警察按照警察的有关职务序列进行管理；主诉检察官助理、书记员按照单独序列进行管理。三类为检察综合管理人员。除检察官、检察辅助人员以外，承担综合管理以及机关内部管理等职责的人员，按照公务员综合管理类职务序列进行管理。

2. 检察官等级工资制度。调整现行检察官等级序列设置，改革现行工资制度，建立与检察官等级制度相配套的检察官工资序列。

3. 检察官职业准入制度。在国家司法考试制度的基础上，要进一步完善检察官职业准入制度，理顺公务员考试与国家司法考试的关系，明确已通过国家司法考试的人员可以被检察机关直接录用，不需要再参加公务员考试。对通过国家司法考试进入检察机关的人员，必须进入国家检察官学院或分院接受一定期限的职业培训，并经过检察实务见习，才能按法定程序任命为检察官。

4. 检察官遴选制度。在对通过统一司法考试人员进行甄别的基础上要挑选具有较高司法品性和职业能力的人选来充实检察官队伍。在此基础上，实行检察官逐级遴选，对上级检察院出现检察官职位空缺时，主要面向下级检察院，从具备任职资格的优秀检察官中遴选，形成检察官由下向上有序流动的良性机制。

（四）名称规范

要对检察机关的称谓进行规范，县（市、区）一级称"XX县（市、区）人民检察院"、设区的市一级称"XX市中级人民检察院"、省一级称"XX省高级人民检察院"。这样，既与各级人民法院对应，又避免了名称重叠。对于内设机构的称谓应予以统一，业务部门统一称"局"，下设一级统一称科；行政部门统一称部，除保留法警队外，不再下设科室。

四、规范检察权权能运行是规范检察权配置的关键

一般而言，我国检察权的配置，包括不同级别检察院之间的权力配置、检察院内设机构之间的权力配置和检察人员之间的权力配置[1]。无论是检察权独立问题的研究还是检察权的配置问题的研究，其关键都是检察权权能运行的研

---

① 倪培兴、王玉珏：《论我国宪政体制和司法体制中的检察权》，《中国检察》第三卷，中国检察出版社2003年版。

究。基层检察院是检察权行使的基本单位，除法律规定只能由上级检察院行使的职权外，法律赋予检察机关的职权，基层检察院都有权行使。因此，我们有必要从基层检察院检察权权能运行的规范化来探究规范检察权的配置。

（一）规范侦查权

职务犯罪侦查权具有主动性，它不必以其他诉讼行为为依据。它所诉讼的犯罪事实从零到"已经查清"，犯罪证据从零到"确实、充分"，侦查对象从国家工作人员或国家机关工作人员到罪该起诉、审判的犯罪嫌疑人的过程，其威力和影响力均大于其他职权。权力举足轻重，责任重于泰山。为了更好地行使职务犯罪侦查权，完成法律赋予的神圣职责，在建立一支高素质的专业化队伍的同时，还要特别重视以下几个问题：

1.转变侦查观念。职务犯罪检察部门行使职权的观念必须与时俱进、不断更新。要树立打击犯罪与保障人权相统一观念，要树立实体法与程序法并重的观念，要树立侦查决策是风险决策的观念，要树立"以事立案"和"以人立案"并重的立案观念。

2.强化初查工作。初查的目的就是解决能否立案的问题。围绕这个目的，根据刑事诉讼法的规定，其具体任务就是查明有无犯罪事实，是否需要追究刑事责任。因此，在初查工作中，一要规定初查工作的时限。对初查规定时限主要应从办案需要并结合一些法定期间的规定来考虑，一般应以三个月为限；凡经过三个月初查仍不能决定立案的，就应转入线索暂存，待时机成熟再行查处。二要简化初查审批程序。除涉及当地经济发展等重大问题的案件和人大代表等特殊身份的案件其初查需报检察长或检察委员会决定外，其他初查的案件只需分管检察长批准即可。三要严格按照初查规定进行取证，要严格按照最高人民检察院《人民检察院刑事诉讼规则》第一百二十八条的规定合法获取证据，坚决防止和杜绝限制被查对象人身和财产权利的措施在初查阶段的滥用。

3.深化侦查机制改革。全面建立查办大案要案的统一协调、统一指挥的侦查一体化运行机制和以分市院为主体查办重大复杂案件的工作机制，充分发挥侦查指挥中心在办理重大复杂案件中的组织、指挥、协调作用。

4.建立科学的办案工作考评机制。从上到下，引导反贪部门正确处理好办案数量与质量、大案与小案的关系，确保反贪办案工作平衡健康发展。

（二）规范批捕权

逮捕是一种剥夺犯罪嫌疑人、被告人人身自由的法定行为，并羁押在特定场所，实施较长时间的羁押。这种逮捕与羁押合为一体的制度，意味着单一而非双重的逮捕审查，它减少了审查环节，便于逮捕手段的运用，但使审查逮捕所承担的责任较为集中，也更为重大。检察院承担对刑事案件侦查机关提请逮捕的案件审查批准的责任，大多数刑事案件的逮捕都是由人民检察院批准或者决定的。这就为检察机关逮捕权行使的规范化建设，提出了更高的要求。

1. 严格掌握逮捕条件。我国刑事诉讼法第六十条明确规定："对有证据证明有犯罪事实，可能判处徒刑以上刑罚的犯罪嫌疑人、被告人，采取取保候审、监视居住等方法尚不足以防止发生社会危险性，而有逮捕必要的，应即依法逮捕。"该规定为批准和决定逮捕的实质性条件。把握逮捕条件的重点是有证据证明有犯罪事实这一首要条件，如果对逮捕适用不当，将对公民合法权利造成严重损害。

2. 逮捕权的行使要法定化。在进行逮捕时，必须依据有权机关签发的逮捕文书才能进行。实施逮捕时必须依据具有法律效力的逮捕文件。这一文件须经依法请求和审核签发的法定程序，同时具备特定形式。公安机关需要逮捕人犯的时候必须由县以上公安机关负责人签署《提请批捕意见书》，连同案卷材料和证据，一并移送同级人民检察院审查，经批准后，人民检察院作出《批准逮捕决定书》，再由县以上公安机关负责人签发《逮捕证》，并执行逮捕。各级人民检察院对自侦案件认为有必要逮捕人犯时应当作出《决定逮捕通知书》，交给同级公安机关，由县以上公安机关签发《逮捕证》，并执行逮捕。

3. 把握逮捕的特殊程序。为了维护人民代表大会的权威和工作秩序，设定了特殊的逮捕程序。根据《中华人民共和国全国人民代表大会组织法》及《中华人民共和国地方各级人民代表大会和地方各级人民政府组织法》的规定，人民代表的人身自由受到特别保护，在需要逮捕人民代表时，人民检察院或人民法院无权直接批准或者决定，必须履行特别批准手续。（1）全国人民代表大会代表非经全国人民代表大会许可，在全国人民代表大会闭会期间非经全国人民代表大会常务委员会许可，不受逮捕和审判。（2）县级以上的地方各级人民代表大会代表，非经本级人民代表大会常务委员会同意，不受逮捕或者审判。此外，对涉外刑事案件的批准逮捕人犯也设有某些特别程序。对应当逮捕的犯罪嫌疑人、被告人，如果患有严重疾病，或者是正在怀孕、哺乳自己婴儿的妇女，可以采用取保候审或者监视居住的方法，而不用逮捕手段。

（三）规范公诉权

维护国家安全、社会稳定是司法工作的立足点和归宿。公诉部门要坚决打击危害国家安全的犯罪活动，保持对严重刑事犯罪的打击力度，加大惩治破坏市场经济秩序犯罪的力度，并加强规范职务犯罪大案要案的公诉工作。

1.增强程序监督意识。加强对违反程序法、在诉讼活动中侵犯人权问题的监督，建立防范冤错案件的工作机制，依法排除通过刑讯逼供等非法手段获取的证据，坚决纠正滥用和随意改变强制措施问题。要进一步加大刑事抗诉工作力度，本着"慎重、坚决、准确"的原则抗诉，把握抗诉工作的法律效果和社会效果。

2.合理配置公诉权。随着"控辩式"庭审方式的形成，强化检察机关的公诉职能和提高公诉素质已成为迫切的需要。所以产生了"主诉检察官"办案责任制。正是因为它适应了刑事诉讼制度发展以及司法实践的需要具有较强的生命力。主诉检察官办案责任制，是对公诉权的重新配置，推动了检察权的合理运行。要制定出专门法律保护主诉检察官的合法利益，促进"检察一体化"。同时，要进一步严格主诉检察官的选任条件，深化与之配套的激励机制、监督制约机制的建设。

3.完善变更公诉。按照法律规定，检察院有责任保证公诉指控的性质、事实和情节的准确，一旦出现影响指控内容的新的证据和事实，或检察院在诉讼过程中自己发现初始指控的错漏，就应当根据实事求是和保障法律正确实施的原则，对控诉加以变更，包括撤回起诉。但是，变更控诉尤其是撤回起诉，关系到法院的依法审理，也对被告人带来一定的法律后果，因此，这不是检察机关的单方面行为。《人民检察院刑事诉讼规则》、最高人民检察院和最高人民法院对此都有相应的规定。我国刑事诉讼法应对于控诉变更问题作出具体规定。

4.调和公诉案件转自诉案件的矛盾。刑事诉讼法第一百七十条第三项规定了公诉转自诉的制度。即对被害人有证据证明被告人侵犯了自己的人身、财产权利的公诉案件，公安、检察机关不追究被告人刑事责任，被害人可以直接向人民法院起诉。这一权力的转移是对公诉的救济，但也对部分不起诉决定的确定性造成影响。我国检察机关所具有的不起诉决定权，即是终结案件的程序性措施，也是确认犯罪嫌疑人的行为不构成犯罪，或者其行为不作犯罪追究的实体性处理。这种不起诉决定具有终局性质。然而，由于公诉转自诉制度的建立，一旦被害人依照法定条件就检察机关作出不起诉决定的公诉案件所涉及的事实向法院起诉，法院受理后，检察机关的不起诉决定就不再具有法律效力，刑事诉讼法对此应进行修改和完善。

5. 提升抗诉的效力。在法庭审判中，依照正当法律程序，仍然实行控辩平等对抗。不过，检察机关不是单纯的公诉人，作为国家追诉机关代表国家提起公诉，除承担控诉义务外，还承担客观公正义务。检察机关对法院刑事审判活动是否合法进行的监督，从程序上说，公诉人对法院违反程序的行为提出纠正意见的时机滞后，起不到应有的作用。实体上检察机关抗诉的案件法院虽然另组合议庭，审判委员会人员还是不动的，整体的意见很难改变。因此，法律应确立检察机关抗诉案件由原审法院的上级法院审理的制度。

（四）规范监督权

完善我国的侦查监督制度，关键是强化检察机关的监督权，重塑公安、检察、法院之间"互相制约"的格局，赋予检察机关对侦查、审判、执行活动更为全面、强大的控制权力，强化检察机关的监督主体地位。

1. 扩大监督范围。对于侦查活动立法机关应赋予检察机关对重大侦查行为的审查决定权。凡是侦查程序中涉及限制和剥夺公民人身自由、财产、隐私权利的重大侦查行为以及捕后变更强制措施的，都必须由侦查机关向同级检察机关提出申请，检察机关以司法审查形式决定是否授权侦查机关实施该侦查行为；在紧急情况下，侦查机关可以采取"先进行重大侦查行为，事后报检察机关审查是否合法"的形式。同时，检察机关有权随时接受犯罪嫌疑人的申诉和控告，对侦查机关采取侦查行为的状况实施全程监督。

2. 实现同步监督。对侦查活动的监督刑事诉讼法要具体规定检察机关的监督措施，通过立法规范适时介入侦查、引导侦查取证等活动，将侦查监督由事后监督转为同步监督。建立与侦查机关的联席会议制度，规范介入侦查工作的范围和程序；指定专人负责与侦查机关的联系，具体检查、监督侦查活动是否合法。对执行活动的监督，应切实转变监督观念，要变被动监督为主动监督，变事后监督为事前监督，实行动态跟踪同步监督，从而及时纠正违法，保护当事人的合法权益。

3. 强化制裁手段。对于侦查活动而言，法律必须明确检察机关向侦查人员提出建议或发出纠正违法通知后侦查人员拒不接受监督建议或者继续违法侦查的法律后果，对于无正当理由拒不接受监督建议或者纠正违法侦查的侦查人员，可以考虑由检察官要求公安机关予以更换，并追究其行政责任等法律责任。对于执行活动而言，要加强检察机关《检察建议》和《纠正违法通知书》应有的法律效力。执行机关必须在法定期限内采取消除违法行为及其影响的措施，并将结果书面通知检察机关，同时将执行情况报告其上级主管部门。加强检察机关提请惩戒权，对执行人员在执行中有严重违法行为时，检察机关有权提请执行人员所在单位或上级主管部门予以惩戒；当该执行人员所在单位或上级主管部门确认理由成立时，应当对违法者惩戒，并将结果通知监督部门。

4. 形成规模效应。对于民行检察工作应当突出抓好抗诉和再审建议工作，加大工作力度。要突出监督重点，特别是对因行政干预或地方保护主义导致裁判不公的案件、审判人员（包括法院的执行人员）贪赃枉法、徇私舞弊导致裁判不公的案件，严重违反法定程序导致裁判不公的案件，要坚决予以纠正。广泛运用个案再审检察建议，减少办案环节，节约司法资源，增强监督效果。

当"依法治国"理念在中国由一种理想状态演化成全民意识时，理论界和司法实务界应当以更理性的眼光去审视法治社会相关制度基础，尤其是作为中国社会主义刑事法治建设重要组成部分乃至决定中国刑事司法体制改革成败攸关的检察制度，需要给予更多的探索和研究。只有建立并完善我国检察权的科学配置和运行机制，与其他国家司法机关相互协调、配合，才能最大限度地实现当代检察制度的民主、法治效能，实现社会的公平和正义，确保国家法制的统一。

检察机关案件管理机构的选择与职能定位

顾文虎　秦天宁 *

一、专门案件管理机构的选择

从全国各级检察机关案件管理机构设置的现状来看，主要有三种方式：一是将案件管理机构归入控申部门，由控申部门负责承担案件管理的职责；二是将案件管理机构归入研究室，由研究室承担案件管理的职责；三是设立专门的案件管理中心，统一进行案件管理，同时将控申部门的信访职能归属案件管理中心。

案件管理中心的建立，是制度化管理在理念上的一种突破，通过新型集中管理模式和手段，根本上改变了行政化管理模式的弊端。我们倾向于设置单独的案件管理中心，但不包括控申信访职能。主要基于以下考虑：

（一）建立专门案件管理机构是合理构造检察案件动态管理体系的首要条件

首先，便于统筹安排管理力量。建立专门的案件管理机构有利于集中信息渠道，确保检察机关案件动态管理的信息快捷性、整体协调性、反映灵活性及决策正确性，增强了决策的正确性。其次，检察机关的案件管理更具针对性、有效性和可行性。案件管理机构负责全面收集、管理信息并及时分析、整理、反馈，根据收集或反馈的信息为领导决策提供依据，同时对各部门业务工作及时进行监督、协调、对决策事项进行督促。再次，使得检察机关的案件管理职能更加显著。专门的案件管理机构既超脱于具体办案部门，又不脱离检察业务，既是业务活动和案件管理的枢纽，又是检察长或检察委员会与具体业务部

---

* 顾文虎，上海市静安区人民检察院；秦天宁，上海市静安区人民检察院。

门之间联系的枢纽。

（二）专门案件管理机构应当具有相对的独立性

这里有两个层面：其一，从案件管理的专业性、技术性角度说，作为对办案部门进行管理的专门机构，要充分发挥职能作用，必须保持相对的独立性。即具备独立的部门建制、独立的工作职能、确保人员配备。其二，从案件管理目标实现的角度说，案件管理机构应独立于办案部门，处于一个比较超脱的地位，这样有助于发挥管理、协调的职能作用。

（三）专门案件管理机构的设置比较符合检察机关工作规律

检察机关现行内部案件管理模式是多年实践探索基础上形成的，体现了专业化分工、相互配合制约的内在要求，有其合理的一面。同时，也应看到现行模式还存在一定的弊端，需要进一步改革完善。按照上述第一种观点的设置，从形式上看，由控申部门严把案件"进口""出口"，实行"环型管理"，部门的划分实现了工作专门化；但从职能上看，控申部门本身具有办案的职能，再由其承担案件管理的职能，难以解决"谁来监督监督者"的问题，显然不符合检察工作规律，也不易推广。对于第二种观点，虽然目前研究室承担案件督查等管理职能，但是由于案件统一受理、统一移送等工作业务量庞大、需要人员众多，不易推广和实行。如果按照第三种观点，将控申部门的信访职能归属案件管理中心，无疑会削弱控告申诉部门固有的职能，额外增加案件管理中心负担。

（四）全国各级检察机关案件管理机构的工作职能、职责分配应基本保持一致，各有侧重

当前，全国各级检察机关在案件管理方面进行了各种有益的探索，但都结合实际"各自为政"，规范性、统一性不够，局限性较大。根据高检院《关于加强案件管理的规定》的精神，应对案件管理机构的工作职能、权责分配进行合理界定，形成一套上下联动、职能清晰、系统严密的案件管理运作体系，确保各级检察机关、上级检察机关准确、及时、全面掌握业务工作情况，为业务工作决策提供参考依据。

据此，这一职能部门应当是检察机关最高决策机构——检察长、检察委员会的办事机构，上对检察长、检察委员会负责并报告工作，下对各法律监督职能部门进行案件流程的动态跟踪和信息整合，同时还与公安机关、人民法院

保持着程序上的信息关联，形成检察长——检察委员会——检察案件管理机构——各职能部门上下联运、左右贯通的管理矩阵。便于检察长、检察委员会把握全局，及时制定决策，形成运转高效、关系协调、规范有序的统一整体，充分发挥法律监督整体效能。

二、专门案件管理机构的定位

案件管理机构的定位决定了其模式和职能。我们认为，案件管理机构具体定位应包括以下几个方面的内容：

（一）组织机构定位：检察委员会参谋部门（检察委员会办事机构）

案件管理机构在组织机构的定位上应是检察机关业务最高权威机构——检察委员会的办事机构，从管理学的角度上说就是检察委员会的管理辅助机构、参谋机构。现代管理学原理与管理实践告诉我们，在一个组织里，参谋部门虽然不像业务部门那样对实现组织目标起直接贡献作用，但它可以指导业务部门正确作为，协助领导部门科学决策。有了参谋部门的辅助，组织目标的实现就会更加有成效。案件管理机构虽不像职能部门对组织目标的实现起着直接作用，但其对检察业务和办案活动履行组织协调、业务指导、检查评估和监督督查的职能，有利于有效整合和优化配置检察权，形成合理的领导指导与分工协作的组织架构。在检察机关"块状"的管理模式下，要发挥检察合力，充分履行法律监督职能，仅靠检察委员会的宏观总体领导和业务流程自身的运转制约是不够的，结果也使检察长无法获得关于办案的综合性、总体性的情况，且与办案人相隔数层，难以随时了解案件信息，把握全局，进而准确决策。而由一个专门的机构来负责业务管理的日常工作。特别是在负有领导职能的省级检察院，设立专门的案件管理机构从事对本院及所属下级检察院日常工作信息的收集、管理，及时对信息进行分析、整理、反馈，根据收集或反馈的信息为领导决策提供依据，同时对各部门业务工作及时进行监督、协调、对决策事项进行督促，这是保证管理体系真正发挥作用的基本保障，从而真正实现检察办案内部信息和案件管理工作的快捷性、整体协调性、反映灵活性及决策正确性。

（二）诉讼程序定位：非诉讼程序监督制约

检察案件管理机构的任务之一就是履行检察机关内部的监督制约职能。从检察机关内部监督制约的性质来看，诉讼程序内监督制约是指诉讼法规定的检察权，分别由不同内设部门行使，这些内设部门按照刑事诉讼法规定的程序履行职责而产生的监督制约。如办案部门之间的横向监督制约，前道工作环节对后道工作环节的监督制约，对检察机关作出不批捕决定、作出不起诉决定的监督制约等。诉讼程序外监督制约则是检察机关内部由专门案件管理部门承担的，在诉讼程序之外对其他业务部门进行的监督。这种监督制约跳出了单个业务部门的环节性和利益性，具有整体性、综合性和地位的超然性等特点。检察机关内部非诉讼程序的制约形式，包括考核评估、督导督查、办案分析和预警机制等。这是适应主诉、主办检察官办案责任制改革，对符合司法规律的新的管理机制的探索。总之，在内部规范化操作流程的基础上，以考核评估机制为依据，以督查机制进行制约保障，以预警机制进行反馈协调，以综合管理分析促进提高，非诉讼程序的制约机制为检察机关各项业务工作形成一个有机联系的整体操作流程奠定了重要的基础。

目前，就控申部门对其他业务部门的监督是否是诉讼程序监督制约有不同看法。控申部门的监督制约是指控告申诉部门通过受理、审查处理和分流举报、报案、控告、申诉、赔偿申请及自首等来信来访，进行申诉复查和刑事赔偿，一方面保障了公民申诉控告的合法权益，另一方面，也以此为线索，对检察机关办理案件的情况进行监控、督促和制约，从而起到了监督制约的作用。控申部门的监督制约也涉及多个业务部门，与专门案件管理机构的监督制约相比，同样具有综合性的特点，两者也都不介入实体办案程序之中。但两者的差别在于：一是控申部门的监督制约是通过受理控告申诉来进行的，是诉讼法上明文规定的程序要求，因此也属于诉讼程序内的监督制约。二是控申部门的监督制约同专门案件管理机构的监督制约相比，监督范围限于公民控告申诉的案件，并不包括全面案件，而专门案件管理机构的监督制约则包含了检察机关办理的全部案件。

（三）运行模式定位：事后监督为主，事中监督为辅

案件管理专门部门定位于检察委员会办事机构，有对检察办案活动履行组织协调、业务指导、检查评估和监督督查的职能。其中，其履行的监督督查应是一种"远距离"审视的监督，而不直接参与办案，以保证这种监督来源于办案部门之外，成为一种诉讼程序之外的监督，从而有效避免办案环节之中的利害关系，以超脱者的身份来保证监督的公正客观性。具体的运作方式上，在各地检察机关曾有不同的尝试。如上海检察机关探索由研究室（检察委员会办公室）担负案件质量管理职能，通过督导督查、预警、办案分析、法律政策研究、案件协调等具体案件质量管理方式，对发挥横向制约作用，确保案件质量发挥了积极作用。郑州二七检察院探索业务管理中心介入实体办案程序进行监督的运作模式。各地管理部门不一，案件质量监督也不相同，概括起来主要有四种方式：事后监督的模式；事中监督的模式；以事后监督为主，事中监督为辅的模式和以事中监督为主，事后监督为辅的模式。我们更倾向于事后监督为主，事中监督为辅的模式。

监督总是要保持一定的距离，相互太近，很难起到应有的监督力度，达到理想的效果。如有些单位公安报捕案件事先都与检察院商量，检察院同意捕就报，不同意捕就不报。从考核结果来看是100%的报捕率，但从监督制约的角度讲力度是削弱了。一些可能可以逮捕的案件在承办人的"谨慎"中"流产"了。再者，案件承办人员根据业务管理人员的意见处理案件，这种相互糅合性的、全过程的监督，出了案件质量问题，责任在于谁呢？是承办人还是监督者？如果是监督者，那承办人对案件质量的责任就失去了意义。所以监督还是要有一定的距离。这是实践的结论。

而以事后监督为主，既明确了办案人员的责任，又发挥了办案人员的积极性，与检察员负责制及目前实行的主诉检察官办案责任制相适应，符合该制度"放权"的初衷。同时也符合检察办案工作"亲历性""判断性"等内在规律。即办案人员亲身经历程序，直接审查证据和事实，这是建立正确的内心确信，作出合理判断的基础。

我们主张事中监督为辅，主要是对事后监督为主的补充和对一些案件可能存在的质量问题的特殊监督，也就是一种针对性的质量补救措施。这类案件一般是：公安、检察、法院和检察机关内部部门之间有争议的案件，需要提交检察委员会讨论的等等。这类案件的事中监督可以突出重点地有效把握住案件的质量。同时需要指出的是，这里的"事中监督"也不是一种程序内的监督，不具有实体处分案件的权力。案件管理机构对案件实体提出的处理意见，只是一种参考意见，最终决定还要由检察长、检察委员会或案件承办人员来作出。

（四）管理性质定位：司法性质管理

由于案件管理机构的管理是一种诉讼程序外的管理和监督，因此，容易得出案件管理机构的管理不是司法管理，而是一种行政管理的结论。我们认为，案件管理机构对案件所进行的管理是一种司法性质的管理而非行政性质管理。行政是管理的一种古老的广泛存在的极其重要的社会现象。行政管理方式是依靠行政组织的权威，使用规章、命令、指导等等行政手段，按照行政系统和层次，以高度权威和服从为前提，直接指挥下属工作的管理。上级指挥下级完全是由于高一级的职位而决定的。其方式的最大特点是权威性、强制性和具体性。我国现行的检察案件管理模式，仍基本沿用传统的行政管理方式。在这种管理模式下，科、处长对案件的处理进行审批，而个案先审后审、快审慢审等办案节奏则由办案人员自己决定。1996年刑诉法修改前，这种行政管理式办案模式对确保检察职能的充分发挥，确保办案质量和效率曾起到一定的积极作用。但随着市场经济体制的建立，它的弊端不断显露。首先，不利于体现程序公正。案件办理层级审批，其中必须遵循的回避规则、直接采证规则等被空置；办案程序的公开性差、透明度低，检务公开流于形式。其次，层层审批不利于提高诉讼效率，浪费了有限的司法资源，延误了诉讼。最后，审而不定，定而不审，违反了司法亲历性、客观性规律，也难以激发检察官对崇高人格、博学和责任等职业素质的追求。但另一方面，检察官对个案的办理流程又有绝对的控制权，不受其他权力的约束，也不承担相应的司法责任，这种权责分离和缺乏监督的行政化业务流程管理方式，极容易滋生司法腐败。

而由专门的案件管理机构通过检察业务流程对检察案件的管理，则是检察机关在充分尊重检察办案中的内在规律，通过现代科技手段，在办案程序之外，将办案责任制、绩效考核、督查预警的监督模式及节点控制模式有机结合起来所进行的管理。其案件管理的内容也应是程序审查与实体审查相结合并以程序审查为主。对绝大多数案件来说，开展的是一种程序性的审查，通过审查发现案件存在质量效率方面的问题。同时对个别案件进行实体性审查，但是实体性审查必须经过必要的报批程序。这样，专门案件管理机构不介入实体办案决定的作出，办案环节之间责任明晰，在监督制约同时不干扰办案的内在进程，有利于发挥办案人员的主观能动性，是一种具有司法性质的管理模式。

(五) 模式功能定位: 评价与指引

案件管理机构通过对办案活动履行组织协调、业务指导、检查评估和监督督查的职能，可以充分发挥科学的评价和指引功能，有效激励检察人员严格执法、文明办案，实现权责能的有机结合。一是通过对提交检察委员会讨论的办案规范性文件的把关和论证，为办案人员提供了良好的制度保障。二是通过办案情况综合分析、督查分析、预警分析及法律政策研究等，对一段时期办案行为进行总体评价指导，及时总结经验，指出问题，促进改正，从而发挥业务管理的指导作用。三是通过对办案流程、程序的监控把握和案件督查预警，从而发挥了对个案和业务工作总体的检验控制和监督督查作用。四是通过案件质量评估检查，对办案人员所办理的每一个案件适时、准确地进行质量评价，作为评优评先、升职晋级的重要依据，最大限度地激励办案人员的工作积极性，充分发挥了业务管理的引导激励作用。五是通过对业务工作协调、综合业务管理，克服办案分工所带来的部门化弊端，发挥案件管理工作的组织协调职能。这几大职能相互作用，有机整合，共同形成了对检察案件的全面管理。

三、专门案件管理机构的职能

专门性、综合性的案件管理机构（又称"案件管理中心"）在检察长或检察委员会的授权下，负责对办案业务的管理，履行组织协调、业务指导、检查评估和监督督查四大职能，并会同监察部门落实奖励制度和责任追究，重点在于预防和减少每个办案环节的执法偏差，预防重复问题再次发生。一般来说，其具体职能应包括:

(一) 检察委员会具体事务

对业务部门提交检察委员会研究决定的案件及综合性业务管理规章制度，提出法律政策的意见和倾向性意见，供检察委员会研究决定时参考；定期（每季度）向检察委员会报告业务工作开展情况，确保疑难复杂案件、容易发生办案质量问题的案件、阶段性执法办案倾向性问题等进入检察委员会讨论程序；对检察委员会决定事项进行督办；以检察委员会通报、检察委员会案例的形式指导办案工作。

（二）案件流程管理

检察案件管理机构对进入检察环节的所有案件进行统一归口、集中管理；承担案卷装订归档等事务性工作；依托检察办案软件，通过网上实时监控，对办案程序期间、期限节点，实行内部监控及督促检查，全面、准确、客观地了解和掌握检察干警的工作情况，分析各项检察工作的实际运作状况；发现尚未办结的案件存在质量问题的，案件管理机构应及时向相关业务部门领导或承办人沟通，必要时报检察长。

（三）案件质量督查

在检察长的授权下，代表本院检察委员会对本单位各业务部门办理的全部案件的办案情况进行监督和检查，为业务工作考评提供必要的依据。一是对一般案件主要的法律文书实行个案审查，对照复核。如提请逮捕书，移送审查起诉意见书，起诉书和法院判决书进行对照复核。二是对重点案件进行实体性审查，具体包括捕后不诉、捕后撤案、捕后退回公安机关另处或捕后改变强制措施长期不结案的；判决无罪或撤回起诉后未重新起诉的；复议、复核和申诉复查后改变原处理决定的；决定刑事赔偿的；其他需要重点督查的案件。三是对部门之间有争议的案件进行审查，提出案件质量检查的审查意见。四是专项督查，结合上级机关的工作部署或执法办案中反映的突出问题，专门立项进行检查，同时针对督查出来的问题，研究法律适用疑难争议问题，通过调研论证，提出具体对策和建议。

（四）案件质量检查评估

通过流程管理和案件质量督查等工作，检察案件管理机构及时发现检察办案活动中的问题，通过办案软件的信息整合，自动形成业务人员的执法责任档案，提供给业务部门及政治部门作为动态业务绩效管理的数据依据，作为对办案人员办案质量评估和奖惩的重要依据。案件管理机构还可以对重点督查案件通过走访公安、法院、律师、案发单位等部门，听取对办案人员及办案工作的评价和意见，有针对性地对相关案件、办案人员进行考核评估，并将考评的结果作为干警个人执法责任档案的重要内容。同时，还可对典型事例进行讲评，结合办案情况定期分析及提供判例典范，在全体干警中予以推广，营造自觉钻研业务、提高执法水平的良好氛围。

（五）业务及案件协调

协调本院各业务部门的关系；会同业务部门协调与上级院、公安机关、人民法院的关系，做好衔接与配合。即经授权以本院名义与其他政法机关就有关法律政策、重大案件等业务事项以及涉及本院两个以上业务部门的规章制度、重大疑难案件等业务事项进行沟通、磋商，达到认识统一的活动。具体形式上包括了与公安、法院召开联席会议制度，对内部涉及各业务部门的个案进行协调，代表检察院与公安机关、人民法院会签法律适用意见，以及进行个案协调等，以解决检察机关办案活动中存在的疑难复杂问题，统一分歧意见。

（六）法律政策适用研究

重点包括案件质量效率整体情况分析、法律适用问题研究、疑难分歧案例分析等。分别从个人、部门、院的层面对办案的质量效率进行横向、纵向的、过程性的比较，分析一段时期内办案质量效率的发展变化情况，提出法律适用意见或建议，从中找出制约质量效率的原因，并定期总结形成"案件质量分析报告"，上报给检察长办公会议或检察委员会及上级院。

（七）办案信息管理

对执法工作效能、办案数据进行跟踪、统计、预警、分析和研究。如办案质量预警，即指根据检察办案的规律，对各类宏观办案数据（如不捕率、不诉率）设定预警标准。案件管理机构对案件处理情况，开展定时定量分析，对一段时期内案件动态情况出现较大幅度起落的，超出预警标准的，发出预警，并配合业务部门开展调研，与阶段性的法律政策、工作要求进行比对，分析原因，提出措施。

（八）综合性业务工作

组织一些其他综合性检察业务的开展及检察长、检察委员会交办的工作事项，如检察改革等。

综上，可以看出，专门案件管理机构职能中既涉及多个部门有争议的个案的协调解决，也包括对总体办案情况和办案政策的宏观把握。它既涉及对具体办案活动的答疑解析、法律政策适用，也包括对具体办案活动的监督管理。有宏观、有微观；有法律政策适用、有办案业务管理。对上向检察长或检察委员会负责，对下则针对业务活动进行督促管理。

管理学视角下检察机关案件管理
理论与实践研究

宋　鹏[*]

根据管理学的基本理论，管理是指管理主体为达到某一目的对管理客体和对象进行的一系列的有组织、有计划的活动过程："通过信息获取、决策、计划、组织、领导、控制和创新等职能的发挥来分配、协调包括人力资源在内的一切可以调用的资源，以实现单独的个人无法实现的目标。"[①]任何一项管理都必须具备三个要素：一是管理的主体；二是管理的客体和对象；三是管理的目标。检察机关案件管理工作作为检察业务管理的重要组成部分，其也应具备三个要素，即案件管理的主体、客体和对象、目标。此外，管理学是一门系统科学，任何一项管理都是由管理主体和管理客体、对象之间相互连接、相互作用的有机整体。[②]检察机关的案件管理工作也应是一个系统工程。

一、检察机关案件管理的基本理论

（一）检察机关案件管理的主体

管理系统是由管理主体和管理客体构成，其中管理主体起着决定性的作用，是管理的首要要素，起着统揽全局的作用。[③]管理主体在很大程度上决定着各种社会管理活动的效果。检察机关案件管理工作作为社会管理活动的一种，案件管理的主体也在案件管理工作中起着至关重要的作用。

---

[*]　宋鹏，北京市顺义区人民检察院检委会秘书，助理检察员。

① 周三多著：《管理学》，北京高等教育出版社 2000 年版，第 19 页。
② 黎民著：《公共管理学》，北京高等教育出版社 2003 年版，第 15 页。
③ 袁闯著：《管理哲学》，复旦大学出版社 2005 年版，第 221 页。

　　检察机关案件管理主体是指检察案件管理活动的决策者和承担者。案件管理主体应是由两个部分组成：一个是严密的组织管理系统；另一个是组成该系统的个人。

　　1.组织管理系统

　　作为案件管理主体中的组织管理系统，首先必须拥有检察业务活动的决策权、指挥权以及奖惩权。在检察系统内部，上级检察院对下级检察院有领导权；在一个检察院内部，检察长领导下的检察委员会是最高决策机构。检察长、检察委员会对案件管理部门的负责人有管理权，在管理的范围和层次上，检察长、检察委员会实施最高领导和管理，具体案件管理部门负责人对本部门的工作实施领导和管理。无论哪一种管理活动，其管理权力都是法律赋予的。没有这种法定权力，就谈不上管理。

　　2.组织管理系统中的个人

　　作为案件管理组织系统中的个人来说，要正确、科学地运用案件管理权力，树立管理权威，就要严格执行国家法律，运用正确而有效的管理方法。此外，管理系统中的个人还需要具有一定的管理能力。具体而言：

　　一是解决实际问题的能力。案件管理主体要具备运用法律、管理学等知识去解决在案件管理过程中遇到的实际问题。个人主体要对每一项案件管理工作做到心中有数，同时要具有专业敏锐观察力、信息处理能力。观察问题深刻、有远见，并能正确、果断地解决在实践中遇到的一系列问题。

　　二是较强的协调沟通能力。协调和沟通能力是任何一个管理者不可或缺的能力。作为案件管理部门的人员也应具备较强的沟通协调能力，处理好与其他业务部门的关系是有序开展案件管理工作的重要前提。同时，案件管理部门负责人也要和本部门的人员处理好关系，能够号召和凝聚本部门工作人员的工作能量，通过协调作用，使他们形成一个目标紧密合作的整体。

　　三是综合分析能力。管理学理论认为，管理者必须具备一定的综合分析能力，把其所管理的组织及其活动看成一个不可分割的整体，作为一个系统加以管理。[1]案件管理的主体为了实现案件集中管理的目的，管理者必须时刻明白各种要素之间的相互作用以及某种因素的变化对全局带来的影响。善于最大限

---

① 单宝著：《中国管理思想史》，上海立信会计出版社1997年版，第45—48页。

度地发挥各种因素的合力，避免彼此抵消力量。

（二）检察机关案件管理的客体和对象

1. 案件管理的客体

管理客体的运动和变化决定了管理主体的思想、行为方式的变化。在案件管理中，管理主体对客体的认识愈深入，解决问题的办法就愈多，管理的方式也就愈加丰富和适用。案件管理的客体是指案件管理主体所调整的法律监督活动以及与法律监督活动相关的社会关系。

管理的目标是使管理对象更加有序、有效地进行工作。案件管理的终极目标是使法律监督活动更加有序、高效地开展。检察业务活动的中心是办理案件，而案件的有序、高效的管理离不开对其管理。法律监督工作的开展也是寓于案件管理过程之中。此外与法律监督活动相关的各种社会关系很多，几乎涉及方方面面。如检察机关与国家权力机关的关系，检察机关与审判机关的关系、与行政机关的关系以及与一切违法犯罪的行为人的关系、与人民群众的关系等等。要协调和处理好这些关系，检察机关的法律监督工作就必须服从和服务于党和国家工作的大局。

2. 案件管理的对象

案件管理的对象是指案件管理主体管理之下的具体的人、财、物。具体包括检察案件管理工作人员、与案件管理业务相关的技术设施、物质装备等要素。从案件管理的对象与客体的关系看，如果我们只看到案件管理的具体对象，而看不到这些对象背后所体现的检察机关的法律监督活动及与这一活动密切相关的各种社会关系，那我们就会停止在感性认识上，只见树木，不见森林，陷入事务主义的泥潭；反之，如果我们只看到案件管理的客体，而忽视了案件管理的具体对象，就会陷入抽象的议论，无从进行切合实际的管理。因此，只有既着眼全局，又对具体的管理对象有本质的分析和认识，善于正确处理好管理对象和管理客体的关系，才能使检察案件管理工作做到高质高效。

案件管理工作人员的行为很多，但其重点内容是案件管理活动及其质量。法律监督职能的实现，主要是通过参与诉讼，通过具体的办案活动来实现的。因此，要围绕办理案件活动来进行管理，以办案为中心，从办案质量是检察工作的生命线的高度来认识办案工作在检察业务工作和管理中的地位和作用，破除部门观念，从而把握重点，有的放矢。同时，作为案件管理对象的技术设施、物质装备等，也具有重要意义。规范化管理必须重视体现现代化、科学化，尤其是要充分利用现代计算机技术、网络技术、通信技术及其他现代化办公设备，重视开发使用案件流程管理系统，并建立相应的查询系统、电子监控系统和电子显示屏幕等辅助设施，使各类业务流程都采用电脑网络管理，对个案进行实时跟踪监督。同时，系统的建立也增强了检察工作的透明度，强化了对案件的内外部监督机制。

（三）案件管理的方向与目标

1. 案件管理的方向

宏观上讲，根据管理学的基本理论，管理的方法主要有两种方向：一种是组织学派的观点，即强调"程序"的作用。管理者要采用等级制的权威型管理方式，注重组织的作用，强调专业化，明确分工、职责范围、纪律、服从等等，以组织、计划等控制人们的活动，来达到整个组织目标。另一种是行为学派的主张，采用参与制的民主型管理方式。重视非正式组织的作用，强调自主，强调满足职工的需求和愿望，以激励和启发、调动职工的创造性和积极性，来达到整个组织的目标。①

笔者认为，检察机关案件管理工作方向的确定，一方面要符合管理学的基本规律，另一方面也要结合检察工作实际。检察机关的案件管理的主要发展方向有三个：

一是案件管理要与检察工作的整体发展方向相吻合。最高检提出检察机关要朝"四化"的方向发展，即执法规范化、管理科学化、队伍专业化和装备现代化。案件管理工作也要适应这一系统工程运转变化发展的需要，紧跟建设的步伐和要求发展创新。这就要求案件管理工作要有前瞻性，在准确把握检察工作发展方向和趋势的基础上，采用先进性的、符合现代管理理念的管理手段，将案件管理工作的各项能力提高到一个新的水平。具体可包括宏观指导、决策指挥、组织协调能力，受案、分案、诉讼监督、信息处理能力，另外还包括运用刑事政策的能力、科技手段的能力等等。

二是案件管理工作的信息化发展方向。案件集中管理的一个基本目标是保证办案工作的规范化。而信息化是规范化的重要前提，是确保检察机关严格、

---

① 张学军著：《检察管理学》，中国检察出版社 2001 年版，第 1 页。

公正执法的保障，是保证办案质量的重要手段，在案件管理过程中充分运用网络、多媒体等现代科技手段，从科技含量上提高案件办理能力和法律监督能力。因此，案件管理的另一个发展方向就是要与信息化相结合。将信息化运用到案件管理之中，提高管理的成效和科学化水平，提高工作效率，及时反馈结果，跟踪办案进度并及时纠偏。

三是案件管理要由"粗放型"向"精细型"方向转变。目前检察机关案件管理工作才刚刚起步，总体上还处于一个粗放的管理阶段。比如办理案件中，办案质量时高时低、各种问题时有发生，这是案件管理还处于粗放阶段的重要特征。由"粗放型"向"精细型"转变，首先要运用现代信息技术手段创新管理方式，提升基础管理水平，将案件管理与业务、队伍和信息"三位一体"有效结合，扩充、完善适应检察工作需要的管理软件和模块，实现办案工作的网上运行、计算机管理，从线索受理到侦查终结，再到审查逮捕和审查起诉，对各个办案环节实行全程控制。另外，要规范细节，实施精细化管理。精细化管理作为一种现代管理理念，起源于大规模工业制造产业的实践，是系统论、控制论、信息论等学科的综合产物，其精髓就是流程的细化、量化、标准化，是适应现代管理工作需求而产生的。检察机关案件管理工作实施精细化管理，最主要的是在规范化的基础上，进一步将工作的每个环节、每个步骤都置于制度和规范的控制之下，精细在关键处，精细在容易疏忽的地方，如对无罪、撤诉案件的管理，自侦案件线索的统一管理、扣押款物的管理、安全防范保障体系的管理等等。通过精细化措施促进工作效率的提高，文明细致工作作风的养成，工作执行效力的提高，从而取得检察业务管理效益的最大化。

2. 案件管理的目标

确定了案件管理的方向，案件管理的目标也就自然而生。案件管理的目标就是要实现检察机关案件管理的科学化发展，具体而言就是要实现案件管理的现代化、系统化、最优化。[①]

（1）现代化。适应案件管理发展方向，案件管理的目标要朝着现代化的目标迈进。建立以现代科学技术引用为前提，以先进的管理理念为指导，能够适

---

① 汪习根著：《司法权论——当代中国司法运行的目标模式、方法与技巧》，武汉大学出版社2006年版，第15页。

应检察工作实际和整体发展要求。

要实现案件管理的现代化，要有先进管理理论和技术的支持。一是要将激励机制等先进的管理理念引进到案件管理活动中。案件管理科学化要求运用过程调控的方式，采用科学先进的管理手段，全面、准确、客观地了解和掌握检察干警的执法工作情况，分析各项检察工作的实际运作状况，保证执法质量和效率持续、稳定地居于高位状态。二是要将信息论、系统论和控制论运用于案件管理活动中，为我们认识案件管理规律提供新的思路和方法。引入现代化科技手段，实现案件管理信息化是案件管理的发展方向。当今社会处于信息化时代，信息技术作为现代管理的平台和工具，代替了过去笔写纸记的方式，犹如马车与磁悬浮的差别，收集、处理、传递、沟通信息更快捷、更经济，从而使检察决策更加科学，中介程序大为精简，最大范围地实现了资源共享，极大地提高了工作质量和效率，这已成为检察管理现代化的重要标志。通过建立信息技术平台，实行网上流程办案，实施案件质量监控，为办案活动的开展提供技术保障和服务，开发应用各具特色的案件管理应用软件，为检察工作实现可持续发展提供了有效的载体和必要的条件。

（2）系统化。案件管理工作是一个复杂的系统，要实现整体功能优化的目标，就要借助系统分析的方法，把握目的性、整体性和层次性，把握各个子系统之间的内在联系，消除子系统之间的矛盾和内耗，增强系统运行的协调性，从而增强检察监督合力，实现功能优化。外在表现为案件管理活动中每项具体的管理制度之间，要相互联系、相互协调，形成一个完整的有机统一的管理制度链条。在案件管理的所有具体规范中，任何一个规范的存在，都是以不与其他管理规范相冲突，不干扰而是有利于其他规范的实施为条件的。在管理规范互不矛盾的前提下，还必须相互衔接，防止管理规范的"真空"存在。

（3）最优化。管理学意义上的最优化是指以一定的人力、物力、财力消耗，取得最大的产出效果。具体到案件管理，就是指从全局出发，将有限的检察资源进行统筹规划，全面安排，协调各方面的利益关系，实现人、财、物、时空和信息的和谐统一，充分发挥系统的整体效应，实现案件管理工作的高效化，管理效果的最优化，做到不浪费、不重复，精简高效，合理制约。这是遵循科学发展观，实现全面、协调、可持续发展的根本要求和必要途径。坚持最优化原则，要求我们在计划、决策、执行、反馈和制约各个环节，时时处处都应着眼于整体功能放大，正确处理局部与整体利益、眼前利益与长远需要、人力资源配置与案件管理工作发展的关系，内环境与外环境结合，科学比较、鉴别，权衡利弊得失，筛选出最优方案。

检察机关案件管理体系是否科学，最终还要通过实际工作来检验。管理体系是否有价值、是否有效，主要通过以下几个方面的实际效果来衡量。一是是否切实起到指导作用。也就是通过案件管理体系的实际运行，能否指导各业务部门沿着正确的方向取得新的建设性进展，特别是要能够使案件承办人及时发现工作差距、调整工作思路、改进工作效果。二是是否发挥了激励作用。就是通过案件管理体系的运行，是否使检察人员的工作成绩能够及时得到肯定，工作成就感及时给予满足，工作热情及时得到进一步激发，最终保证整体工作螺旋上升。三是是否起到了合力作用。就是通过案件管理体系的运行，是否能够实现检察工作的统一协作，在分工负责的基础上，强化相互协同、相互配合，是否能够真正把下级的精力凝聚到干事创业上来，凝聚到为整体检察事业的发展作贡献上来。

二、实践中检察机关案件管理存在的问题

（一）案件管理工作的法律监督职能效果和能力管理力度不够

案件管理考核以案件质量为重点，比较注重对办理案件本身活动的管理，而相对较少注意对法律监督的效果和能力进行管理，忽视对法律监督职能的管理考核。实践中，有关案件管理模式的探索几乎全部定位为检察系统内部的工作管理机制，对于诉讼监督内容几乎未涉及，目前的诉讼监督仍由侦查监督、公诉等部门各自负责对公安机关移送审查逮捕和移送审查起诉的案件进行。由于受不同诉讼阶段考核指标的影响等，各自为战的诉讼监督做法常常导致对同一事项重复监督等情况，影响了法律监督的严肃性。[①] 但从检察机关的职能而言，法律监督职能行使的效果和监督能力的提高应是检察业务管理的重要内容，如对检察机关的立案、侦查活动进行监督的管理，完善查处职务犯罪各项

---

① 北京检察机关案件管理工作实证研究课题组：《基层检察机关案件管理工作实证研究》，《河南警察学院学报》2012 年第 2 期。

工作的管理，加强对审判活动进行监督的管理，加强对刑罚执行活动进行监督的管理，等等。因为法律监督职能是检察机关的根本职能，而且还关系到维护社会公平正义目标的实现，理应成为检察机关案件管理的重点内容。

（二）案件管理存在行政化倾向

案件管理部门的职责中对案件分配有明确的规定，但在实践中，在案件分配上，还是以部门领导安排多，分类对口分配少；有的简化审案件还要经过处室领导、分管检察长层层报批。另外，尽管近年来"主诉（主办）检察官办案责任制"已全面推行，但在管理上仍有行政化倾向。如主诉（主办）检察官办案搭档的人员组合，多数是组织配备，很难双向选择。主诉（主办）检察官如果发现组织配备的人员不称职，却无权解除办案搭档关系。又如部分检察机关对检察业务骨干行政调动频繁，使其不得不放弃已熟悉的专业而重新熟悉新的岗位。结果，既不利于检察官职业专业化建设，也不利于检察业务岗位的稳定性。

（三）考评工作不完善，奖惩措施不落实

一是考核标准不统一。目前，上级检察院对下级检察院案件管理部门的管理没有统一要求，导致各区、县院业务部门的本职目标各有不同、工作量和人员配置也不同。二是案件管理的具体范围难确定。随着检察改革的不断深化，检察机关的案件范围有所扩大，但考核内容和方案相对滞后，对扩大的案件范围没有及时纳入考核项目；也有的年度考核方法不科学，使得一些跨年度的"错案"无法列入当年或次年的统计考核之内，造成部分考核工作存在盲点，呈现出动态业务与静态考核不相适应的状态。三是案件管理工作难以定质定量而考核方法却单一化、记分欠合理。四是奖惩措施不落实。由于考评与奖惩管理部门不一致，有时会导致考评与奖惩脱节，无法起到激励或警戒作用。

三、检察机关案件管理的体系构建

检察机关案件管理体系的构建是检察机关管理科学化的必然要求，是检察机关实施科学管理、规范管理的重要平台。符合科学发展规律的案件管理体系的构建是一项复杂、长期的工作，也是需要结合管理学、法哲学等多学科来进

行研究的跨学科工程。① 检察机关案件管理体系应是先进科学管理理念、检察工作规律性研究、检察工作绩效的有机整合，是保障一个地区检察工作得以整体、稳步推进的长效机制。只有把案件管理工作纳入科学的管理之中，通过实施科学的考评案件管理，及时调动和激发各级检察机关的工作积极性，才能对一个地区的整体检察工作进行适时的、宏观的、有效的调控，保证各项检察工作沿着规范的、健康的轨道深入发展。具体而言，该体系应该包括以下几个方面的内容。

（一）专门的案件管理机构

为了提高对各项业务工作的综合管理和控制能力，加强对法律程序和业务流程的监督，在检察业务管理主体组织系统中，目前重点要建立健全专门的、综合性的检察业务管理机构，其任务在于制定决策后，在检察长或检察委员会的授权下，负责对办案进行统一检查、协调、督办和信息反馈，并为领导决策服务。专门的、综合性的检察业务管理机构的建立，标志着检察业务管理的一种新的模式的建立，可以实现对检察机关各业务部门办案工作的集中统一管理。

首先，这是由现代检察工作的需要和检察工作特点所决定的。随着社会的发展，犯罪形势也发生了相应的变化，涉及的地域变广，手段更加隐秘狡猾，组织性、计划性和反侦查能力更强，疑难复杂案件增多等等，这些都对检察机关的业务办案工作提出了更高的要求，尤其是对检察机关内部整体协调性、灵活反应性的要求也更高。同时，由于检察业务串联性特点，各部门之间的协调与配合更加重要。如果出现矛盾和冲突，就需要加强协调，否则整体合力发挥不出来，将影响法律监督职能的实现。而出现矛盾的业务部门可能分别由两位分管检察长分管，缺乏常规协调渠道。同时检察机关办理的案件很多，也不能都让检察长亲自来协调。这就需要设立一个综合性的协调管理部门。这是符合检察业务"串联式"特点的重要管理方式，也是当前检察管理的发展趋势。

其次，实施检察机关业务管理，是一项复杂的、涉及检察工作全面的常务工作，仅靠检察委员会的宏观总体领导和业务流程自身的运转制约是不够的，需要有一个专门的机构来担当。特别是在负有领导职能的省级检察院，需要设

---

① 顾培东：《中国司法改革的宏观思考》，《法学研究》2000 年第 3 期。

立专门的机构从事对所属下级检察院日常工作信息的收集、管理，及时对信息进行分析、整理、反馈，根据收集或反馈的信息为领导决策提供依据或为完善考评体系提供意见等，这都是管理体系重要的常务工作，也是保证管理体系真正发挥作用的基本保障。

（二）规范化的案件流程管理机制

基层检察院的主要业务工作是办案。规范、细化办案流程，要充分体现合法性原则。即案件管理流程的制定必须依据刑事诉讼法等有关法律法规，必须准确把握立法精神。在内容上要通过流程管理规范工作程序和执法行为。同时案件管理流程的制定也要充分体现质量和效率的理念。实现案件优质高效办结和执法廉洁公正是推行业务流程规范化管理的实践性目标。规范、细化办案工作流程，要始终紧紧围绕"效率、质量、公正"做文章，把实体方面的规定和程序方面的要求同时作为流程管理的基本内容范围。在各个流程中，既要有程序标准，如遵守办案时效，正确使用法律手段，案件报备，法律文书规范等；又要有质量标准。根据各类案件的具体情况，相应制定层次性的质量标准，为适时督查、正确评估办案质量提供依据和规范。

一是要探索实行案件分类办理制。现代化管理要求专业分工。新刑法增加了大量新罪名，与新刑法相关的法律、法规、司法解释和专业知识浩如烟海，特别是办理涉及金融、证券、房地产、国际贸易、计算机等新类型犯罪和法人犯罪案件时，如果不熟悉相关法律和专业知识就无法胜任。香港特别行政区检察机关采取以案件性质分设内部机构的专业化模式，大大提升了办理重大疑难案件和专业性强的案件的水平。[①] 瑞典的每级检察部门都拥有针对优先打击犯罪种类的专家。在每一个检察院都有专门打击有组织跨国犯罪的办公室，配备具有专门技能的检察官。暴力和毒品犯罪也是优先打击的犯罪种类，所有有关案件将由受过专门训练的检察官优先处理。此外，检察机关内部还有专门的机构打击环境犯罪。[②] 这种做法值得借鉴。

二是要依托信息技术优势对案件进行管理，主要是借助办案软件系统对整个办案工作进行流程式的控制。随着检察机关办案软件的普及和应用，办公和

---

① 李建明著：《刑事司法改革研究》，中国检察出版社 2003 年版，第 16 页。
② 李建明著：《刑事司法改革研究》，中国检察出版社 2003 年版，第 16 页。

办案软件将出现逐渐相互融合的趋势，并最终形成一套完整的检察机关综合管理系统。该系统应该根据工作人员、案管工作部门的职责、权限和工作特点，设定信息流转的节点，设置相关工作人员的操作权限，明确体现出信息走向，从而体现出应用综合管理系统的优势，实现规范化、科学化、制度化的管理目标。该系统应能按照工作职能设定侦查监督、公诉、反贪、渎职侵权检察、监所、民行、控申等业务模块，按照职责权限实现办案人与负责人、办案部门与检察长之间信息的自动流转，明确地体现各个诉讼阶段对信息的处理、办理、审批、发布，以及案件质量及效率监控，较好地反映出办案流程，较好地贴近办公办案实际。从而实现检察长、业务部门领导、督导员和纪检监察部门对全院办案工作的全流程管理和实时动态监控，有效实现对办案工作规范、制约作用，形成"电脑管办案"的新颖工作格局，提高对业务管理的效能和覆盖面，增强办案人员的责任心，保障案件办理的质量和效率。

（三）案件管理衔接协调机制

检察机关作为参与三大诉讼，且参与刑事诉讼全过程的国家机关，刑事法律监督是人民检察院的主要职权，贯穿于刑事诉讼活动的全过程，包括立案监督、侦查监督、审判监督和执行监督，共同构成刑事诉讼监督体系。其诉讼过程涉及检察机关内部多个部门，也处于公安和法院之间的中间环节，客观上使得检察机关内部要求加强沟通协调，外部也对公、检、法之间相关业务的协调配合要求更加突出和强烈。

1. 检察机关的内部协调配合

案件管理是检察业务管理的核心，也涉及检察机关内部各个部门。如果在案件管理中各部门不能很好地配合、协调，那么案件管理系统就不能发挥其应有的作用。案件管理机构的职责之一就是负责检察机关对内、对外的案件业务协调。

首先，建立各业务部门之间的衔接联动机制。要搞好部门之间的协调配合，真正形成互相支持、互相配合的态势。案件管理部门要积极和各业务部门沟通协调，从收案、分案到最后的结案，案件管理部门对受理的案件，应当及时完成案件信息录入，填写受理案件登记表，分流至部门办案系统，通知办案部门领取案卷材料。在分流案件过程中，案件管理部门要做到两个协调：一个是要和案件承办部门的主管领导沟通、协调，另一个是要和案件承办部门的负责人和案件承办人沟通、协调。通过建立案件管理部门和刑检部门负责人联席会议机制，实行重点案件主办、主诉检察官对口办理制度等做法，通报工作情况，研究解决刑检各部门工作中的主要困难和问题。对有条件批准逮捕案件、不批准逮捕案件跟踪侦查和判决情况，对要求追捕的案件跟踪嫌疑人到案及侦查机关的侦查情况，定期向批捕部门反馈批捕案件的判决情况，对追诉、抗诉的案件跟踪判决情况，考评审查起诉案件质量。

此外，对赃款赃物的管理，要严格按照集中、统一、专人、专库制度管理赃款赃物，明确赃款赃物的移送、接交程序和保管要求。

其次要建立个案和类案的协调解决机制。如个案在检察机关内部各环节发生了矛盾，则可在分管检察长的要求下，由案件管理部门出面具体协调，提出协调方案报检察长参考。对于类案问题，还可适时出台具有一定指导意义的法律政策适用意见，供办案部门参考。如涉及规章制度、内部管理问题，还可由案件管理专门部门提出改进意见，供检察长和检察委员会参考。对于涉及公、检、法三家甚至更多外部机关的案件问题，可由案件管理部门在检察长的授权下，提请公、检、法联席会议或政法委协调解决。

2. 检察机关的外部协调配合

检察机关案件管理工作也离不开与外部的协调配合，包括与公安机关的配合、与审判机关的配合。

案件管理流程中，在最开始就是收案，而案件的来源除了自侦案件外，其他案件都是来源于公安机关侦查移送的案件。因此，实践中与公安机关沟通、协调不可或缺。另外，在结案阶段还要和法院进行很好的沟通和协调，只有这样才能保障诉讼的顺利进行。实践中，很多基层检察机关在检察业务工作中很注重与公安机关和法院进行沟通交流[①]，并取得了很好的效果。

（四）案件管理的监督制约机制

确保案件管理的有序、高效，只有流程规定、考核评估是不够的，只有同时加强对执法办案活动的监督检查，才能使案件管理具有"刚性"，从而确保

---

① 比如北京市顺义区人民检察院与公安机关签订了《刑事案件信息通报办法》，与法院签订了《关于建立沟通协作机制实施办法》等文件，在实践中加强与公安机关和法院的协调、配合。

管理力度。

1. 要加强内部监督。为了加强检察机关各环节内部监督制约，可采取多种方法，对办案进行全面监督。一是通过加强文书备案、信息沟通，实行办案流程内的双向监督。规定严格执行立案决定书、不立案决定书、提供法庭证据意见书、立案监督通知书、追捕犯罪嫌疑人建议书、不起诉决定书等文书及时向案件管理部门备案制度。二是重视办案督查，实行专门的综合性监督。案件管理部门要配合公诉、侦监等部门对重点案件进行督查。案管部门可抽调资深业务人员担任专职督查员到业务管理专门部门，专门进行督查；通过对照检查主要法律文书、听取相关司法部门的建议和意见、列席各部门联席会议、参与听庭等方法，加强对办案过程的督查并定期深入业务科室举行业务质量讲评。三是运用科技手段，加强程序监督。开发办案数据汇总功能，由电脑自动生成各部门办案差错电子数据汇总表，加强办案监督，等等。

2. 要强化外部监督。一是通过及时请示汇报、深化检务公开等，主动接受党委、人大、新闻舆论、广大人民群众的监督。二是发挥纪检监察作用，实行同步监督。向人大代表评议组成员、廉政监督员、案发单位发送《案件征询意见表》，听取和了解干警办案纪律作风情况；随时抽访案件当事人，征询当事人意见，依法保障当事人合法权益；与侦查部门保持密切联系，经常深入办案现场检查或随时抽查办案中执法执纪情况，发现问题及时督促纠正，防患于未然。加强同公安、检察执法等部门的联系，建立有关的考评制度，实现对办案人员的制约。三是实行人民监督员制度，通过对自行侦查案件中拟作撤案、不起诉处理的案件，以及对一些不服逮捕决定的案件，由人民监督员进行监督把关，从而保证检察权特别是职务犯罪侦查权的正确行使，防止检察权的滥用。

试论检察机关案件管理工作职能
应确立的基本原则

王礼飞[*]

对检察机关案件管理工作的职能定位涉及案件管理工作的发展方向和价值取向。这就需要首先对案件管理工作职能应当确立的基本原则加以论证，才能正确厘清案件管理部门的工作职能问题。因此，笔者试就检察机关案件管理工作职能所确立的基本原则作一探讨。

一、案件管理工作职能应当确立"继承性"原则

这里的"继承性"（也可称为"传承性"）是专指检察机关通过设置专门的案件管理部门，在检察机关业已存在的案件管理制度的基础上，对案件管理工作进一步进行补充和深化。

"继承性"原则是一个动态的过程。每一种新的管理手段和措施，都是在以前管理工作的基础上发展而来，又应当比先前的管理工作有所深化。通过这种新的管理手段和措施，使案件管理工作水平得到更进一步的提高。因此，案件管理工作职能既是一个承前、吸收的过程，又是一个不断补充、深化的过程。是在继承、吸收业已存在的案件管理制度、机制的基础上，充分发挥案管工作独有的功能和作用。

在对案件管理工作职能定位中，"继承性"原则主要体现在以下几个方面：

首先，案件管理工作职能的"继承性"原则，是据于案管部门的案管工作，对某些业务工作的变化、调整等方面的了解和掌握存在被动性、滞后性的

---

* 王礼飞，江苏省启东市人民检察院。

226

特点。比如：业务部门根据办案业务工作的需要，对相关办案工作流程进行了重新调整；有的还对业务部门的工作职能进行了重新调整、划分（如侦监、公诉部门合并办案，反贪、反渎合并办案等）；有的甚至还对案件处理的审批权限进行了调整（如主诉检察官制）等等。对于这些变化，案管部门往往处于案管工作方式上的被动、掌握信息情况上的滞后状况。因此，案管部门只有及时掌握这些变化，适应这些变化，在尊重业务部门的改革、创新成果，吸收、继承而不是排斥、抛弃这些新变化、新动态的基础上，及时调整案件管理工作中的各项措施和办法，发挥好案管部门的工作职能作用。

同时，案管部门的案管工作既要深刻理解和掌握原有的各类法律法规和各种检察业务工作办案流程，又要及时掌握新的各类法律法规的修改和变化，以及对司法工作体制、制度、机制的改革和变化，并根据新的内容、新的情况、新的变化，在管理工作的变化、动态中，及时补充和深化案件管理工作的各项措施和办法。

因此，这种继承性原则，是据于检察机关内设机构存在着分工负责、互相配合、互相制约因素形成的必然结果。

其次，案件管理工作职能的"继承性"原则，是据于案管部门的案管工作，对某些工作内容和方法上存在必然的继承性的特点。比如，设置独立的案管部门后，将会对原有内设机构的部分职能进行重新划分调整：有的检察院把检察统计工作职能从原来的办公室调整为由案管部门负责；有的检察院把检委办划归案管部门合署办公等等。这些调整，只是将部分工作职能重新划归另一部门负责的问题，但并没有改变它原有的工作属性，不存在对工作职能另起炉灶的问题。对此，案管部门的工作职能定位，就是既要对划归案管部门负责的相关业务工作职能的内容、方法进行继承，又要根据案管工作的特点和要求进行深化和完善，更好地发挥其作用，为案管工作服务。

因此，这种继承性原则，是据于相关业务工作职能的重新分配所形成的必然结果。

再次，案件管理是案件办理工作的重要组成部分。案件管理活动贯穿于检察机关执法办案工作的全过程，是执法办案工作的应有之义，执法办案的任何环节都存在管理问题。但案管部门的管理工作职能是为了强化内部监督制约，它又有别于一般意义上的案件管理，其主要工作职能就是通过运用管理功能中的监督、控制手段，在各业务部门对案件办理过程中进行分散管理、各自管理的基础上，再次以独立的管理者身份进行查漏补缺、纠错防范，实现对检察工作，特别是对办案工作进行宏观的、整体的同步管理、同步监督。以此强化内部监督制约，强化对办案质量的控制，促进规范执法，提高办案质量和效率。

案管部门再次以独立的管理者身份进行案件管理，是在坚持和完善业务部门自我管理的基础上，对传统的、分散式的管理模式的扬弃。案管部门的工作职能与业务部门的业务管理职能是科学的统筹、整合关系，而不是抛弃、叠加或取代原有的管理方式和管理措施的关系，更不是"拿来主义"或"越俎代庖"。

因此，这种继承性原则，是据于案管部门的管理工作所处的管理地位、管理角色所形成的必然结果。

二、案件管理工作职能应当确立"司法性"原则

这里的"司法性"（又可称为"规律性"）是专指案件管理部门的案件管理工作职能需要符合检察工作实际和执法办案的基本原则以及司法属性。

"司法性"原则，是据于检察机关在刑事诉讼中的地位、办案流程，与公安机关、审判机关存在着明显的不同之处。唯有检察机关在刑事诉讼中包含了从刑事立案开始（包括自侦案件）直至对审判活动法律监督结束为止的整个诉讼过程。因此，这一特征表明，检察机关的案件管理是一个对刑事诉讼整个过程的动态的、全程的管理。这就是检察机关案件管理工作所要把握的与其他司法机关所不同的基本司法规律性。

在对案件管理工作职能定位中，"司法性"原则主要体现在以下几个方面：

首先，案件管理工作职能，既不能打破或打乱办案部门在刑事诉讼过程中的办案流程体系，更不能从中截取一个或多个诉讼办案节点，由案管部门来负责办理或决定。

目前，案管部门的案管工作职能中，有的采取了对案件实行进出口的管理模式，比如对公安机关移送审查批准逮捕、审查起诉的案件受理和检察机关向人民法院提起公诉时的材料移送等工作，由案管部门负责办理。又如，部分的法律文书由案管部门负责开具等等。这种工作职能，本质上是案管部门据于案

件管理工作的需要，对案件的进出情况，通过这一职能，在宏观控制上掌握案件的第一手信息资料而产生的，但实际上是对业务部门提供的一项服务功能，并没有打破业务部门固有的办案流程，更没有影响到业务部门在诉讼办案过程中的审查、决定的整体性、完整性。即使对于由案管部门负责受理的案件，案管部门要进行程序审查，但这对于业务部门办案流程来说，案管部门的此项职能只是流程起点中的一个"前哨"，即将不符合受理条件的案件挡在门外，不让其进入检察环节的实际办案运行中，减少业务部门的无效工作量。但对于经案管部门审查后，符合受理条件的案件，当流转到业务部门办理时，业务部门仍然需要对案件进行受理审查，并根据审查情况作出相应的处理和决定。所以，案管部门的进出口管理职能，并不是真正意义上的对办案节点的截取，不影响办案部门办理案件的整体性和完整性，符合司法性特征。案管部门的管理工作职能中，如果在检察机关的刑事诉讼过程中，从中截取一个或多个诉讼办案节点，由案管部门负责办理或作出处理决定，势必会造成多头决策，难以追究责任，既违背了分工负责的司法性要求，也违背了刑事诉讼的基本司法运行规律。

因此，这种司法性原则，是据于案件管理工作职能需要符合司法性要求和司法运行规律所形成的必然结果。

其次，案件管理工作职能，需要摆脱一般性的、非影响诉讼关键节点的所谓的事务性工作。需要紧紧抓住案件管理工作中具有全局性、实质性并含有司法权力运行的关键环节和诉讼节点，做到有的放矢。

检察机关案多人少，案管部门的人员配备明显不足，是当前和今后较长一段时间内检察工作所面临的实际和现实问题。这就决定了案管部门的案件管理工作职能，需要紧紧抓住影响检察机关执法不严、司法不公、办案质量不高等问题，并对带有全局性、关键性并含有司法权力运行的办案节点进行有效管理控制。这种管理控制是通过制订监管制度，采取监管措施，在业务部门自身的办案质量管理工作的基础上进行有效监督。要始终坚持业务部门居于办案工作的主体地位的司法属性。案管部门的管理工作职能，只有在强化业务部门自身对办案质量的管理工作基础上发挥作用，才是最根本、最科学的管理。而绝不是将办案工作中的相关事务性工作拿过来自己做，变成业务部门的附属机构，更不是大包大揽，充当业务部门的"大内勤"，甚至弱化业务部门在办案工作中的主体地位，从事与管理职能无关的、且不影响办案质量根本的、决定性的事务性工作。比如，有的检察院将检察内卷材料直接交案管部门，由案管部门直接负责检查、整理、装订、归档工作。从多年的案件质量检查情况来看，这种做法，并不能提高或从根本上解决案件质量问题。究其原因，就是因为背离了业务部门是抓好案件质量的第一责任人的司法性原则，使得业务部门和办案人员的主人翁地位受到削弱。且又大量增加了案管部门的人力和精力。因此，案件管理部门对于发现的执法办案问题，要通过业务部门依照法定程序和手段去解决，而不能包办代替业务部门履行职能，切实做到"监督而不替代、管理而不越位"。① 从而形成检察长和检委会的宏观管理、条线之间的纵向管理、部门负责人的内部管理、案管部门的重点管理和检察官自我管理互为补充，共同构建检察机关立体的、全面的、系统的、多元的管理网络，从而强化检察机关的内部监督制约，加强规范化管理，提高办案质量和效率，促进公正廉洁执法。

因此，这种司法性原则，是据于案管部门与业务部门在案件管理工作中所处的诉讼地位、承担的法律责任所形成的必然结果。

再次，案件管理工作职能，需要厘清检察办案工作过程中具有司法价值和司法功能的内容事项。

检察工作的主业靠的是办案。在整个检察机关办案工作过程中，案件管理工作始终是处于保障地位，这是基本的司法规律。它如同一个生产企业一样，产品生产出多少、产品质量的好坏，首先是在车间，而不是在质监部门。车间产出的产品质量的好坏，直接影响到企业的生产成本和利润效益。质监部门的工作，就是通过监管手段，使车间生产出来的产品尽可能首次合格，同时对产出的产品进行再次检测或抽样检查，使不合格的产品不流转到用户手中。由此可见，业务部门的案件办理，"办"是核心，就是首先要通过业务部门自身的、内部的管理，"办"出质量合格的案件。案管部门的案件管理，"管"是核心，就是通过对业务部门在办案过程中的关键节点，特别是直接影响到诉讼程序、

---

① 高检院胡泽君副检察长：《统一思想 锐意进取 深入推进检察机关案件管理机制改革——在全国检察机关案件管理工作推进会上的讲话》，2012年6月7日，高检院办公厅通报第27期。

实体处理，对犯罪嫌疑人具有限制或剥夺部分人身权利或财产权利，具有司法权力运行和行使的内容，正确梳理出事前、事中、事后三种不同诉讼管理阶段的内容和事项，并进行严格控制，同步管理，及时发现和纠正不符合法律、纪律规定的办案行为，规范执法办案工作，确保每个执法环节、执法行为都依法进行、合乎规范，促进办案质量和效率的不断提高。而对于那些并不影响到司法权力运行和行使的办案业务工作内容，案管部门就没有必要直接进行管理控制，而是通过对案件的事后评查等职能加以规范和统一。目前，案件管理工作职能定位中，由于没有厘清检察办案工作过程中具有司法权力运行和行使性质的办案业务工作内容，因而出现了该直接管理的没有直接管理，不该直接管理的却直接管理了。比如：对自侦案件的立案决定，多数检察院没有将其纳入直接管理范围，而是将其作为文书备案的内容加以管理。其实，检察机关对自侦案件的立案决定，是刑事诉讼的开始，它直接影响到犯罪嫌疑人有可能被追究刑事责任和限制或剥夺部分人身权利或财产权利，案管部门对此项程序如果不加以重点管理，一旦在立案的案件质量上出现差错，将直接影响到犯罪嫌疑人的人身权利或财产权利，就有可能造成严重的不良后果。因此，对于这些具有司法权力运行和行使性质的办案业务工作内容，案管部门应当加重点的、直接的管理。而对于像对犯罪嫌疑人、证人的权利和义务告知、检察内卷的整理及归档等事项，案管部门大可不必作为重点内容，甚至亲自办理。随着网上办案管理系统的广泛运用，对案件的程序性内容的控制将向自动化管理方向发展。在此背景下，案件管理工作职能必将重点转向那些具有司法权力运行和行使性质的办案业务工作内容的审查、管理和控制上。

因此，这种司法性原则，是据于案管部门对具有司法权力运行和行使性质的整个过程中必须进行管理所形成的必然结果。

三、案件管理工作职能应当确立"权威性"原则

这里的"权威性"（又可称为"实效性"）是专指案管部门的案件管理工作对于办案干警和业务部门的工作绩效评价结果的运用必须得到有效体现，诉讼程序和实体处理必须得到有效控制，监管意见和整改措施必须得到有效落实，监管建议和工作措施必须得到有效实施。

"权威性"原则，是据于案管部门的案件管理工作的性质、地位、作用所决定的。因此，案管部门的案件管理工作职能定位需要有符合"权威性"原则的工作体制、制度和机制作保障。

在对案件管理工作职能定位中，"权威性"原则主要体现在以下几个方面：

首先，案件管理工作职能的"权威性"需要科学的组织保障。案件管理是决定办案工作质量好坏，以至于关系到检察机关是否实现"公平、正义"的一个决定性因素。管理水平高，检察机关的人力、物力、财力才能得到合理的组织，充分的利用。如果管理水平不高，不仅发挥不了作用，相反，摊子越铺越大，战线越拉越长，人没少用，钱没少花，气力没少费，还是不能解决案件质量问题。因此，案件管理部门的管理工作职能的正确履行，需要科学的组织保障：一是在人员配备上，要按照选优配强的原则，选拔一批事业心强，作风扎实，业务精通，综合素质高的优秀人才充实到案件管理队伍中来。要高度重视案件管理队伍的思想政治教育、纪律作风建设和能力建设，努力造就一支具有全局视野、懂业务、会管理、能力强、作风硬、敢抓敢管的案管队伍。如果案管人员既不精通检察业务，又不善于精准管理，案管部门的案管工作职能就不可能发挥作用，有的会出现添乱，瞎折腾，甚至帮倒忙，拖后腿，案管工作职能的发挥效果会适得其反，权威性也会大打折扣。二是在组织机构规格上，要有别于一般的业务部门。对于案管部门负责人和案管部门要进行高规格配置。提高案管部门负责人和案管部门的组织机构规格，是由劳动分工和协作所引起的，是社会化大生产和社会形态的客观要求，也是案管部门管理工作的自然属性和社会属性所决定的。因为案管部门的管理工作职能，是在业务部门自身管理的基础上进行的深层次的、更高层次上的管理，是宏观的、整体的、全程的管理，这是案管部门管理工作的自然属性。案管部门的管理工作，往往需要对业务部门在办案工作中出现的不当行为进行有效控制。案管部门的管理工作措施有的涉及多个部门，甚至对全院性的办案业务工作进行计划、组织、指挥、协调，其地位重要、作用突出、责任重大，这是案管部门管理工作的社会属性。因此，案管部门负责人和案管部门需要在组织机构规格上确定其权威性，从而真正实现检察机关案件管理部门工作职能履行与组织机构规格相对应。三是需要将检委办、研究室的职能并入案件管理部门。案管工作职能概括起来主要包括两个方面：一个是管理，一个是服务。其中在服务职能上，最重要的是为检察长和检察委员会服务。它需要为检察长和检察委员会进行业务工作开展的组织、指挥，对办案质量的检查、讲评，对检察工作制度和机制进行分析、研判，提出意见和建议等服务。这些服务工作，都需要将案管部门的业务工作信息优势，检委办的组织、指挥优势和研究室的分析、研判优势进行有效整合，使案件管理部门真正成为检察长和检察委员会的"参谋"和"助手"。

因此，这种权威性原则，是据于案管部门所承担的管理工作职能的需要所形成的必然结果。

其次，案件管理工作职能的"权威性"，需要根据案件管理工作的需要，制订相配套的工作制度和工作机制。案管部门的管理工作职能是否发挥应有的作用，是否具有"权威性"，重要的一条就是体现在管理工作的成果转化应用上、工作制度和工作机制相配套上。案件管理工作是一个发现问题、分析问题、最终实现解决问题的过程，这也是所有管理工作的基本路径和终极目标。为此，案件管理部门需要有对业务部门、办案人员的业务工作和办案质量进行检查、通报、考核、评价的管理工作职能。因此，需要制订相配套的工作制度和工作机制，在工作制度和工作机制层面上树立案件管理工作的权威。一是对于案管部门在业务工作和案件质量检查中发现的工作制度和工作机制上的问题，案件管理部门要及时进行归纳、分析，提出改进建议和意见，检察委员会要及时将其上升为新的工作制度或工作机制来规范执法行为，为案管部门在提高业务工作和案件质量方面提出的建议和意见的采纳和运用上树立权威；同时，通过边实践边总结，不断建立健全案件管理的各项制度，使案件管理的各个方面、各个环节都有章可循、有据可依，切实做到凭制度说话、按规范办事。[①] 二是对于业务部门、办案人员在业务工作和办案质量上的优劣情况，要通过建立业务工作量化统计和个人执法档案工作制度，由案管部门对其作出绩效评价，并作为全院评先评优、晋职晋级考核工作的重要依据。在这些奖惩、激励等工作制度、工作措施上，为案管部门对业务部门和办案人员的业务工作和办案质量的评价结果运用上树立权威。三是对于案管部门在案件管理

---

① 高检院胡泽君副检察长：《统一思想　锐意进取　深入推进检察机关案件管理机制改革——在全国检察机关案件管理工作推进会上的讲话》，2012 年 6 月 7 日，高检院办公厅通报第 27 期。

工作过程中，对业务部门在办案程序上、具体案件的实体处理上存在意见分歧，提出异议，要求检察长或检察委员会重新进行认定或重新作出处理决定等事项，检察机关要建立启动内部复议复核程序的工作制度和工作机制，明确案管部门具有对办案程序或实体处理提出异议，并能启动内部复议复核程序的权力，并对案管部门提出异议的时机、方法、内容和操作程序作出明确的制度规定。为案管部门在对办案程序或实体处理上提出异议时，如何解决的决策制度上树立权威。最终使案件管理部门的管理工作真正成为抓好队伍管理、业务管理的具体措施和手段，成为提升检察机关形象和公信力的强力支撑，成为提升检察机关素能水平的有效载体。

因此，这种权威性原则，是据于案管部门所承担的案件管理工作内在需要所形成的必然结果。

再次，案件管理工作职能的"权威性"，需要自身的管理工作成效和实绩来实现。任何一个好的工作制度和工作机制，都需要具体的部门和人员来实施、来落实、来发挥作用，案件管理工作也不例外。为此，案管部门必须在"打铁还需自身硬"的道理上多做文章，多下功夫，并在以下几项工作能力上发挥作用，树立权威：一是要充分发挥主观能动作用，注重发挥沟通协调的工作能力。案管部门需要对各种法律法规和办案流程全面把握、深入理解，要对相关规定及其立法精神，特别是对相关法律法规或办案流程作出重大修改的内容要真正学懂弄通。不仅要学习与本职工作有关的内容，还要强化检察一体观念，全面把握审查逮捕、审查起诉、职务犯罪侦查、诉讼监督等方面提出的新要求，使案管部门成为贯彻落实检察业务工作中的行家里手。要紧密结合检察工作特别是案管工作实际，深刻研究案件管理工作中出现的新情况、新变化给检察工作特别是案管工作带来的机遇和挑战，从统揽检察全局的工作视角，认真研究涉及检察工作的具体应对措施，未雨绸缪，做到早打算、早谋划、早准备。对案件管理工作发现的问题和不足，要通过制订出台相关的指导性意见等方式，主动加强与业务部门的沟通和协调，将自身的案件管理工作融入各项具体的业务工作中，坚持监督检查与促进工作相统一，帮助业务部门规范和制定整改措施，努力形成案件管理工作的整体合力，不断提高业务部门的办案质量。二是要有创新管理工作的能力。管理工作创新具有"管理科学"和"领导艺术"的双重特性，是科学与艺术的有机结合。没有管理工作的创新，管理工作就没有生命力；没有管理工作的创新，管理工作就没有战斗力。检察队伍、办案人员主体的不断变化和更新，需要案管工作的不断创新；法律法规、办案规程、工作制度和工作机制的不断变化和更新，需要案管工作的不断创新；社会、政治、经济和检察工作司法理念的不断变化和更新，需要案管工作的不断创新。因此，案管部门对案管工作的创新，是一个永恒的主题，必须在不断创新的路上，积累自己的管理经验，形成自己的特色优势，树立起自身的权威。对案件管理工作过程中出现的新情况、新困难，发现的新问题、新变化，要用工作创新的措施和办法加以改进、克服、完善和提高。做到在规范中创新，在创新中规范，不断提高规范化、科学化管理水平。三是要有确保案件监管措施有力和监管建议有效的能力。案件管理工作职能涵盖多项检察业务，案件管理工作的开展，既面临着检察人员的业务水平和工作能力的问题，又面临着工作制度和工作机制配套的问题。因此，案件管理部门在案件管理工作过程中，要牢固树立有序推进、稳扎稳打、步步为营的工作理念。始终坚持多措并举，积极有效地开展案件管理工作，与有条不紊，有序推进各项管理工作措施的有机结合；始终坚持大胆管理，强化管理领域和管理范围的工作力度，与发扬民主，强化调研分析和科学论证的有机结合；始终坚持建立和完善案件管理工作制度和工作机制，与建立和完善相配套的工作制度和工作机制的有机结合。使案件管理工作抓得准、抓得稳、抓得狠，树立起管理权威。同时，要加强监管建议的有效性。要通过流程管理、法律文书控制、案件评查、绩效考评、专项检查、统计分析等管理工作，对检察工作包括业务办案工作进行综合分析和专题研究，要注重抓住主要矛盾，突出重点，切中要害，在充分论证的基础上，适时提出具有针对性、新颖性、实用性、指导性和可操作性较强的监管建议，指导检察业务实践，帮助业务部门乃至检察委员会采取相应措施，进一步提高办案质量。同时，要注重发现影响办案质量和效果的深层次、实质性的问题，积极探索案件管理的新机制、新办法、新举措，并提出切实可行的意见建议，做到主题鲜明，观点新颖，言简意赅，详略得当，结构严谨，层次分明，使监管建议切实起到总结经验，指导办案之功效。为检察长和检察委员会的决策提供权威性的信息支持。

因此，这种权威性原则，是据于案管部门对自己所承担的管理工作职能的内在要求所形成的必然结果。

综上，检察机关案件管理工作职能中所确立的"继承性""司法性""权威性"原则，是案件管理工作全面、准确、顺利开展所把握的基本原则，它对于正确区分案件管理工作中所承担的管理、监督、服务、参谋四项职能的主次、轻重关系和价值作用，具有一定的理论和实践参考价值。

新刑事诉讼法视角下对检察机关案件管理工作的探究

常 祯 *

检察机关作为法律监督机关的特殊性，决定了在刑事诉讼各环节均会面对刑事诉讼法修改后的新要求、新挑战，案件管理也不例外。当前，在案件管理中存在一些问题，严重制约了案件管理工作的有效开展。本文首先分析了案件管理工作中存在的问题，并在此基础上以新刑事诉讼法为视角，分别从准确把握案件管理机构职能，完善案件管理制度，明确新刑诉法实施后对案件管理工作的新要求，准确认识新刑诉法实施后案件管理工作新重点等方面提出解决案件管理环节存在的问题、扎实推进案件管理工作的思路。

一、检察机关案件管理工作中存在的主要问题

为了贯彻落实新刑事诉讼法，加强和完善案件管理工作机制，促进案件管理工作的有效开展，当前，在新刑事诉讼法施行的关键时期，需反思案件管理工作中存在的不足和问题。

（一）案件线索管理不规范

目前，案件线索管理不规范突出表现在以下方面：一是案件线索的管理比较分散。按照最高人民检察院制定的《人民检察院举报工作规定》《关于完善人民检察院侦查工作内部制约机制的若干规定》的要求，案件线索应当由举报中心管理；但在检察实践中，举报中心以外的其他部门收到举报线索或自行发现案件线索后，一般不会转交举报中心，而是自行决定初查，案件线索没有统

* 常祯，甘肃省酒泉市人民检察院助理检察员。

一归口、集中管理，存在着管理主体的多头化现象。二是案件线索的管理权与办案权未完全分离。由于检察系统自侦部门力量不足或者由于受经费制约的影响导致追求经济利益的需求，举报中心存在案件线索管理权与办案权并行的问题。三是已受理的案件线索积压、流失严重。由于举报内容不翔实，多头举报，警力不足，侦查活动受行政约束较多导致办案效率不高，加之地方保护主义的影响，案件线索未统一归口管理，自侦案件在受案、初查、立案侦查等诸多环节缺乏监督制衡机制等原因，造成案件线索积压、流失严重。四是初查终结的案件线索未能及时归档。有的侦查人员办案的意识很强，但对初查后结案的工作往往不太重视，特别是对未成案线索，有的会拖延，有的未按要求装订归档备案，致使线索管理人员无法及时掌握分流线索和缓查线索的进展情况，影响线索的统计和消化工作，也无法及时跟踪、催办，这是线索管理上的一大顽症。五是初查未成案线索管理存在漏洞。对经初查不能取得证据但又不能排除犯罪嫌疑的未成案线索，举报中心无法如实掌握动态而进行有效的管理；对按规定应作缓查处理的未成案线索，有的暂缓初查时间过长，有的则作为线索查结处理，当中止初查的原因消除或者解除后，承办人对缓查线索的重新初查难以启动，缺少缓查后重新初查的工作机制。[1]

（二）案件质量管理没有形成体系

实践中，检察机关没有真正形成一套完整、科学且符合检察发展规律的管理理论及实践体系，从而也无法形成普遍适用的质量管理体系。检察机关对案件的质量管理主要通过检察长、分管检察长的宏观管理，主诉检察官或部门负责人的具体管理，上级业务部门的监督管理来实现的。[2] 这种管理机制存在以下三个问题：一是从管理的阶段上看，注重结果管理，忽视过程管理，对案件质量的事前预测、事中矫正等救济功能发挥得不够，不能有效预防不规范执法行为的发生。二是从管理的性质上看，过于注重行政化管理，忽视司法属性管理；由于基本上靠管理者的行政权力，导致随意性大，因而管理的质量与力度取决于管理者个人的素质。三是从管理的表现形式上看，注重线性管理，忽视

---

[1] 朱容辰：《浅析检察机关案件管理制度》，正义网，2011 年 12 月 6 日访问。
[2] 昆山检察院办案模式课题组：《论"检能整合优化"昆山办案模式》，正义网，2008 年 4 月 27 日访问。

横向制约及现代管理民主化的基本要求。

（三）案件质量监督管理不到位

主要表现在：一是上级检察院对下级检察院的监督不够到位，备案审查制度在一些地方流于形式，使这项制度的功效没有得到充分的发挥，并且备案审查制度主要是事后监督，时效性不强，监督的力度不大。二是上级检察院对下级检察院查办案件的监督没有落实到具体案件上。有一些检察院对办案中存在的倾向性问题和有关重大典型案件的办理情况，没有及时向上级检察院报告。三是检察业务统计工作存在着上报不准确、不全面，甚至弄虚作假的现象，造成由于案件统计不实直接误导上级检察机关和领导对办案态势的评估和决策。四是检察机关信息化建设缓慢，监督管理手段落后。上级检察院对检察业务工作信息的分析和综合利用不够，影响对下指导的力度。五是内部监督制约力度不足。无论是从法律规定还是从检察实践来看，初查、立案、采取或者变更强制措施、撤案、不起诉、起诉等关键环节，其决定权都在检察长、主管检察长或检察委员会，承办人、承办部门只能服从领导，几乎不可能提出异议，更无法制约行政领导权。但如何从制度上保证对任何案件都能做到依法决策、民主决策、严格按程序办事，还要做大量工作。

（四）案件管理缺乏规范性

案件管理缺乏规范性突出表现在：一是办案程序不够规范，存在执法的随意性。一方面是因为立法的不完善，有些程序性规定过于原则，操作性不强；另一方面，有的办案人员由于没有具体的、操作性强的办案程序规范，往往凭经验处理程序上的问题，而不是依靠程序规范来调整自己的行为，导致不少执法过程中的随意性。二是案件管理机制不健全。不少地方检察院尚没有建立起办案流程管理机制，使得办案人员对办案本环节应当做些什么、做到哪种程度因没有明确的操作标准而心中无数，一些重大案件的办理进度、办案质量等情况，部门负责人、分管检察长无从知晓，进而无从及时、有效地对办案工作进行管理，办案流程管理的作用没有得到充分有效的发挥。[①]

---

① 昆山检察院办案模式课题组：《论"检能整合优化"昆山办案模式》，正义网，2008 年 4 月 27 日访问。

（五）错案责任追究难以到位

自高检院发布《人民检察院错案追究条例》以来，适用《人民检察院错案追究条例》对错案进行确认并追究相关人员责任的寥寥无几；其中的重要原因就是现行的办案机制除案件承办人对案件事实和证据负责外，其他各办案环节的责任难以明确，办案各环节责任分散。如一起案件多人参与承办，承办人提出的处理意见，经过集体讨论认可，检察长也同意承办人意见，但该案最终被确定为错案，应当由谁来承担错案的责任难以明确，致使错案责任追究制度在加强案件管理、提高案件质量中不能有效发挥作用。

二、新刑事诉讼法视角下解决案件管理工作中存在问题的思路

案件质量是检察工作的生命线，直接关系到检察机关法律监督的权威性和公信力。检察机关要以新刑事诉讼法和现代管理理念为支撑，明确检察机关案件管理职能，探索建立科学案件管理机制，明确新刑诉法的实施对案件管理工作的新要求，准确把握新刑事诉讼法施行后案件管理工作的新重点，才能从根本上解决案件管理中出现的各种问题，才能有效提高案件管理的整体效能，保证案件质量。

（一）准确把握案件管理机构职能

案件管理部门的职能取决于具体业务，应当包括办案流程管理职能、办案质量管理职能、办案信息管理职能和综合管理职能等。

1.办案流程管理职能。主要对检察机关各个部门、各类案件的接收、办理、流转全过程的管理与监督。其实质是用规范化的统一流程受理案件、办理案件和管理案件。为提高流程管理水平和效率，流程管理机构的职责是有针对性地建立健全案件流程管理规则和运行模式，把好案件进出口，在流程管理过程中对办案进行实时、动态、全方位监督。

2.办案质量管理职能。主要对办案质量进行事中控制、审查和事后评查。事中控制、审查主要依托于办案过程中的一系列质量保障机制，包括发出办案期限预警通知和督查意见，口头纠正程序违法，纠正公安机关实体错误，纠正本院业务部门实体错误、个案督察等。事后评查主要是通过绩效管理来实现，即通过案件管理过程中掌握的情况，对个人或部门、机关的工作成绩和工作效

果作出评定，构建并依托执法档案管理系统对案件程序和实体结果作出评价，以实现对检察人员执法情况的全面、综合、客观考评，真实反映检察人员的执法绩效。质量管理机构有责任通过构建案件质量管理、评价、问责一体化机制，实现对案件质量过程控制与检察干警绩效考核的无缝对接，从而使队伍建设与业务管理紧密联系，形成有机整体。

3.办案信息管理职能。主要是构建检察业务基础信息平台，为检察委员会、检察长和各部门提供信息服务。通过对案件管理过程中各种信息的搜集汇总、整理分析，对执法工作效能、办案数据进行跟踪、统计、分析和研究，发现办案工作中存在的问题，为检察长和检委会宏观决策提供解决问题的前瞻性建议，帮助办案部门加强信息沟通和反馈，建立与业务部门的重大业务活动信息互通机制和信息共享机制，从而实现内部信息资源利用的最大化。

4.综合管理职能。主要对不同办案部门之间的业务协调统筹，以及案件管理部门的其他日常事务的处理。

（二）探索建立科学案件管理机制

检察机关的案件管理制度不同于一般企业管理和单纯的行政管理，它具有检察管理属性和从属于检察权配置的特征。作为一项管理制度，案件管理的主要构成要素，应当包括案件管理的理念和价值目标、案件管理的规章制度体系、案件管理的手段和方法以及案件管理的评价体系等。

1.建立检察业务规范管理和案件程序监控管理机制。执法办案规范是提高办案质量和执法水平的前提，而提高办案质量是实现司法公正、公平和正确履行检察机关法律监督职能的关键。在构建网络化、信息化检务公开平台的基础上，建立律师阅卷以及律师约见检察官制度，有效引导案件管理相对人的辩护权以及说明理由进入检察业务管理和决策机制；要改变检察机关各业务部门进行总体案件管理的混乱局面，探索检察机关办理案件实体审查与程序审查相分离的制度，保证各项业务工作规范、有序、合法、高效运行。要通过案件管理机构，对各业务部门受理的所有案件进行登记，再由案件管理机构按案件性质直接转交给主办检察官办理，包括自侦案件在流转过程中也必须通过案件管理机构登记转办；主办检察官作出的决定也由案件管理机构登记后转交侦查机关或审判机关。通过这种方式，案件管理机构能够及时全面了解和掌握检察机关全部业务情况，便于检察长对办案进行统一指挥、协调、督办，使检察机关的整体优势和效能得到充分发挥。

2.建立检察业务考核管理新机制。提高案件办理质量是规范执法应有内容和积极追求，而建立检察业务考核管理机制必须细化案件考评的各项指标，使案件考评有更为详尽的依据。只有合理分配各项指标的比例，才能做到考评结果的合理。要制定必要的《案件质量考核标准》，按照实事求是、客观公正、科学合理、民主公开的原则，采取自查、抽查、总查、通报、评估等方法对各业务部门的案件质量以及围绕办案开展检察工作的质量进行科学全面评定。要以《案件质量考核标准》为载体，建立起一套符合检察工作规律和工作实际的案件督查考评体系和健全以案件质量为核心的评估体系，努力完善案件质量保障机制，提高执法水平和办案质量。一方面要建立合格案件质量标准评价机制，将办案质量以具体的指标量化，引导办案人员追求案件质量的最佳化；另一方面要推行办案风险评估机制，认真总结刑事检察实践中案件质量问题的前兆性特征，梳理出可能影响批捕起诉案件质量，造成质量问题的隐患苗头，科学地设计应对措施，将质量隐患尽可能消除；同时，要推进案件质量考核机制与奖惩机制的联动，通过评估界定办案质量优劣，通过考核兑现奖优罚劣，加强办案责任制和责任追究制，适当促进检察人员的激励与约束机制建设。

3.要构建激励与约束并行的案件质量考核与案件监督管理联动机制。案件监督管理联动机制，是促进承办人依法履行职责，公正执法、依法行政、促进工作的效能保障措施。在这方面，（1）要建立动态监督机制。建设计算机局域网和专线网，运用信息网络技术对办案进行科学管理，实现案件管理的现代化，并对办案流程实行动态管理，对办案质量进行动态监督；要采取普通监督和重点监督相结合、内部监督和外部监督相结合的方法，定期、不定期对案件质量进行严格考核、评价和监督；要对是否严格依实体法、程序法办案，法律文书是否齐备，强制措施是否合法，是否有超期羁押、超期办案情况等进行系统检查，及时发现问题，及时纠正和整改，并落实责任追究。（2）要建立预警机制。根据检察办案的规律，对各类办案数据设定预警标准，达到预警标准则及时预警，启动调查研究程序，及时发现、解决工作中存在的问题，保障检察机关办案工作合法、公正。（3）要建立监督制约机制。一方面要强化检察委员会监督制约作用，充分发挥检委会办公室对提交检委会的案件进行程序把关和实体审查作用，充分发挥检察委员会对案件的集体决策功能；对重大疑难案件应该聘请相关的专家、学者列席检委会，参与分析研究，提供专业咨询，严把案件质量关；另一方面，要强化纪检监察部门的监督作用，通过"一案三卡"，即每办理一起案件，对案件当事人的"办案告知卡"、办案人员的"廉洁自律卡"、案件侦结后的"回访卡"，强化对执法办案活动的监督，对办案情况实行动态跟踪监督，发现问题及时纠正；同时，必须充分发挥人民监督员的监督作用，建立外部监督制约机制。

（三）明确新刑诉法实施后对案件管理工作的新要求

刑事诉讼法修改对检察工作和案件管理工作带来的影响是多方面的，案件集中管理工作也要认真准备，积极应对，主动适应新刑事诉讼法带来的新要求、新挑战，转变观念，完善制度，敢于监督，善于管理，确保新刑事诉讼法在检察机关得到全面的贯彻执行。[①]

1. 转变观念，为保障新刑事诉讼法的贯彻执行提供有力的思想武器。观念是案件管理工作的先导和指南，决定着案件管理工作的走向和层次。案件管理要保障刑事诉讼法修改后的正确执行，第一位的要求就是转变观念。一是坚持惩治犯罪与保障人权相统一的理念。二是坚持实体公正与程序公正相统一的理念。三是坚持公正与效率相统一的理念。四是坚持强化监督的理念。五是坚持宽严相济刑事政策的理念。

2. 加强机构和队伍建设，为新刑事诉讼法正确执行提供坚实的组织基础。健全的机构和高素质的队伍是做好案件管理工作的基础。案件管理部门要把学习新刑事诉讼法作为一项重要工作，制订专门的计划，对全体工作人员进行系统、全面的教育培训，使大家真正吃透弄懂修改的精神，了解熟悉修改的内容，理解掌握条文的确切含义，明确此次修改给检察工作和案件管理工作带来的重大影响，提高案件管理部门人员理解适用刑事诉讼法的能力和水平。

3. 加快推进信息化建设，为新刑事诉讼法的正确执行提供高效技术支撑。信息化建设对案件管理工作至关重要。曹建明检察长多次强调，信息化是案件管理的基础，要以信息化为依托，推进案件管理机制改革。案件管理部门要努力构建统一的案件管理软件系统，构建案件办理、管理、统计一体的技术平

---

① 钟祥：《严格执行修改后〈刑诉法〉扎实做好案件管理工作》，荆楚公平正义网，2012年6月5日访问。

台，争取实现办案网上运行、网上监督、网上考评。通过便捷、高效的管理软件系统，进一步做好各项案件管理工作，更加有效、有力地发挥案件管理部门的监督管理作用。

4.认真对接修改后的刑诉法。根据新刑诉法及修改后的《人民检察院刑事诉讼规则》的规定，积极建立律师接待和当事人、代理人接待机制，负责接待律师及当事人、代理人。修改后的《人民检察院刑事诉讼规则》第三十二条规定：人民检察院案件管理部门负责统一对外接待和联系辩护人、诉讼代理人，接受辩护人、诉讼代理人提出的申请、申诉、控告以及提交的材料、意见等，及时移送相关业务部门或者与相关业务部门协调、联系，保障辩护人、诉讼代理人依法履行辩护、代理职责。

5.争取统计纳入案件集中管理中心，促进业务考评数据报送规范化。要按照上级院部署要求，科学谋划、主动作为，将统计报表分析工作纳入案件管理部门职责范畴，以为领导和上级机关及时掌握检察工作进展，提供全面、客观、准确的数据。

（四）准确认识新刑事诉讼法视角下案件管理工作的新重点

贯彻落实新刑事诉讼法，加强案件管理工作重点，促进检察管理水平的提升，是当前强化法律监督、提高检察机关执法办案质量和效率、推动检察工作创新发展的必然要求。案件质量是检察工作的生命线，直接关系到检察机关法律监督的权威性和公信力。案件管理部门作为检察机关的内设机构，虽然各地在机构设置、管理权限上有所差异，但对其管理、监督、服务、参谋的职能定位和统一受理、流程监控、质量管理、统计分析、综合业务考评的运行方式，在认识上、行动上已日渐趋同，案件管理工作核心和工作重点也趋于明晰。

1.加强案件统计管理。案件管理机构负责统一管理检察案件的"进口"和"出口"，统一受理侦查监督案件、公诉案件、反贪污贿赂案件、反渎职侵权案件、民事行政案件和控告申诉案件，统一负责各业务部门办案数据的统计、运用和上报。扎实、准确地做好案件统计工作是案件管理的基础和前提，加强案件统计管理：一要案件统计科学化，其信息录入、登记、统计都要以文字、表格的形式建立完整齐备的记录体系。二要案件统计全程化，案件管理注重的是流程管理，是对从立案、侦查到执行、申诉等执法办案全过程的管理，不可前有后无、前重后轻。三要案件统计精细化，其信息录入、登记、统计的栏目、表格设计要尽可能考虑到刑事诉讼、民事诉讼、行政诉讼等诉讼活动的主要环节，考虑到监督结果记载所需的必要空间。四要案件统计规范化。案件管理是建立在现代信息技术的发展和计算机的科学应用基础之上的，只有案件统计规范化运作，才能杜绝统计数据的人为操控，做到信息准确无误，横向对口、纵向对接，才能实现案件管理的网上运行、网上管理、网上监督、网上考评。

2. 加强案件流程管理。检察机关的案件管理过去是靠各业务部门自己、靠执法者自身自我约束进行的，这种模式往往存在一些案件流失、超期羁押、人为因素影响案件公正处理等问题。由案件管理办公室进行专门管理，就是要用一种外在力量进行监督和约束。加强案件流程管理，就是加强对检察机关承办的每一案件的每个环节的全程掌握，全程监控，对违反程序的行为进行及时预警、及时发现、及时纠正，杜绝部门间、上一环节与下一环节间的妥协和纵容，杜绝超期或变相超期办案，杜绝重实体、轻程序的惯性思维带来的忽视受理、告知、通知、送达、回复的现象，杜绝刑事诉讼法修改后与诉讼规则和工作规范调整其间造成监控真空。充分实现监督与办案相分离，加强案件流程各节点的监控和提醒，目的是保证案件质量和办案效率，保证程序公正。

3. 加强法律文书管理。法律文书的监管应当体现在管理、服务和监督三个方面。一是法律文书的备案管理。检察机关常用法律文书有一百多种，每一法律文书的运用都标志着一个诉讼环节、一个法律监督事项的开端或结束，都是案件管理应当掌控的节点。侦查监督案件、公诉案件、反贪污贿赂案件、反渎职侵权案件、控告申诉案件和民事行政案件常用法律文书备案服务于全程管理和动态监督。二是为法律文书使用、制作提供服务。法律文书的使用、制作是执法水平的综合体现，修改后的刑事诉讼法生效之后，检察法律文书又将面临一次补充和刷新。案件管理工作人员只有认真学习和钻研诉讼法学，努力使自己成为法律文书应用的专家，才能把好案件"出口"关，做到文书使用准确、制作规范。三是法律文书监督。每一个案件的侦查、审查承办人均付出了大量心血和劳动，部分案件的承办人被实体问题和程序问题牵绊耗用了大部分精力和法定时限，在法律文书使用、制作中、程序上难免出现瑕疵，案件管理工作人员只有拿出中肯、精准的修改意见才有说服力，才有监督之必要。

4. 加强涉案款物管理。《人民检察院扣押、冻结涉案款物工作规定》第五十条规定:"设立案件管理部门的人民检察院,可以根据有关规定确定案件管理部门、纪检监察部门、财务装备部门在扣押、冻结款物的保管、处理、监督工作中的职责与分工。"加强查询、调取、扣押、冻结、处理涉案款物的监管,案件管理部门一要注重与新法对接,修改后的刑事诉讼法在第二百三十四条增加了对"查封"财物的处理,增加了办案机关对查封、扣押、冻结财物应当制作清单、随案移送和人民法院作出的判决应当对查封、扣押、冻结财物及其孳息作出处理的规定。它是诉讼终结之后处理涉案款物的法律依据。二要注重与纪检监察的联系和配合,专项检查"每年至少检查一次",个案监督要贯穿案件管理始终常抓不懈。

5.加强案件考评管理。案件质量评查和业务考评是案件管理办公室的一项专门工作,也是检察院一项事关全局的综合业务工作,它仍然要依托现行的纵向管理体系进行。加强基层院的案件质量评查和业务考评:一要强化组织领导,将案件质量评查和业务考评纳入全院主要业务活动范畴,由主要领导亲自抓、案件管理部门具体抓,增强评查和考评的权威性。二要强化协调配合,即与侦查监督部门、公诉部门、反贪污贿赂部门、反渎职侵权部门、民事行政检察部门和控告申诉部门的协调,与其他负有监督管理职责部门的配合,增强评查和考评的公平性。三要强化考评方法,通过人工手段进行案件质量评查和业务考评不仅工作量大、难度大,而且人为因素影响大,公信力大打折扣,不仅起不到应有作用,也成为评查评考制度难以与工作奖惩、人事任免制度有机衔接,形成奖惩激励机制的症结所在。在统一的案件质量评查标准、业务工作考评标准和实施办法的框架下,运用计算机技术实行网上考评,才能增强评查、考评的科学性,体现实行案件专门管理应有之义。

关于检察机关构建案件管理机制的思考

李润华 *

案件管理新机制是检察权顺应司法改革潮流、进行自我完善的内在要求，是检察机关重新审视案件管理性质及职能作用的必然产物，也是管理学、法学等学科贯通融会、互相影响的集中体现。近年来，全国各地检察机关对案件管理模式进行了不同程度的改革，虽然改革的重点不尽相同，效果也各有优劣，但改革的初衷、方向、路径、模式等要素却是大同小异。

一、构建案件管理机制的基本理念

（一）构建案件管理机制的初衷：加强案件管理，推动检察工作科学发展

检察机关法律监督职能要求检察工作的出发点和落脚点，都要服从和服务于"严格履行检察职能，依法办案，高质量办案"这个根本。由于检察机关行使职权，大多是通过办案来实现的，因而，案件质量问题直接决定着检察机关能否有效发挥自身的职能作用，可以说，案件质量是检察机关的生命线。鉴于此，高检院早在 2003 年就制定颁布了《最高人民检察院关于加强案件管理的规定》，要求各地检察机关建立相应的案件管理制度，设立相应案件管理机关，正式启动了自上而下的检察机关案件管理制度的改革序幕。2011 年 9 月，高检院印发的《"十二五"时期检察工作发展规划纲要》中明确要求要加强案件管理，更新检察管理理念，创新案件管理模式，构建统一受案、全程管理、动态监督、案后评查、综合考评的执法办案管理新机制。2012 年 5 月，全国检察机关案件管理工作推进会在江苏省南京市召开，高检院常务副检察长胡泽君

---

* 李润华，北京市顺义区人民检察院法律政策研究室助理检察员。

在会上指出："案件集中管理的总体目标是通过改革案件管理机制，实现对执法办案的科学化、规范化、全程化、精细化、信息化的管理，推动检察工作科学发展。"

（二）构建案件管理机制的法理基础：强化检察机关内部监督管理

案件管理机制是检察机关强化内部监督管理的重要尝试，符合诉讼规律和检察工作特点，体现了法治进步和检察权的改革方向。从价值理性的角度说，案件管理机制存在着深层的应然性基础。

1. 检察权本质属性的要求：司法行政分离

检察工作是执行和运用国家法律的专业性、司法性较强的工作，司法性是检察权的本质属性。但传统的检察权在运行过程中存在着严重的行政化色彩，不但体现在检察机关的机构设置、经费来源、职能定位等外在体制上，还渗透于内部管理的不同层面，案件管理也不例外。与案件管理相对应的检察人员管理也难逃行政化的命运。2000 年，高检院公布了《检察改革三年实施意见》，决定改革检察官办案机制，全面建立主诉、主办检察官办案责任制。但由于案件管理体制没有与检察官办案体制同步改革，极大影响了主诉（主办）检察官办案责任制的实际效应，暴露出不少问题。正是在这样的背景下，案件管理中心背负着消解案件管理行政化弊病和助推主诉（主办）检察官办案责任制的双重使命应运而生。

2. 诉讼制度的理论根基：程序监督制约

在我国传统的诉讼体制下，流程控制权和实体审查权这两种权力往往被混合在一起由同一审查部门行使，这必然会导致流程控制权因未受重视而疏于管理，实体审查权因缺乏制约而被滥用。更重要的是，这种架构不仅不能使检察机关的审查权对当事人的合法权益进行充分保护，而且由于诉讼的低效率和缺乏公正的表象，直接损害了检察机关的权威和诉讼的公信力。因此，流程控制权与实体审查权的相对分离便成为司法改革的必然选择。在现代诉讼中，流程控制权已上升为与实体审查权同一层次的权力。流程控制权与实体审查权分权制约后，案件流程控制权从科室、办案人员手中剥离出来，形成一个独立运行的新机制，有效将案前、案中、案后有机统一起来，形成"横向到边，纵向到底"的案件管理监控体系，既贯彻了程序监督制约原理的合理内核，又避免了检察机关内部其他横向和纵向监督机制的局限，程序的重要价值将得到进一步张扬，影响司法公正效率的不当因素也因此得到掣肘。

3. 诉讼制度的价值追求：诉讼公正和效率

我国刑事诉讼领域实行的是起诉法定主义和起诉便宜主义相结合的二元模式，但受刑罚本质观的影响及对实体公正的过于偏爱，检察官成了发动起诉的机器，公诉要求有罪必罚，有罪必诉，在事实上造成了为"查明案件事实"可以置程序公正和效率目标于不顾等情况。其实，无论是刑事被害人及其亲属，还是一般的社会公众，都希望犯罪分子尽快地受到国家的刑事制裁，即使被告人也希望国家能够尽快地对其应否负刑事责任和判处何种刑罚给出一个结论。否则，案件久拖不决，将使被告人的地位和前途陷入不确定状态，影响其安排自己的生活。在这个意义上，诉讼效率的高低直接决定并影响着人们对诉讼公正的认识。刑事实体观念的理性化进程呼唤出刑事程序理论的新发展，刑事程序理论的新发展必将迎来刑事诉讼实践的新变革。对诉讼正义与效率价值认识的更迭，将会折射到案件管理领域，引发案件管理模式的变化。

4. 法治的发展趋势：司法透明

司法透明既是保障当事人合法权益、加强公众执法监督的重要途径，也是确保执法工作质量、实现公正执法的重要保障，更是法治文明建设的生命线。司法透明对于检察机关来说，还有更为重要的含义。学界一直存在一个难以突破的逻辑困境，即"谁来监督监督者"，阳光检务一经提出便使这个难题迎刃而解，通过检务公开，为群众监督、舆论监督和内部监督开辟了路径。但随着检察工作公开范围和层面的扩大，检察机关现有的架构已经很难应对群众日益增长的权利诉求，检务公开工作越来越繁重，高度信息化的需求催促着案件管理机制的诞生和成长，以推动检务公开得以顺应司法透明的潮流。

二、构建案件管理机制的现实依据

（一）现状考量：当前检察机关案件管理工作中存在的主要问题

1. 案件线索管理不规范

一是案件线索的管理比较分散，存在管理主体多头化的现象；二是案件线索的管理权与办案权未完全分离；三是已受理的案件线索积压、流失严重；四是初查终结的案件线索未能及时归档；五是初查未成案线索管理存在漏洞；

等等。

2. 案件质量管理没有形成体系

"检察机关没有真正形成一套完整、科学且符合检察发展规律的管理理论及实践体系，从而也无法形成普遍适用的质量管理体系。"① 目前检察机关对案件的质量管理主要通过检察长、主管检察长的宏观管理，业务部门负责人的直接管理，综合部门的多头管理，上级业务部门的监督管理来实现的。这种管理模式从管理阶段上看，往往只注重结果管理，而忽视过程管理，对案件质量的事前预测、事中矫正等救济功能发挥得不够；从管理的性质上看，过于注重行政化管理，忽视司法属性管理，管理者的行政权力过大，管理的质量、力度取决于管理者个人的素质；从管理的形式上看，注重线性管理，忽视横向制约及现代管理民主化的基本要求。

3. 案件管理模式存在漏洞和弊端

检察机关一直沿袭着各检察业务部门分散、条条管理的传统的案件管理模式。一个案子从受理举报到公诉，要经过举报部门、侦查部门、侦查监督部门、公诉部门等多个关节。而在案件流转过程中，案件的具体行踪没有一个业务部门能全面了解掌握情况，都是各管一段，势必对办案的全过程、各个办案环节缺乏有效的监督。难免在管理环节上存在脱节、空挡的现象，容易形成法律监督的"盲区"。

4. 案件质量监督管理不到位

一是上级检察院对下级检察院的监督还不到位。备案审查制度在一些地方流于形式，使这项制度的功效得不到充分的发挥，并且备案审查制度主要是事后监督，时效性不强，监督的力度不大。二是上级检察院对下级检察院查办案件的监督没有落实到具体案件上，有些检察院对办案中存在的倾向性问题和有关重大典型案件的办理情况，没有及时向上级检察院报告。三是检察业务统计工作存在上报不准确、不全面，甚至弄虚作假的问题。四是检察机关信息化建设缓慢，监督管理手段落后。上级检察院对检察业务工作信息的分析和综合利用不够，影响对下指导的力度。五是内部监督制约力度不足。各个业务部门"相对独立，各自为政"，单独收案、各建台账、分别负责，对案件

---

① 郭国谦：《创新案件质量管理机制的思考》，《中国检察论坛》2004年第8期。

程序方面的监督主要来自于领导监督和下一检察环节的监督，呈现监督滞后性、被动性，对于在办案件的监督不力致使超时办案、线索积压和流失存在可能性。

5.案件管理缺乏规范性

一是办案程序不够规范，存在执法的随意性。一方面是因为立法的不完善，有些程序性规定过于原则，操作性不强；另一方面，有的办案人员，由于没有具体的、操作性强的办案程序规范，往往凭经验处理程序上的问题，而不是依靠程序规范来调整自己的行为，导致执法过程中的随意性。二是案件管理机制不健全。许多地方检察院尚未建立起办案流程管理机制，使得办案人员由于对办案本环节应当做些什么、做到哪种程度没有明确的标准而心中无数。

（二）实践价值：案件管理机制的积极功能

1.促进执法规范化建设，强化法律监督职能

设立专门的案件管理机构，建立检察案件管理系统，主要作用就是控制法律在检察机关内部的运行过程，防止、控制和纠正法律执行过程中出现偏差或失误，通过自体化的法律监督控制权力的运作，防范权力滥用，并在实践中起到保证案件质量、规范执法行为的作用。该机构通过对办案全过程的监督，强化案件的受理、分流、报送以及信息反馈等程序，规范设置案件承办人、科室负责人、分管检察长和检察委员会的职责，促进办案责任制和瑕疵案件、错案追究制的落实，加强法律监督的实效性，真正体现检察机关法律监督的效能。

2.提高办案效率，加快案件流转

按照现有办案模式，承办人在受理某一案件后，在有限的办案时限内，所有涉及案件的事情都由承办人自己解决，从告知、送达、提审讯问到文书的撰写、签发，甚至卷宗的装订，牵扯了案件承办人的大量精力，以至于对案件的实质性处理考虑时间不足。加之案多人少，案件积压情况时有发生。出现这种情况的原因是多方面的，主要还是检察人员的分类管理没有真正落实到位。专门的案件管理机构要以流水作业的形式规定各业务部门的工作职责，把案件承办人从繁杂的事务中解放出来，专注于解决案件的实质性问题，只对案件证据、事实和处理结果负责，不再处理案件办理过程中的事务性问题。建立业务信息沟通交流机制和各部门之间的业务协调机制，实现信息共享和上下游业务的有效衔接。

3.强化内部制约，提高案件质量

检察机关的各项业务工作都是围绕办案开展的，构建案件管理机制就是要建立办案质量的监控评价体系，通过对案件的流程监控和办案质量绩效考评，确保案件管理一体化、信息化和规范化目标的实现。由于该机构是独立的，只对检察长和检察委员会负责，可独立对每个业务部门、每个承办人以及每个案件的办理进展情况实施动态监督，以强化业务部门和案件承办人的责任心。同时，该机构应设立专门的案件质量监督评查组织，负责对案件质量和办案过程的动态监督，及时发现和解决办案中存在的问题，定期对办结案件进行质量评查，尤其要针对不捕、不诉、改变定性、改变事实以及职务犯罪侦查案件中"三类案件""五种情形"的评查，严把案件出口关，增强办案人员的质量意识。

4.整合现有资源

该机构应统一管理所有检察案件的"进口"和"出口"，统一受理控告申诉，案件线索的登记、评估和分流，管理侦查、侦查监督、公诉、民事行政检察、监所检察、技术鉴定等业务活动，负责联系、协调案件流转过程中与上级检察院、本院各业务部门、公安机关、人民法院的关系。实行检察业务信息整合，适时为决策提供服务。

三、案件管理机制在实践中的具体操作

（一）运作样态：全国各地检察机关的案件管理模式

2003年6月，高检院下发《关于加强案件管理的规定》后，全国各地检察机关纷纷结合自身实际，从程序控制、质量控制等视角进行案件管理改革，其中有两种模式较为典型：一种是设立专门机构模式，这其中就包括案件管理中心模式和督导室、督察室模式。如北京市海淀区人民检察院设立督导室作为全院质量评估的专门机构，配备有高素质、专职的督导员担任质量监督考核工作。福建省福州市人民检察院通过设立检务督察室，通过其业务督察活动，对执法活动的重点部门和重点环节实施监督制约，对办案质量进行考评。另外一种是采用现代企业管理模式，这种模式又分别以广东省广州市海珠区人民检察院的工作指数管理和湖北省武汉市青山区、汉阳区人民检察院的国际质量认证

标准管理为代表。广州市海珠区人民检察院的工作指数管理借助各项指数对检察案件质量工作进行评估、计划、执行、调整，以确定量化指数作为管理目标，通过具体考评点的设置一案一评，评价干警的办案水平，调动干警的积极性、主动性和创造性，规范执法行为；武汉市青山区、汉阳区人民检察院的国际质量认证标准管理则侧重加强过程管理和控制，减少人为因素对案件的影响。[1]

（二）进路选择：案件管理中心逐步推广

与现代企业管理模式相比，案件管理中心更适合检察机关的工作实际。这是因为现代企业管理模式较为复杂，试点工作中出现了一些突出问题，如诉讼流程再造中盲目套用 ISO 国际质量标准，甚至"产品""顾客"等专业术语充斥流程，使不少检察官不知所云，难以操作，影响了试点效果。导致许多检察机关很难完全采用这种模式，特别是对于案件管理工作尚处于探索起步阶段的检察机关来说更加困难。而案件管理中心更为符合检察业务特点、适应检察工作的需要，最大程度实现了对各业务部门办案工作的集中统一管理。因此，当前各地检察机关纷纷探索建立案件管理中心，如广东省佛山市南海区检察院、山东省济南市历下区检察院、江苏省南京市白下区和鼓楼区检察院、山西省检察系统等。

在此以山西省检察院为例，具体介绍案件管理中心的基本情况。山西省检察机关自 2011 年 3 月试水建立案管中心以来，截至 2011 年 6 月底，山西省检察系统已经实现案管中心基本全部覆盖。

山西省人民检察院作出《关于实施案件集中管理的决定》，明确定位案件管理部门为检察机关业务管理机构，对执法办案活动进行横向监督制约，对检察业务工作统筹管理指挥，采取程序管理和实体监督相结合、以程序管理为主，职能体系较为全面的案件管理模式，发挥管理、监督、指挥、考评职能，实现"源头控制、全程管理、动态监督、案后评查、综合考评"的工作目标。

案件管理中心主要履行以下十项具体工作职责：(1) 负责统一受理和分配审查逮捕类、公诉类、民事行政类等检察机关管辖案件，统一编发案号，备案管理职务犯罪、刑事申诉、刑事赔偿等案件立案决定；(2) 负责法律文书和工

---

① 戴景田、张文娟：《检察机关案件管理中心论要》，《人民检察》2009 年第 18 期。

作文书管理，案件电子文档管理，实施办案流程监管；(3) 负责受理执法办案投诉，经检察长批准对有异议的不批捕、不起诉、撤回起诉等案件进行审查、督查，对执法办案质量进行评查、检查；(4) 负责检察业务综合考评工作；(5) 负责对检察业务数据和案件运行情况进行统计、分析、通报；(6) 负责制定办案业务流程规则，管理网络执法办案系统，协调推进执法办案信息化技术应用；(7) 负责对扣押、冻结涉案款物管理和处理的备案监督；(8) 负责对检察长批示下级院办理的案件进行备案管理；(9) 负责律师阅卷接待，案件信息发布管理等工作；(10) 负责对案件管理工作进行检查指导。[①]

四、案件管理中心的构建设想

(一) 案件管理中心的职能定位

科学的职能定位，是对案件管理工作性质、职能的集中体现，也是理顺不同部门关系的关键所在。《关于成立最高人民检察院案件管理办公室的通知》中明确规定，高检院案件管理办公室是专门负责案件管理工作的综合性内设业务机构，在案件管理中主要承担管理、监督、服务、参谋四项职能。具体而言，一、管理职能。一方面，通过管理活动促进办案活动，保障办案质量，提高办案效率，降低诉讼成本，实现司法公正。另一方面，通过管理，及时总结办案经验，找准问题，提出解决问题的意见措施，坚决果断地作出准确决策，保证办案工作稳步、正常开展。二、监督职能。案件管理部门通过统一受理案件、登记和分流，对任何违反法定程序、办案流程的案件都会提前预警、催办、督办，使办案完全公开透明，对办案全程进行动态监督。三、服务职能。通过案件管理工作，使办案人员从繁重的事务中摆脱出来，专职办理案件。具体体现在：提醒办案人员的办案期限、统一安排律师接待、送达法律文书、提审犯罪嫌疑人或被告人等工作。四、参谋职能。对案件管理过程中的相关信息进行统计分析，提出改进工作的意见和建议，发挥决策辅助作用。对此，各级检察机关在建立案件管理中心时，应紧紧围绕案件管理中心的职能定位，从规

---

① 王建明：《检察机关案件管理改革论要——以山西省检察机关的实践为视角》，《人民检察》2011年第12期。

范执法行为出发，科学合理设置机构、界定职责、配置力量，充分发挥作用。

（二）案件管理中心的运作原则

案件管理中心作为正式的内设机构，直接对检察委员会负责，不隶属于任何部门。根据实际运转的需要，案件管理中心的设立应遵循独立性、程序性和服务性原则。在程序上、宏观上对办案进行严格统一的管理。案件管理中心统一负责受理和移送，控制案件进出口。按照案件管理规则和管理程序软件系统，实行微机化管理，将不符合受理标准的案件挡在进口外，对办结的案件或需退查、移送的案件由中心统一登记、审查、提交，把有问题的案件堵在出口内。统一对外移送案件、送达法律文书、索要回执，监督相关机关履行程序情况。案件管理中心作为统一对外的服务窗口，为公安、海关、法院等执法机关及律师等人员联系工作提供更多的便利。还可以作为阳光检务的一个信息输出平台，保证可以公开的信息能及时、全面地予以公开。

（三）案件管理中心的运行方式

1.案件管理中心通过统一受理和移送案件，控制住案件的"进出口"

案件受理是检察机关案件管理工作的第一道关口，为把住案件的受理关，案件管理中心要对进入检察环节的案件实行受案审查，也就是审查案件是否应由检察机关管辖，受案应具备的相关材料是否齐全等等。受案审查完毕后，案件管理中心工作人员对所受理案件的卷宗、随卷法律文书进行接收、信息录入后，及时将案件通过办案系统分发到相关的办案科室，并通知相关业务部门办理案件材料的交接手续。通过对案件"入口"的把握，案件管理中心能全面掌握每一起案件的进展动态，及时对办案情况进行监督。在统一办案流程监控上，实行实时流程检查制度，案管中心工作人员通过办案系统，对每一起案件从受理、立案到结案直至判决的整个过程进行跟踪、预警、催办和监控，做到把执法办案的内部监督放在事前和事中。对于违反规定或超过时限的行为，及时提醒相关办案部门或予以通报警示。

2.统一管理法律文书，控制办案环节

对于以检察院名义对外出具的涉及人身自由、财产强制性和诉讼程序的各类法律文书，均由案件管理中心实行文书或文号的集中保管、登记和开具。办案人需要使用相关法律文书时，必须由所在业务部门出具使用依据，经案件管理中心登记、编号后方能开具。从而使每一起案件的重要程序环节都置于同步监督之下。

3.统一案件质量评查和考核制度，促进办案质量的提高

在实践中，我院依照法律的规定和上级业务部门的要求，研究制定了《案件质量评查标准》，分别对自侦案件、审查逮捕案件、审查起诉案件设定了评查标准，从办案程序到办案质量，从文书制作到案卷装订全部纳入了考核评查范围。大到案件定性处理，小到文书编号、标点符号都一一进行了分解量化。同时，规定自侦案件、不起诉案件、无罪判决案件、刑事赔偿案件、领导交办督办和关注的案件六类案件为必查案件，其他案件按 20% 的比例抽查，并规定案件承办人在案件判决生效或作出其他处理决定后三十天内，必须按照院里统一制定的标准把卷宗装订后送案件管理中心，接受案件质量评查。案件管理中心依据必查和抽查案件的卷宗质量，结合在办案流程管理中发现的程序性问题，综合评定案件承办人的办案质量。有关考评结果向办案人通报后，记入个人"执法档案"，作为年度个人考核的主要依据。对在案件质量评查中发现的突出、典型问题及薄弱环节及时总结、归纳，提出建议并监督整改，切实使监督考评落到实处，促进了办案质量的提高。

【公安管理】

关于全面推进法治公安建设提升依法
履职能力的实践与思考

张跃进 *

党的十八届四中全会对全面推进依法治国做出了重要部署，明确了全面推进依法治国的指导思想、总目标、基本原则和主要任务，为新形势下全面推进依法治国指明了方向、明确了要求。公安机关作为国家重要的治安行政和刑事司法力量，在全面推进依法治国战略中肩负着重要责任。近年来，苏州市公安局坚持以深化警务改革为抓手，以科技信息化应用为支撑，以警务现代化建设为引领，大力加强法治公安建设，不断提升依法履职能力，初步走出了以能力支撑法治、以法治保障平安的发展之路，法治建设和平安建设实现了"比翼齐飞"。全国公安厅局长座谈会、深化平安中国建设会议等全国性会议先后在苏州召开，推广"苏州经验"。为深入贯彻落实党的十八届四中全会精神，呼应中央全面推进依法治国的新部署，笔者对如何全面推进法治公安建设、提升公安机关依法履职能力进行了初步思考。

---

* 张跃进，江苏省公安厅党委委员、苏州市人民政府副市长、公安局局长。

一、什么是法治公安

习近平总书记作出重要批示强调，要发挥法治引领和保障作用，坚持运用法治思维和法治方式解决矛盾和问题，加强基础建设，加快创新立体化社会治安防控体系，提高平安建设现代化水平①。习近平总书记的重要批示，不仅揭示了法治建设与平安建设的内在关系，而且也为我们正确理解法治公安的内涵提供了路径。

理解法治公安的内涵，必须从依法治国的基本要求和公安机关的基本职能两个角度来理解。从依法治国的基本要求来看，"法治是国家治理体系和治理能力的重要依托。全面推进依法治国，是解决党和国家事业发展面临的一系列重大问题，解放和增强社会活力、促进社会公平正义、维护社会和谐稳定、确保党和国家长治久安的根本要求。"依法治国本质上就是要充分发挥法治引领和保障作用，不断提升运用法治思维和法治方式来解决矛盾和问题的能力水平，推动国家治理体系和治理能力现代化。依法治国的着力点是运用法治思维和法治方式，落脚点在于提升国家治理能力，推动国家治理现代化。法治公安建设是全面推进依法治国的重要组成部分，根本目的是提升公安机关依法履职能力。从公安机关的基本职责来看，公安机关兼具行政执法和刑事司法双重职能，担负着"维护社会大局稳定、促进社会公平正义、保障人民安居乐业"的重大使命，"是人民民主专政的重要工具，是党和人民手中的'刀把子'"，"是平安建设的主力军"，是保民平安的守护者。深入推进法治公安建设，就是要把公安工作放在全面推进依法治国大局中来谋划，通过发挥法治的引领作用，提升运用法治思维、法治方式来确保国家政治安全、政权安全的能力，提升运用法治思维、法治方式来维护社会治安大局稳定、保民平安的能力，不断提高警务现代化水平。具体而言，法治公安建设的主要任务应当包括：要善于运用法治思维、法治方式来分析、判断、破解社会治理难题，维护国家政治安全，确保社会大局稳定；要善于依靠法治思维、法治方式来预防和打击违法犯罪，维护社会公平正义，保障人民安居乐业；要善于借助法治思维、法治方式来提升服务管理效率，服务经济社

---

① 《深化平安中国建设会议在汉召开习近平作重要指示》，新华湖北网，2014年11月3日。

会发展。

　　要准确把握法治公安建设内涵及定位，还必须正确理解"全面推进法治公安建设""全面深化警务改革""全面推进警务现代化"① 三者之间的逻辑关系，避免对警务发展产生"认识混乱"或理解偏差。习近平总书记强调，"建设社会主义法治体系、建设社会主义法治国家是实现国家治理体系和治理能力现代化的必然要求，也是全面深化改革的必然要求，有利于在法治轨道上推进国家治理体系和治理能力现代化，有利于在全面深化改革总体框架内全面推进依法治国各项工作，有利于在法治轨道上不断深化改革"。全面推进依法治国，落脚点是"促进国家治理体系和治理能力现代化"② 。这为我们理解"全面推进法治公安建设"与"全面深化警务改革""全面推进警务现代化"三者关系提供了"理论参照"。全面推进法治公安建设是警务改革和警务现代化建设的引领和保障，警务改革和警务现代化必须沿着法治轨道进行；全面深化改革是法治公安建设和警务现代化的动力，只有通过深化警务改革，才能破除制约法治公安建设和警务现代化建设的瓶颈性问题；全面警务现代化是法治公安建设和全面警务改革的总目标，法治公安建设与警务改革都要围绕全面警务现代化这一目标来展开。同时，必须强调的是，法治公安既是全面警务现代化建设的重要保障，也是全面警务现代化的最基本特征之一。

---

① 警务现代化是苏州市公安局 2012 年提出的警务发展战略规划，是统筹整个警务发展的宏观规划和顶层设计。2012 年，苏州市公安局主动顺应经济社会发展，在深刻总结警务发展规律、认真借鉴中西方警务发展经验的基础上，提出了警务现代化建设的发展构想，对警务发展进行了整体谋划和系统设计。所谓警务现代化就是指公安机关主动适应经济社会现代化发展需求，通过建立与之相符合的警务理念、警务机制、警务手段以及警务保障，实现服务管理人本化、警务运作集约化、警务执法规范化、警务手段科技化、警务工作社会化和警队管理科学化的目标。警务现代化是国家治理体系和治理能力现代化在警务工作领域的具体实践，是国家治理体系和治理能力现代化的重要组成部分。法治化是警务现代化的基本特征和重要保障。法治公安既是警务现代化建设的重要组成部分，也是警务现代化建设的重要保障。

② 参见《中共中央关于全面推进依法治国若干重大问题的决定》（本文中涉及习近平总书记讲话内容，除特别标注外，均引自《关于〈中共中央关于全面推进依法治国若干重大问题的决定〉的说明》）。

二、对法治公安建设的认识误区

思想是行动的先导。如果认识出了偏差，那么行动就会走偏。当前，一些领导干部和民警对法治公安建设还存在着认识误区，影响法治公安建设的深入推进。主要表现为：

（一）有的把法治公安建设片面地等同于规范执法

保障人民权益、维护社会秩序，是法治的基本价值。规范执法是法治公安建设的应有之义和基本要求。公安机关无论是行政执法还是刑事司法，都必须严格依法执法，严格遵守法律规定。但是，对法治公安建设，我们不能仅仅理解为规范执法，而是应该着眼于提高依法履职能力，不断提升运用法治思维、法治手段来破解社会治理难题的能力。比如，对于公安机关而言，要主动研究反恐怖形势的新变化新要求，通过加强重点单位（部位）防控、加强基础信息采集、强化情报分析研判、强化重要线索经营等多种手段，不断提高反恐怖工作水平，坚决防止发生暴恐活动。要主动应对涉黑涉恶犯罪屡打不绝，电信诈骗、食品安全犯罪、环境污染犯罪、金融犯罪等新型犯罪不断增多等突出问题，通过全面深化警务改革、不断提高取证能力，提升打击和防范突出违法犯罪效能，提升人民群众安全感。要主动应对公共安全事件多发的趋势，加快完善联合指挥为龙头的应急处置机制，提高快速反应、高效处置突发事件的能力。试想，如果公安机关不能有效维护国家政治安全，不能有效打击防范暴力恐怖犯罪活动，不能有效打击防范突出违法犯罪，那么，法治公安建设就成了空谈。

（二）有的把法治公安建设片面地看成一种负担

有的民警认为，法治就是束缚，就是规范，法治公安建设就是要遵守更多的规矩、接受更严的约束，甚至从心底排斥法治公安建设。当然，法治公安建设确实对规范执法提出了更高要求，对公安机关是一种挑战。但是，法治不仅仅是规范，而且是一种思维，一种方法。特别是随着我国经济社会的迅速发展和民主法治进程的快速推进，传统的治理方式已经难以维系。正是在这种背景下，中央提出了"国家治理体系和治理能力现代化"的总目标，提出了全面推进依法治国的要求。比如，对涉警涉法信访问题，过去往往层层批转给基层单位来办理，囿于法治能力制约和其他因素干扰，往往调查处理效果不佳，群众不满意，甚至引发持续上访，小事闹大；现在我们把涉警涉法信访问题批转给法制以及刑警、治安等专业队来处理，运用法治思维和法治方式来解决，及时查清真相、依法公正处理，效果明显。我市涉警涉法信访逐年下降，五年下降43%。再比如，在群体性事件处置中，我们就要善于运用法治思维和法治方法来解决，运用法治教育、依法处置以及依法惩戒等办法，努力把群体性事件处置在早、化解在小，尽可能降低处置成本。实践证明，在利益多样、观念多元的今天，无论征地、信访还是拆迁，法治手段已被证明是最优选择；无论是打击犯罪，还是维护稳定，法治都是最可靠的手段。

（三）有的把法治公安建设与民生导向对立起来

《中共中央关于全面推进依法治国若干重大问题的决定》（以下简称《决定》）中明确规定，"人民是依法治国的主体和力量源泉"，"必须坚持法治建设为了人民、依靠人民、造福人民、保护人民，以保障人民根本权益为出发点和落脚点"。法治公安建设要求严格规范理性文明执法，做到不偏不倚。但是，法治公安建设并不排斥民生导向，法治公安建设的根本目的是更好地保障人民群众的根本利益，提升人民群众的安全感和满意度。如果仅仅谈规范，而不能有效打击违法犯罪者，不能保护群众合法权益，不能有效维护社会秩序，那么，就违背了法治公安建设的本意！在推进法治公安建设中，公安机关不能被动地执法，满足于"去做了"、"程序到位了"，而是应当有强烈的担当意识、责任意识，主动去研究和破解警务工作中遇到的各类难题，更好地保障人民群众利益。比如，对群众反映强烈的涉众型经济犯罪，如果等到案件发生了，再去依法办案，这样即使案件破获了，群众的财产损失也很难追回，也很难有好的法律效果。为此，苏州市公安局主动发挥牵头作用，与工商、税务、人民银行等18家单位加强协作，建成"涉众型经济违法犯罪案事件信息共享平台"，建立起多部门联动的打击涉众型经济犯罪工作机制，努力实现"防范在先、发现在早、处置在小"，努力减少发案、让人民群众少受损失。法治公安不是等着发案了，才去依法办案，不是等着群众利益受侵害了，才去执法，而是要求公安机关主动依法压降案件、维护群众权益。

（四）有的把法治公安建设看作是法制部门的事情

法制部门担负着统筹法制建设、规范执法管理、加强执法监督、牵头执法考评等工作，其职责与法治公安建设密切相关，是推动法治公安建设的重要职能部门之一。正是由于法制部门承担着这些职责，以及法制支队（大队）这个名称，导致很多民警甚至领导干部就把法治公安建设看成是法制部门一家的事情，或者看成主要是法制部门的任务。其实，这是一种理解的偏差，虽然法制部门与法治公安建设密切相关，但是仅靠法制部门一家是难以完成法治公安建设这项庞大工程的。因为，法治公安建设涉及公安工作的每个环节，涉及公安机关的每个部门、每个岗位、每位民警，公安机关每项工作都是法治建设的重要一环。比如，执法监督工作，每个警种部门都承担着相应的监督管理职责，刑侦、治安、督察等警种部门要各负其责，切实肩负起监督指导责任，真正构建起立体化、全过程、全覆盖的实时动态监督体系。基层派出所作为执法行为的具体实施者，执法质量和执法水平直接反映法治公安建设成效，直接影响人民群众对法治的认识和看法，法治公安建设的责任自不必言。

（五）有的把法治公安建设与外部执法环境对立起来

不可否认，当前执法（司法）环境并不乐观。但是，这种环境是多种因素造成的，既与我国转型期的社会心态有关，也与执法（司法）不公、法治权威不高等因素密切相关。要改善执法环境，让群众信服法律，就必须靠严格执法、公正司法，真正树立起法治权威，努力实现执法、信法、尊法、守法的良性互动。当前，有些民警还没有看到执法与守法的互动关系，仅仅抱怨群众对执法的不信任、不理解、不支持，对执法环境持消极悲观态度；有的在执法中推三阻四，不积极作为，责任心不强，导致群众投诉上访；有的执法方法僵化，不善于在执法中解读法律、宣讲法律，导致群众不理解，影响执法效果。党的十八届四中全会明确提出，要实施"谁执法谁普法"的普法责任制。要通过规范执法来提高执法公信力，强化群众的法治意识，教育群众相信法律、崇尚法律，在群众心中树立执法权威，引导群众信法、尊法、守法。要通过严格执法，引导群众认识到法律既是保障自己权利的有力武器，也是必须遵守的行为规范，自觉通过法律渠道表达诉求，运用法律武器维护权益。

三、影响法治公安建设的主要因素

除了主观认识偏差外，还有一些客观因素制约着法治公安建设的深入推进。

（一）执法主体法治素养需要提高

近年来，通过加强教育培训等途径，公安民警整体法律素养得到明显提升，执法能力显著增强，但是，与全面推进法治公安建设的要求相比，还有不小差距：一是法治信仰还不牢。近年来，尽管对规范执法要求三令五申，但有的民警依然没有入脑入心，还没有真正把法律当作"红线"和"底线"，存在随意执法、执法不严，甚至有法不依、执法侵权等问题。二是法律水平还不高。对法律法规的学习不够，理解不深、不准，导致执法行为走偏。比如，在"非法讨债纠纷问题"处理上，有的民警甚至基层领导对法律认识不清、对案（事）件性质把握不准，错误地理解"公安机关不能插手经济纠纷"的要求，不能正确区分"非法讨债类警情"与"一般民事纠纷警情"性质差异，片面考虑"债务的合法性"，忽视"手段的非法性"，将这类警情等同于一般民事纠纷走调解程序，导致法律适用上走偏。三是法治思维和法治方式应用能力还不强。有些同志仍然习惯用老思路、老办法，还不善于运用法治思维、法治方式破解难题。还是以"非法讨债警情处置"为例，有的民警在处置此类警情中也认识到了违法性，但是由于此类纠纷中"非法"与"合法"交织，"非法手段"常常以"合法债务"为掩护，处置难度较大，导致民警能推则推、能调则调，"和稀泥"、"捣糨糊"，客观上放纵了违法犯罪。这样不仅不能解决问题，反而导致纠纷升级，消耗更多警力资源去解决，而且损害公安机关威信和法治的权威。归根结底，这还是法治思维、法治方法运用能力不强所造成的。

（二）整体警务实力（效能）需要提升

法治公安需要实力能力做后盾。在当前"警务繁重"、"警力不足"的背景下，如果我们实力不强、效能不高，那么，势必只能疲于应付、被动"救火"，对法治的要求自然就会放松。对照现代警务的要求，差距主要是：一是基础管理需要进一步加强。与当前平安建设需要相比，基础信息采集、基础管理、基础防范还有薄弱环节，专业技术、专业能力等专业基础还有待于升级提升。比如，对于持续多发的电信诈骗案件，公安机关的打击防范能力还不强，案件呈现多发势头，影响人民群众安全感。二是集约化水平需要进一步提高。合成研判、合成侦查、合成反恐、联合指挥等合成作战机制需要不断完善，情报主导警务水平需要不断提升。三是科技信息化建设应用需要持续优化。大数据、云计算、物联网技术等应用还不普及，科技信息化的"倍增器"效应还有很大潜力可挖。四是社会资源整合能力需要不断提升。在当前"人少事多"背景下，整合社会资源是提升警务效能的有效途径。在苏州警务现代化设计中，专门设置了"警务工作社会化"内容，引导各级公安机关加强社会资源整合，也取得了一些成效。比如，推进社会监控资源整合、探索实践"义警"制度、牵头人口基础数据库建设，等等。但是，很多探索还是初步的。比如，对社会数据整合，对社会力量资源整合，对如何加强与政府部门联动等，都需要加强和改进。

（三）依法履职责任意识亟须增强

随着依法治国战略的推进，对执法责任的要求越来越高，追责问责力度越来越大。特别是昆山"8·2"爆炸事故警醒我们，责任重于泰山。一是责任清单尚不是非常清晰。虽然，我国法律体系已经基本确立，公安机关职责任务也非常清楚。但是，在公安机关内部，每个警种部门、每个层级、每个岗位、每位民警到底"拥有哪些权力"，"应承担哪些责任"，还不是非常的清晰。必须吸取教训，加快梳理责任清单。二是责任意识还不是非常强烈。党的十八届四中全会明确要求，"行政机关要坚持法定责任必须为、法无授权不可为，勇于负责、敢于担当，坚决纠正不作为、乱作为，坚决克服惰政、怠政，坚决惩处失职渎职。"这句话是两层意思，一层意思是，"法定责任必须为"，凡是法律赋予的责任，都必须认真履行好。即便是对边界不清的，或者职责交叉的，如果不认真履职，造成严重后果的，也会被追究责任。另一层意思是，"法无授权不可为"，指的是"行政机关不得法外设定权力，没有法律法规依据不得作出减损公民、法人和其他组织合法权益或者增加其义务的决定"。这对公安执法提出了更高要求，既要充分履职，又要依法履职，既要积极作为，又不能乱作为。三是责任追究力度不够。有些民警和领导干部总是心存侥幸，没有形成高压态势，导致出现执法不规范问题。

（四）内部执法监督力度需要加强

近年来，公安机关先后制定了执法质量终身负责制、执法过错责任追究制等执法监督制度，探索推动了执法信息公开、网上督察等工作，取得了明显效果。但是，由于公安机关执法量大、范围广，而且内部执法监督部门多，责任不清，力量分散，没有形成很好的合力作用，导致仍然存在执法监督盲区和薄弱环节。比如，公安机关不仅有纪委（监察）、审计、法制、督察、信访等专职部门，而且各警种部门也对各自条线业务负有监督指导责任，实践中，由于各监督主体责任不清、各自为战，关注点和着力点又不同，没有形成有机的合成监督体系和运行机制，削弱了监督合力，致使有些执法问题不能及时发现、及时整改。

（五）外部执法环境有待逐步改进

一方面，人民群众维护自身权益的意识提高了，对法治的要求提升了，但尊法守法意识却没有相应跟进。这需要公安机关通过严格执法、公正司法、加强普法，来不断提升群众的法治意识，引导群众通过法治渠道来维护自身合法权益，增强全民法治观念，推进法治社会建设。另一方面，外部干预执法的问题也时有出现。对这种问题，公安机关必须坚持依法办事、依法履职，否则，就可能陷入被动，甚至被追责。

四、全面推进法治公安建设的对策

法治公安建设是警务现代化建设的重要内容。要把法治公安建设纳入警务现代化总体规划中来推进，切实用改革的办法、创新的思路，积极破解法治公安建设遇到的各类难题，不断提升公安机关依法履职能力。

（一）要不断强化法治精神和法治思维

"法律的权威源自人民的内心拥护和真诚信仰"。要让人民群众真心去拥护法治、信仰法治，首先警队要弘扬社会主义法治精神，要在警队上下牢固树立法治信仰，真正让民警用法治思维来指导工作。要强化法治意识。要始终坚持把法治教育纳入民警教育训练内容，增加法治教育分量，引导民警依法执法、自觉守法、遇事找法、解决问题靠法。尤其是要把领导干部带头学法用法，模范守法作为树立法治意识的关键，利用"理论学习日"、工作例会等平台，坚持不懈地推动领导干部学法，充分发挥以上率下效应。要坚定法治信仰。法律作为衡量是非的标准和规范行为的准则，只有依法办事，才能实现保障人民权益与维护社会秩序相统一。要深入开展社会主义法治理念教育，坚持党的事业、人民利益、宪法法律至上，正确处理好权与法的关系，始终对法律怀有敬畏之心，牢记"法律红线不可逾越"、"法律底线不可触碰"的要求。要强化法治思维。大力培养民警的法治思维，增强依法办事意识、证据意识、程序意识、权限意识、人权保障意识和接受监督意识，并自觉贯穿于每一起案件的办理、每一个执法环节的处理、每一次服务管理的过程，真正把法治思维和法治方式运用到维护稳定、化解矛盾和公安管理、执法办案中去。在座各位作为基层领导，不仅要带头遵守法律、依法办事，切实做奉法守法、公正执法的模范；而且要主动研究工作，带头运用法治思维、法治方式，帮助民警破解工作中遇到的难题，切实营造学法、用法的良好氛围。

（二）要不断提升运用法治方式能力

全面推进法治公安建设，目的也是提升依法履职能力，依靠法治推动各项工作。比如，在维护社会稳定上，要建立健全社会矛盾预警机制、利益表达机制、协商沟通机制、救济救助机制，畅通群众利益协调、权益保障法律渠道。苏州市公安局关于刑事和解制度、刑事和解救助协会的尝试，都是运用法治思维、法治手段促进社会稳定的具体探索。在不稳定因素处置上，要通过依法收集信息、依法落地查处、依法教育化解、依法带离现场以及依法处理等方式，妥善有效处置已发生的群体性事件，尽可能降低处置成本。在维护社会稳定中，一定要坚持依法维稳，坚决克服"搞定就是稳定"、"摆平就是水平"的错误观念。如果以牺牲法律权威为代价，问题一时解决，不但难以持久，还可能引发新矛盾。在解决突出治安问题上，要充分运用法治思维、法治方式来破解难题。对于很多疑难复杂的社会治安问题，表面看很难处理甚至无法处理，但是如果运用法治思维来考虑，深入探究其背后可能涉及的违法犯罪本质，就可以找到整治方法。比如，对前面提到的非法讨债纠纷处置，我们要严格按照规定的处置流程和职责要求展开工作，依法采集信息、收集证据，依托信息化平台加强案件线索的排查串并，严厉打击可能隐藏在其后的涉黑涉恶、寻衅滋事、组织赌博以及非法经营等违法犯罪活动。比如，对于群租房问题，也是群众反映强烈且治理难度非常大的顽疾。如果采用普通驱赶的方法，很难从根本上见效。现在我们也要探索运用法治思维、法治方式来解决，从消防安全、治安管理等角度上研究办法。

（三）要着力提升警务工作能力

没有很强的实力，就不可能完成好法律赋予的职责。比如，在公共安全监管上，面对当前面广量大的监管任务，依靠传统手段是几乎不可能完成好的任务，要通过采用"科技信息化匹配相应机制"的办法，来提升依法履职能力，有效完成法律赋予的职责任务。再比如，推进法治公安建设，不是要自缚手脚，不是要放纵犯罪，而是做到不枉不纵，不冤枉好人，也不能放过坏人，既要规范执法，也要及时破案，保民平安。因此，要进一步加快警务改革创新，通过合成作战、科技应用和资源整合等方式，全面提升警务工作效能，为法治公安建设提供实力支撑。一是要全面提升集约化水平。要通过改革破解阻碍警务工作发展的体制机制性问题，优化提升警务实战能力。比如，依托合成作战的思路，苏州市公安局先后建立起了合成研判、合成侦查、合成维稳、联合指挥等一系列行之有效的实战机制，打破了警种部门之间的壁垒和条块限制，取得了很好的效果。下一步，要继续优化完善合成作战的各项工作机制，打破警种部门之间的警务资源割裂和封锁问题，进一步推进信息共享、资源整合，实现更大范围的合成作战，形成警务工作合力。二是要全面提升科技应用水平。牢牢把握大数据云警务建设的需求，扎实做好基础信息采集工作，大力推进专业数据收集，规范案事件信息采集，为公安工作提供大量鲜活、准确、有效的数据资源；要加强技防设施的建设、管理、运用和维护，强化人机互动，构建起立体化全时空运行的社会治安防控体系；要通过对大数据的汇聚整合、自动碰撞比对，生成有价值的情报线索，指导实战、服务实战。要充分采用"科技信息化匹配相应机制"的办法，不断提升社会管理效能。三是要全面整合社会资源。要发挥主观能动性，加强社会资源汇聚工作，形成全社会共建共享法治苏州、平安苏州的局面。要重视义警队伍建设，不断充实义警人数，加强规范管理，切实发挥义警在巡逻防范、纠纷化解、警务宣传等方面的作用，夯实平安建设的社会基础。《决定》中提出，要"加强行政执法信息化建设和信息共享，提高执法效率和规范化执法水平"。近年来，苏州市公安局不仅推进了内部执法信息化建设，而且牵头建立了"打四黑除四害信息共享平台"、"渣土车运输安全动态监管平台"、"涉众型经济违法犯罪案（事）件信息共享平台"等一系列行政执法信息共享平台及工作机制，积极破解社会治理难题，这些做法完全符合中央全面推进依法治国的发展思路。

（四）要健全完善执法监督体系

推进法治公安建设，必须要构建起全面、动态、实时、有效的监督管理体系。一是健全依法决策机制。当前，苏州市公安局已建立了《苏州市公安局重大行政决策程序暂行规定》等依法决策制度，下一步各个层面也要建立相应制度，并严格贯彻落实，确保重大决策依法进行。二是要强化流程管理。2012年，苏州市公安局根据流程控制的原理，依托科技信息化手段，开展了警务流程再造工作，实现了对警务执法过程的全过程动态监督控制，有效提升了规范执法水平。下一步，要不断深化流程再造工程，不断强化执法的过程控制。三是要优化合成督察。要通过建立合成督察机制，构建全覆盖督察监督网络。苏州市公安局积极整合督察、信访、法制以及专业警种部门纪检督察力量，建立起了督察员制度和联合督察机制，开展警务合成督察工作，有效克服了监督力量分散化、效率低等问题，实现了督察工作全覆盖。四是要推动警务公开。要依托"网上公安""执法告知服务"等平台载体，深入推进阳光警务建设，抓好警务信息公开、权力透明运行、群众满意度评价等工作，推行公安行政执法公示制度，进一步提高公安工作透明度，切实保障人民群众的知情权和监督权。

（五）要健全完善责任追究体系

加强对公安权力的规范和约束，必须建立健全有权必有责、用权受监督、失职要问责、违规要追究的执法（司法）责任体系，为公平公正执法（司法）提供有力保障。一方面，要明晰执法责任。随着全面深化改革和全面依法治国的加快推进，政府权力清单制度将很快推出。公安机关要认真梳理自身职责任务，制定公安"权力清单""责任清单"。同时，要按照职责权限，严格依法依规，努力做到"依法、有效、尽责"。加快探索主办侦查员办案责任制，努力提高侦查员办案责任心和使命感。另一方面，要强化责任追究。要建立健全执法办案激励机制，将接处警、行政执法、刑事办案纳入岗位绩效考核，将执法办案数量、质量与绩效进行挂钩，激励民警积极执法、认真办案；要加快健全执法岗位责任制、执法过错追究制和执法质量终身负责制，切实加大执法过错责任追究力度，不断增强民警的程序意识、证据意识和责任意识，对执法犯法或有重大过失的人员，不论职务或岗位变动，都要一追到底、严肃处理。

（六）要健全完善组织和人才保障体系

建设一支高水平、高素质的实战化职业警队，是加强法治公安建设的根本和保证。一是要深化警营生态建设。要加强警队内部沟通交流，帮助民警消除疑虑和疏导情绪；要借助"创意警务"平台，营造"研究状态下工作"的氛围，鼓励民警研究工作、思考工作。要加强对民警的纪律约束，最大限度地减少违法违纪现象，树立风清气正良好警风。二是要强化警察职业教育。大力提高队伍思想政治素质、业务工作能力、职业道德水准，着力建设一支忠于党、忠于国家、忠于人民、忠于法律的警察队伍，为推动法治公安建设提供有力的组织和人才保障。三是要优化教育训练。要结合"三个必训"等教育培训平台，突出抓好基层和一线民警的教育训练，改进培训的方式方法，针对实战中遇到的问题困难，强化知识和技能训练，提高民警实战能力。要注重人才建设，建立健全人才培育和激励机制，鼓励民警成长成才。四是要强化人才激励。要不断优化调整考核办法，更加充分发挥考核杠杆作用，引导民警严格执法、主动担当。同时，要健全完善民警执法权益保障制度，对妨碍民警执行公务、袭警等违法行为要依法严肃查处，保护民警合法权益，引导和保障民警严格公正执法（司法）。特别是，在选人用人上，突出政治标准，把善于运用法治思维和法治方式推动工作的人选拔到领导岗位上来。

【司法传统】

唐玄宗司法思想述论

王谋寅[*]

唐玄宗（公元 712—756 年在位）是中国历史上的著名皇帝。在 755 年安史之乱爆发之前，玄宗执政已达四十三年，开创了为史家称道的太平盛世，其表现之一就是在司法上大体实现了刑清狱平的良好状态，这与玄宗融合儒道的司法思想直接相关。可以说，唐玄宗的司法思想代表了中国古代开明君主的司法理念，构成中国传统司法思想的重要组成部分，对于我们当下的司法建设亦不无参考价值。鉴于学界少有论著措意于此，本文撷拾相关材料，拟对唐玄宗的司法思想作一探析。

一、犯罪原因论

唐玄宗认为，君主要爱养万民，"政在养人，人安其业"[①]是统治者应当奉行的治国原则。犯罪之所以产生、社会之所以动荡，其直接原因就是老百姓不能安居乐业。他说：

> 若政烦赋重，而人贫乏，则国本斯弊，弊则危矣。是以下人不足，由君上

---

* 王谋寅，同济大学马克思主义学院教师。
① 《全唐文》卷 35《戒州县扰民敕》。

食用赋税之太多。②

令苛则人扰，网密则刑烦，百姓不安，四方离散，欲求摄化，不亦难乎？③

统治者烦苛的政令和征敛的无度必将陷百姓于困穷，民众可能会铤而走险，从而引发严重的社会危机。因此，玄宗强调行宽简之政，与民休息，"人君将欲理人事天之道，莫若爱费，使仓廪实，人知礼节，三时不害，则天降之嘉祥。人和可以理人，天保可以事天矣"。③他教导官员："清静则不扰，不扰则和平，和平则不争，不争则知耻。爱费而与休息，除烦而从简易。自当农者归陇亩，蚕者勤绩纺，既富而教，乃克有成。道德齐礼，不远期复，庶几在位，知朕此心。"④民众只有在保其生业的前提下，才会自觉遵守礼义法度，国家才能安定。从玄宗的这些话语中，我们不难发现儒家的"民为邦本"、"先富后教"思想和道家的"清静无为""简易"思想的印记。

不过，在玄宗看来，人安其业并不意味着犯罪就不会发生了，人们的争心与邪念也是导致犯罪的不可忽视的重要因素。他从人性的角度对犯罪原因进行了深入的分析：

朕自有天下，二纪及兹，虽未能画衣以禁，亦未尝刑人於市，而政犹舛驳，俗尚浇漓，当是为理之心，未返於本耳。凡人岂不仁於父母兄弟，不欲於饮食衣服乎？而卒被无孝友之名，不温饱之实，其故何哉？盖未闻义方，不识善道，或任小智而为诈，或见小利而苟得。致远则穷，继之以暴，已而身受戮诛，家不相保。愚妄之徒，类多自陷，讼狱之弊，恒由此作，吁可悲乎！⑤

玄宗指出，人心远离本根是产生犯罪的深层次原因。庸愚之人漠视道义，或以狡诈之智行奸邪之事，或以不正当手段去谋取小利，最后不可避免地受到了法律的惩罚。在玄宗看来，争利之念和诈伪之智均是人心未能返本的表现，这里的"返本"指的是人性应当回复到本然的状态——虚静素朴。玄宗深受道家和道教思想的影响，他认为人身乃道炁之子，道性清静，故人从道那里秉承

---

② 《唐玄宗道德真经疏》卷 10。

③ 《唐玄宗道德真经疏》卷 6。

③ 《唐玄宗道德真经疏》卷 8。

④ 《全唐文》卷 20《黜陟内外官制》。

⑤ 《唐大诏令集》卷 86《岁初处分德音》。

之性也是清静的，但在种种现实的诱惑之下，人们放纵自己的情欲，以致做出了违背礼法的事情。① 玄宗基于统治的需要调和儒道，将儒家之礼义和道家之道德结合起来，② 这样，人性复归于道也就意味着对礼法的自觉认同和遵从，这一认识为玄宗的犯罪预防论奠定了基础。

总之，唐玄宗吸收、融合了儒道两家的学说，揭示了犯罪滋生的社会和人性根源。

二、犯罪预防论

唐玄宗的预防犯罪思想主要包括两个方面：一是修订简约、协调的法律体系，并加强法律教育，使官员和老百姓明了行为的边界；二是实施经常性的教化，塑造人们的素朴之性和迁善之心，培育淳朴的社会风气，使人养成遵守礼义法度的自觉意识。后者更为玄宗所重视。

玄宗认为，对于预防犯罪来说，法律的制定和刑罚的使用是必要的，"五刑之用，以禁奸慝"，③"刑之所设，将以闲邪；法不在严，贵于知禁"。④ 法之功能主要不在于威慑，而在于告诉人们应当禁止的行为，所以法律并非越多越好，因为繁杂的条文会让老百姓手足无措："政烦网密，下人无所措其手足"。⑤ 为此，玄宗数度下诏修订律令格式，开元二十二年（734 年），"共加删缉旧格式律令及敕，总七千二十六条。其一千三百二十四条于事非要，并删之。二千一百八十条，法文损益，三千五百九十四条，仍旧不改，总成《律》十二卷，《律疏》三十卷，《令》三十卷，《式》二十卷，《开元新格》十卷。又撰《格式律令事类》四十卷，以类相从，便于省览"。⑥

法律修订之后，玄宗颇为关注法律的宣传和教育，"二十五年九月奏上之，敕于尚书都省写五十本，发使散于天下"，⑦ 令各地组织开展法律的宣传教育活

① 参见《唐玄宗道德真经疏》卷 1、卷 2、卷 5。
② 参见《唐玄宗道德真经疏》卷 5。
③ 《册府元龟》卷 85《赦宥第四》。
④ 《册府元龟》卷 612《定律令第四》。
⑤ 《唐玄宗道德真经疏》卷 8。
⑥ 《册府元龟》卷 612《定律令第四》。
⑦ 《册府元龟》卷 612《定律令第四》。

动，使官吏熟悉国家的宪章法度，特别是司法官员一定要"灼然明闲法理"，否则不予录用。① 与此同时，玄宗要求地方官员及时向老百姓通告国家颁布的法令，他担心地方官做不到这一点，为此特地下诏：

> 凡制令宣布，皆所以为人。如闻州县承敕，多不告示百姓，咸使闾巷间不知旨意，是何道理？宜令所繇捉搦。应有制敕处分事等，令终始勾当，使百姓咸知。如施行有违，委御史访察奏闻。②

> 愚昧之流，或轻抵犯，宜加晓谕，使识章程。③

对于国家的法令，地方官须要及时晓谕民众，让他们了解哪些事情是不能做的，以免触犯国法而不自知。

和法律教育相比，玄宗显然更为看重道德教育，因为道德教育是预防犯罪的根本之策。儒道并用是玄宗道德教化的突出特点。

儒学作为社会之纲纪，自然要大力弘扬。玄宗认为，通过礼义教化，使人们"有耻且格"，是遏制犯罪的良方。他曾下制书曰：

> 古者乡有序，党有塾，将以宏长儒教，诱进学徒，化人成俗，率繇於是。斯道久废，朕用悯焉。宜令天下州县，每一乡之内，别各置学，仍择师资，令其教授。其诸州乡贡明经进士，每年引见讫，并令就国子监谒见先师。所司设食，学官等为之开讲，质问疑义。且公侯之裔，皆禀义方，学《礼》闻《诗》，不应失坠。容其侥幸，是渎化源。其於贵胄子孙，如闻近来宏文馆学士，多有不专经业，便与及第，深谓不然。自今已后，宜一依令式考试。朕之爵位，惟待贤能。虽选士命官，则有常调，而安阜遁迹，尚虑遗才。其内外八品以下官，及草泽间有学业精博，蔚为儒首，文词雅丽，通於政术，为众所推者，各委本州本司长官，精加搜择，具以闻荐。④

玄宗建立了多层次的儒学教育制度，其重要考量在于借此发挥儒学的道德教化功能，培育人们的道德水平和迁善之心，以实现预防犯罪的目的。

玄宗对道家和道教思想的教化功能也有充分的认识。他尝言："道德者百

① 《全唐文》卷35《慎选法官敕》。
② 《全唐文》卷30《饶州县承敕宣示百姓诏》。
③ 《全唐文》卷37《营兴庆官德音》。
④ 《全唐文》卷24《春郊礼成推恩制》。

家之首，清净者万化之源"，①"道教之设，淳化之源，必在宏阐，以敦风俗"。②为了"使天下万姓，饮淳德，食太和，靡然回心而向道"，③远离犯罪，玄宗下令士庶家藏《道德经》一本，并将其内容纳入科举考试之中：

老子《道德经》，宜令士庶家藏一本。每年贡举人，量减《尚书》、《论语》策一两条，准数加《老子》策，俾尊崇道本，宏益化源。今之此敕，亦宜家置一本，每须三省，以识朕怀。④

值得注意的是，玄宗特别强调各级官员应当树立抱朴守淳的品德。在听政之暇，玄宗常研读《道德经》等道家和道教典籍，并多次在宫中召集群臣学习、讨论《道德经》《南华经》等道书。他下制曰：

朕深唯复朴，将致无为，尝恐至理难明，元（玄）风未畅，不有时习，焉能化成。自今已后，每至三元日，宜令崇元（玄）馆学士讲《道德》、《南华》等诸经，群公百辟，咸就观礼。庶使轩冕之士，尽宏南郭之风；寰海之内，咸为大庭之俗。⑤

显然，玄宗希望各级官僚能够崇简尚朴，少私寡欲，并通过他们的表率作用来影响民风，培育天下人的淳朴之心。玄宗告诫百僚不可纵欲崇奢，因为奢靡违背了道性，败坏了社会风气，他颁布《禁用珠玉锦绣诏》：

雕文刻镂，衣绣履丝，习俗相夸，殊涂竞爽，伤风败俗，为弊良久。珠玉锦绣，概令禁断。准式三品以上饰以玉，四品以上饰以金，五品以上饰以银者，宜于腰带及御镫酒杯杓依式，自外悉铸为铤。妇人衣服，各随其夫子。其已有锦绣衣服，听染为皂，成段者官为市取。天下更不得采取珠玉，刻镂器玩。造作锦绣珠绳、织成帖绦二色绫绮罗、作龙凤禽兽等异文字及坚栏锦文者，决杖一百，受雇工匠降一等科之。两京及诸州旧有官织锦坊悉停。⑥

官僚对奢靡浮华的追求必然产生示范效应，老百姓的争心和贪欲将会被激发出来，淳朴的风俗也会遭到破坏，犯罪就不可避免了。职是之故，玄宗屡下

---

① 《全唐文》卷31《为元（玄）元皇帝设像诏》。
② 《全唐文》卷39《加应道尊号大赦文》。
③ 《全唐文》卷31《为元（玄）元皇帝设像诏》。
④ 《全唐文》卷23《命贡举加老子策制》。
⑤ 《全唐文》卷24《追尊元元皇帝父母并加谥远祖制》。
⑥ 《全唐文》卷26《禁用珠玉锦绣诏》。

禁令，抑制奢靡之风。

要言之，玄宗主张通过加强法律教育和道德教育来预防犯罪，道德教育被玄宗视为治本之策，他强调儒道并用，实施教化，培育人们遵守礼义法度的自觉意识。

三、轻刑论

唐玄宗继承了儒家的慎刑思想，他视恤刑慎杀为治国之正道，主张"五刑之属，尤用钦慎"，"惟刑是恤"，"缓刑恤狱"。[①] 道家和道教的思想也为玄宗所吸纳，"至如道有三宝，慈居一焉，钦若至言，爰兹宥过"，[②] 宽宥是道的体现。基于这样的认识，玄宗主张实施轻缓的司法政策。他曾下《禁州县严酷诏》：

法宪之设，期於无私，本以救人，盖非获已。故得情存於勿喜，折狱贵於哀矜。至如断决诸罪，皆着科条，若守而不失，自为良吏。如闻近日州县，罕习章程，率情严酷，或致殒殂。假令事应重辟，固当明启刑书，岂可辄因夏楚，轻绝人命。太上皇仁覃万宇，泽被群生，子爱黎甿，慎恤刑罚。予恭承天训，虔奉睿图，旰食载勤，纳隍兢虑。凡厥长吏，宜达此怀，务遵法式，勿仍前弊。如或有违，当置严法。宣示黔庶，咸使闻知。[③]

玄宗要求州县官吏依法裁断，勿任情严酷，否则严惩不贷。在当时的司法实践中，有司对于犯盗者常先决一百杖，多数罪犯因此而毙命。玄宗感念人命至重而起恻隐之心，于是规定自后只决杖六十，家人移隶别处：

大德曰生，至重曰命，缅观前典，惟刑是恤。比来犯盗，先决一百，虽非死刑，大半殒毙。言念于此，良用恻然。自今已后，抵罪人合决敕杖者，并宜从宽决杖六十，一房家口，移隶碛西。其岭南人移隶安南，江淮人移隶广府，剑南人移隶姚巂州。其碛西、姚巂、安南人，各依常式。[④]

最能体现玄宗轻刑司法政策的莫过于他对死刑犯的恩惠及废除死刑的举措。在位期间，玄宗多次对死囚采取免死配流的处置方式，以全其性命，直

---

① 《册府元龟》卷85《赦宥第四》。

② 《唐大诏令集》卷113《玄元皇帝临降制》。

③ 《全唐文》卷26《禁州县严酷诏》。

④ 《唐大诏令集》卷82《减抵罪人决杖法诏》。

至最后废除死刑。《旧唐书·玄宗本纪》记载：玄宗于天宝六载（747年）正月"丁亥，亲享太庙。戊子，亲祀圜丘，礼毕，大赦天下，除绞、斩刑，但决重杖"。《唐会要》卷三十九"议刑轻重"录有天宝六载正月十三日敕：

> 自今已后，所断绞、斩刑者，宜削除此条，仍令法官约近例详定处分。

《册府元龟》卷八十六"赦宥五"亦载：天宝六载正月戊子，玄宗有事于南郊，礼毕下制，其中有曰：

> 朕承大道之训，务好生之德，施令约法，以去极刑，议罪执文，犹存旧目，既措而不用，亦恶闻其名。自今已后，断绞、斩刑者，宜除削此条，仍令法官约近例详定处分。

制、敕是皇帝就特定事项发布的命令，在君主集权体制下，口含天宪的皇帝言出即法，其命令具有最高的法律效力。此前死刑犯获减等之对待乃是出于玄宗的恩惠，作为刑种之死刑犹存；而天宝六载正月之命令的发布则意味着，绞、斩之刑名被正式取消，死刑作为一个刑种已不复存在，这是中国历史上唯一一次从制度上正式废除死刑的实践。死刑虽已废除，但作为官员定罪量刑基本依据的国家律典并没有进行相应的修订。于是，问题随之而来——对依律犯死罪者该如何处断呢？《旧唐书·玄宗本纪》只云决重杖，《资治通鉴》卷二百一十五记"(唐)玄宗天宝六载正月戊子"云：

> 又令削绞、斩条。上慕好生之名，故令应绞斩者皆重杖流岭南，其实有司率杖杀之。

由此可知，依律本应绞、斩者，皆重杖配流岭南。不过，当时毕竟不具备废除死刑的条件，人们的观念和制度的衔接皆没有准备好，在执行过程中出现了杖毙的现象。尽管玄宗废死刑的效果不甚理想，但宽刑慎杀的司法理念还是值得肯定的。

唐玄宗从社会和人性层面揭示了犯罪滋生的根源，认为老百姓犯罪的直接原因是不能安居乐业，人心远离本根则是犯罪的深层原因。在犯罪预防方面，玄宗主张加强法律教育和道德教育，后者被视为治本之策，他强调儒道并用，实施教化，培育人们遵守礼义法度的自觉意识。此外，玄宗强调实行轻刑的司法政策，减少死刑的适用，直至最后废除了死刑。唐玄宗的司法思想融合了儒道的理论，其中对犯罪原因的剖析、重视守法意识的培育以及对待死刑的态度均具有借鉴意义。

中国传统司法文化的现代启示

——以录囚、直诉与会审制度为核心

刘家楠[*]

录囚、直诉与会审制度是中国传统司法体系的重要组成部分，历代相因，至于清末。作为制度化的存在而历时久远，本身即表明此种"存在"于司法制度之整体、于王朝治理之整体、于社会生活之整体有颇多契合之处，并在制度体系中蕴含着传统司法思想的价值诉求与核心理念。而清末变法修律肇始，西方法律制度与思想之引入日昌，中国传统法律制度与思想之更新日颓，致使中国传统司法制度与思想中历代薪火相传所留下的制度架构与精神意蕴渐渐湮没在历史中。德国历史法学派与近代法学方法论的创始者萨维尼曾指出，"法律如同民族的语言，是民族精神的体现"[1]。如果说萨维尼心目中的法律是民族精神的体现这一论断在一定程度上与其当时面对的德国形势是分不开的，那么如果我们进行限缩的理解，并考究世界上多数国家的法律发展史，就会发现如何在法律的更生之中给予本民族、本国的传统法律文化以恰当的位置是法治现代化进程中的题中应有之义。

2011年10月国务院新闻办公室发布的《中国特色社会主义法律体系》白皮书中明确指出："中国特色社会主义法律体系体现了继承中国法制文化优秀传统和借鉴人类法制文明成果的文化要求……注重继承中国传统法制文化优秀成分，适应改革开放和社会主义现代化建设需要进行制度创新，实现了传统文化与现代文明的融合。"[2]时下处在中国特色社会主义法律体系不断完善的进程

---

* 刘家楠，济南大学法学院讲师。

[1] 参见许章润著：《萨维尼与历史法学派》，广西师范大学出版社2004年版，第19页。

[2] 《中国特色社会主义法律体系》白皮书，中华人民共和国中央人民政府网，http://www.gov.
cn/jrzg/2011-10/27/content_1979498.htm，2012年4月8日访问。

中，如何进一步深化对传统法律文化的认知与借鉴应当也必将是该进程中的重要一环。研究传统的司法制度、司法理念及司法实践来考察中国古代官员，普通民众或社会中流布的对于法律（规则、秩序）的认知，进而知悉其心理结构，借助社会意识，心理结构在历史中的底层性、基础性，与社会变革的非同时性，以历史的视角来解析当下人们对法律（规则、秩序）的认知，考察当下人们意识中对法律认知的心理结构中的历史性因子，会使当下的法律理念、法律文化获得深层历史结构的支撑与推动，同时可以由上述梳理与考察中抽绎出中国传统司法文化与现代司法文化可通约部分的精神意蕴或普世价值，以期发掘并阐释借鉴传统司法精神中的合理成分将对今日法治建设的完善大有助益。

一、录囚

"录囚"又称"虑囚"，是"中国封建时代由帝王或长官讯察囚犯案情、平反冤狱、督办积案的制度。也是对司法之吏审判质量的考核"[1]。法史学界通常认为录囚制度肇始于汉代，后于唐代获得极大的发展。早在西周时期，录囚制度就已经存有萌芽，《礼记·月令》载："仲春之月……命有司，省囹圄，去桎梏，勿肆掠，止狱讼……"。此种审慎处刑的规定与西周时期整体的明德慎罚司法观念一脉相承。西汉代秦立国，一改秦朝苛法之繁，约法省刑，春秋决狱。录囚制度正是在儒家司法理念的滋养下渐渐形成了体系化的运作模式。

汉武帝时有"州刺史常以八月巡行所部郡国，录囚徒"（《后汉书·百官志》）。何武为扬州刺史，"每行部，录囚徒"（《汉书·何武传》）。另据《汉书·隽不疑传》载："隽不疑每行县录囚徒还，其母辄问不疑：'有平所反，活几何人？'即不疑多有所平反，母喜笑，为饮食。"隽不疑传说明至少在其时任青州刺史时是经常行县开展录囚的。沈家本在《历代刑法考》中认为："录囚之事，汉时郡守之常职也。……此事又属于刺史"[2]。也即上级官员亲自巡行莅临下级司法机构，亲自提审在押犯，发现错误立即予以纠正平反。东汉时，皇帝始亲录囚徒。据《晋书·刑法志》载："光武中兴，留心庶狱，常临朝听

---

① 武树臣著：《中国传统法律文化词典》，北京大学出版社 1999 年版，第 176 页。
② （清）沈家本著：《历代刑法考》，中华书局 1985 年版，第 791 页。

讼，躬决疑事。""明帝时，楚王英以谋逆死，穷治楚狱累年，坐死徒者甚众。韩朗言其冤，帝自幸洛阳狱，录囚徒，理出千余人。"

隋唐时期，录囚制度得到进一步的发展与完善。隋统一中国后十分重视法制建设，隋文帝"每季亲录囚徒"（《隋书·刑法志》）。另外，隋文帝曾在开皇二年五月、十二月，四年九月，十年七月，十二年八月，十七年三月亲录囚徒。[①] 唐朝时录囚制度同样受到非常大的重视，唐太宗李世民也曾多次亲录囚徒，如《唐会要·君上慎恤》称太宗李世民在贞观六年"亲录囚徒，放死罪三百九十人归家，令明年秋来就刑。其后应期毕至，诏悉原之"，成为历史上皇帝恤刑的佳话。在唐代录囚制度被写入典籍，成为定制并获得法律制度上的保护。录囚制度作为各级司法官员的重要职责，有着自身特定的程序性规定。《唐六典·大理卿》："若禁囚有推决未尽，留系未结者，五日一虑。"《唐六典·州县官吏》："每岁一巡属县，观风俗，问百姓，录囚徒。"录囚制度这时不仅是审查已决囚犯是否有冤抑存在，也对久系未决的案件予以关注处理。《宋史·刑法志》亦载：宋太宗时规定"长史每五日一录囚，情得者即决之"，后改为"诸州十日一录囚"。

明清时期法律并未明确规定官员进行录囚的制度，但并非意味着录囚活动明清时期不存在。明太祖朱元璋在总结历代治理经验后，认为应"仿古为治，宜尊唐旧"。实际上明代所施行的会审制度一定程度上涵摄了既有的录囚制度。明代形成定制的"热审"、"朝审"、"大审"、"圆审"等制度是由不同官员参加的审录囚犯的活动，包含有：重囚的会审、冤错案件的平反、滞狱的清理、罪行的减等、遣发、枷号的释放以及赦免的执行等等，录囚制度因而在明朝获得了更加完善化和体系化的实践与总结。[②] 清承明制立国，涵摄入会审制度的录囚也被清朝继承下来，获得了进一步的发展，囚犯的审录程序更加规范化、严格化，秋审制度最为典型。比及清末变法修律，传统司法制度中的录囚制度始湮没变得阒寂无闻。

以上对中国传统司法制度表现形式之一的录囚制度进行了简单的梳理，该

① 倪正茂著：《隋律研究》，法律出版社1987年版，第85页。

② 参见江涛、张先昌：《录囚制度的历史嬗变与现代省思》，《内蒙古社会科学（汉文版）》2007年第4期。

制度的创立固然有着维护封建王朝统治的现实目的，在客观上录囚制度也确实起到了清理庶狱的作用。这是仅就实践层面而言的，仍有必要分析录囚制度在中国传统司法文化中所具有的精神意蕴，才能更加明确地知悉在时下的司法改革与法治建设中能于此种古老的制度汲取怎样的制度与思想之双重价值。瞿同祖先生将中国传统法律制度的发展概括为法律儒家化的进程，汉以后历代王朝亦悉数标榜以儒家理念立国，传统儒家的重要典籍《论语》中就有对"人性""生命"予以尊重的论述，李泽厚先生在《论语今读》中概括为"原始人道主义"①。儒家"原始仁道主义"的治国方略和人生哲学自然也被带入司法制度、司法理念之中去，体现在"录囚"制度之上便是慎刑，慎刑不仅是对法律体系、社会生活秩序的重视及维护，更是出于对人之为人的"仁道"观念的践行与维护。

在解读了"录囚"制度的精神意蕴之后，"录囚"作为一种制度性的存在，于现实的法治建设也具有一定的启示作用。其中较为重要的两点是严格重视程序及司法过程必须接受监督。首先，作为法律之内正义重要之一种的程序正义价值，在当下的法治建设中没人怀疑其价值，关键在于怎样建立符合中国传统文化及现实需要的程序正义理念，全然跟进西方的程序正义理念能否收到预期的法治效果，由百年来的中国法治历程看，是需要审慎处理的。录囚制度中程序的重要性是毋庸置疑的，也就是说此种主动的错案追究形式是在法律的明确规定下进行的，皇帝也会参与到一定的录囚活动中，并作出最终裁决。现实司法中最高人民法院收回死刑复核权，与此有一定的可类比之处，死刑复核权必须遵循统一的程序来予以行使，又因对于处刑的慎重，对于人的主体性的尊重，死刑的复核需要通过一国的完整的司法层级来得以行使。同时，"录囚"制度体现的"慎罪恤刑"的理念应当通过严格的程序与实体加以双重保障，切实贯彻"疑罪从无"的原则。

其次，录囚制度展现出的另一重要维度是司法过程的监督问题，录囚制度不仅体现了监督司法过程实施的层面，还展现出对监督者的监督，上级长官录囚，乃至皇帝亲自录囚，体现了对于监督者的监督这一问题。虽然因社会治理

---

① 参见李泽厚著：《论语今读》，生活·读书·新知三联书店2004年版，第284、329、330、500页。

结构的原因，传统录囚制度中对于监督者监督的这一面向在实践操作中会折扣很多，由于皇权的干预，很可能结果是一定于尊。但此种国家监督司法，并加强对监督者进行监督的意识是值得我们借鉴的。亦同现实中理论界与实务界研讨的法律监督立法相关联，针对法律监督立法，陈光中教授认为："尊重宪法法律至上最重要一点就是法律监督，法律监督就是监督法律是否得到执行（真正、严格的执行）。监督法律实施的渠道、方法、途径和机关是多方面的。各级人民代表大会是监督法律实施的最权威的机构，法律由其制定，同时是否实施得当也由其监督。社会监督则为媒体监督、群众监督、网络监督，这是除人大监督之外的重要监督形式"[1]。因此，法律监督立法不仅对司法改革有进一步的推进作用，也会进一步推动中国法治体系的完善。

另外，在具体法律制度借鉴方面。针对刑事审判监督程序，借鉴录囚制度，有学者提出三点具体完善方案：第一，借鉴录囚制度体现为被告人利益提起的做法，将审判监督程序明确区分为有利于被告人和不利于被告人两类，并严格限制不利于被告人再审的提起；第二，借鉴录囚制度中主体权威性、中立性的做法，建议取消除最高人民法院作为原审法院外的其他原审法院对依审判监督程序提起案件的审理权，明确规定依审判监督程序提起的案件原则上应由原审法院的上级法院进行审理，并规定再审裁判为终审判决；第三，借鉴录囚制度对案件中存在疑点即释放被告人的做法，对再审案件严格把握证明标准，对被告人是否犯罪存在合理怀疑、无法形成内心确信的案件，直接宣告被告人无罪，切实做到疑罪从无。[2]

二、直诉

直诉制度是后世学者在研究中国古代的类似制度时给予的概括性称呼，传统中国司法文化中与直诉制度相类的制度有越诉、叩阍、京控、上诉等，表现形式亦多样化，立肺石、挝登闻鼓、上表、投匦状等等。有研究将直诉定义

---

① 刘家楠：《推动法律监督立法与司法学研究》，《群言》2012年第2期。
② 赵晓耕、江琦：《录囚制度对完善我国刑事审判监督程序之借鉴意义》，《人民司法》2011年第23期。

为，中国历史上各朝代法律规定的有冤情的当事人或者其近亲属，在案情重大、冤情无处申诉时，为申诉冤情而直接陈诉于最高统治者或特定机构，希望予以公证审判的一种非常规诉讼制度，有着补充禁止越诉规定的性质。[1]

有关直诉制度的记述最早可见于《周礼·夏官·大仆》："建路鼓于大寝之门外，而掌其政，以待达穷者与遽令，闻鼓声，则速逆御仆与御庶子。"据《郑》注对"达穷者"的解释，即指大司寇的属官朝士，朝士"掌以肺石达穷民"，故称。肺石是设在外朝门外的赤石，百姓有冤者，可立于石上以诉告其冤，因石色赤如肺，故名。诉冤者先由朝士听其辞，然后朝士率此民至路门，使击路鼓，再通过大仆，而使冤情得闻达于王。[2] 也即《周礼·秋官·大司寇》所载的"肺石之制"，"以肺石达穷民。凡远近惸独老幼之欲有复于上，而其长弗达者，立肺石三日，士听其辞，以告于上，而罪其长"。

东汉郑众注《周礼》所记载路鼓达于穷者，"若今时上变事击鼓矣"。[3] 表明汉代存有击鼓申冤的制度存在。最为典型的是《汉书·刑法志》记载的"缇萦上书"请求赦免父亲，代父赎罪的事件，"缇萦上书"就是直接上书皇帝以诉冤屈的直诉方式。另外汉代还有一种越诉行为——"诣阙上书"制度，即案件受害人或者其他当事人到京师向中央的司法机关提出诉讼。阙，门观。西汉人所诣之"阙"，指未央宫北阙；东汉人所指之"阙"，盖为洛阳鸿都门之阙。[4] 而直诉所击之鼓，在晋时改为登闻鼓，《晋书·武帝纪》有："西平人麹路伐登闻鼓，有司奏弃市"。以后历代相承，遂为定制。

《隋书·刑法志》载，隋文帝曾下诏："有枉屈县不理者，令以次经郡及州、省仍不理，乃诣阙申诉。有所未惬，听挝登闻鼓，有司录状奏之"。据此可知诣阙申诉的前提是县、郡、州省之不理者，而由魏晋时期沿袭下来的挝登闻鼓则成为典型的直诉制度。唐代是中国传统法制的集大成时期，直诉制度亦然。唐代法律规定四种直诉方式，分别是：邀车驾，即在皇帝外出时于路旁迎车架跪伏申诉；挝登闻鼓，在东西两都王城门外设鼓，有冤情者击鼓以求向

---

[1] 参见王茂娟：《中国古代直诉制度研究》，山东大学 2010 年硕士学位论文。

[2] 参见杨天宇著：《周礼译注》，上海古籍出版社 2004 年版，第 452 页。

[3] 参见李玉华：《我国古代的直诉制度及其对当今社会的影响》，《政治与法律》2001 年第 1 期。

[4] 参见张晋藩主编：《中国法制通史》（第二卷），法律出版社 1999 年版，第 581 页。

朝廷伸冤，由右监门卫负责受理挝登闻鼓诉并奏闻；立肺石，《唐六典·刑部》规定："若茕独老幼不能自申者，乃立肺石之上"，立于肺石之上表诉的，由左监门卫负责奏闻；上表，《唐六典·刑部》："经三司陈诉又不状者，上表"。是说经三司处断仍不服的，可采取此种方式，向皇帝呈递奏书，请求处理。武则天时增加投匦状。《旧唐书·刑法志》载，其铜匦四个，分东、西、南、北方向，置于庙堂，其西为"申冤匦"，"有得罪冤滥者投之"。①每天所有的投诉状，到日暮时全部送到皇帝处。

宋朝在直诉方面有较大发展，在中央设置了多个并列的受理申诉的机构，如宋太宗时设立了登文院和鼓司两个并列的机构，又于真宗景德四年改称登闻鼓院及登闻检院。凡有关公私立济、机密、朝政阙失、论诉本处不公、理雪抑屈、论诉在京官员等，均可以经登闻鼓院进状，登闻检院与鼓院只能基本相同。② 元代的登闻鼓制度要求进行"直诉"的前提是向地方各级衙门提起申诉，《元史·世祖本纪》："诸事赴台、省诉之，理决不平者，许诣登闻鼓院击鼓以闻"。《元史·刑法志》对直诉程序的限制性规定有所记载，"诸陈诉有理，路、府、州、县不行，诉之省、部、台、院，省、部、台、院不行，经乘舆诉之。未诉省、部、台、院，辄经乘舆诉者，罪之"。明朝的直诉制度与宋元大体相同。清代在继承明制的基础上形成了体系完善的直诉制度，除上述形式外，清代还有其独特的直诉形式，即叩阍和京控。《清史稿·刑法志》："其有冤抑赴都察院、通政司或步军统领衙门呈诉者，名曰京控"，"其投厅击鼓，或遇乘舆出郊、迎车驾申诉者，名曰'叩阍'"。清末法律改革，将所有京控案件纳入大理院的管辖，中国传统司法制度中的直诉制度也渐渐被新制度所吸收及取代。

直诉制度的生发有着完善中国古代传统司法制度的作用。在依照审级不断上诉的同时规定可以越过法律规定的审级直接向皇帝申诉，为具有冤情的当事人提供了另一种合法的救济途径，使得其冤抑有了获得公正处理的希望，并且由于皇权介入于一定程度上避免了官官相护的情况出现，起到了监督吏治、维护法纪的作用。而直诉制度本身所突显的乃是皇权作为国家之最高司法权威。

---

① 《新唐书》卷四七，《百官二·门下省》。

② 参见王茂娟：《中国古代直诉制度研究》，山东大学 2010 年硕士学位论文。

直诉制度上达"天听"的建构，缓解了传统社会运行中因司法不公产生的种种矛盾，也为身为最高统治者的皇帝提供了倾听民声的渠道并调整统治策略。恰如丘濬在考释《周礼》中记载的"路鼓"之制时所言，设立路鼓使"间阎之幽悉达于殿陛之上，氓庶之贱咸通乎冕旒之前，民无穷而不达，士无怨而不伸，此和气所以畅达，而天地以之而交，治道以之而泰也欤！"①也就是说怨气上达而伸，和气畅达，治道自泰。除上述直诉制度所具有的传统司法文化中的制度价值外，与录囚制度一样，直诉制度亦保护了作为个体的人的权利受到冤抑时，于正常的逐级司法路径无法伸冤时，可以在法制之中获得其他救济途径来申诉自身权利的冤抑，该种司法精神意蕴与录囚一样是对当事人作为人的尊严与权利的保护，同样是儒家传统的"原始人道主义"及仁道主义司法观的集中展现。

在《规训与惩罚》一书中，福柯指出："任何一种刑法制度都应被看作是一种有区别地管理非法活动的机制，而不是旨在彻底消灭非法活动的机制"。②借用福柯的分析，无论在何种社会中都会有冤抑存在，制度设计的目的在于合理的处理冤抑而不是去消灭冤抑。如果说传统中国司法制度中直诉起到了伸明冤抑的效果，比之当下，信访制度与古代的直诉制度有颇多相似之处，如二者都抱持有"清官思维"，希望寄托于"清官文化"解决难于处理的或不公正案件。但是二者的区别也十分明显，直诉制度是"位于"传统法制之内的制度，也即直诉制度的运作是在法律框架之下的，最终问题的解决同样诉诸法律，而现实的信访制度则很少谋求在法律框架之下解决问题，于是信访制度与现代法治间产生了颇多抵牾。有学者指出，"要彻底走出信访困境，就必须在法治的框架下对信访制度进行渐进式的改革。信访制度的改革中应当追求社会稳定和民主发展，不能仍然只是按照旧有的思路、手段来阻止或扼制目前的信访洪峰，甚至试图通过扩大信访部门的权力来强化信访部门的职能，这只能使这种'制度外的正式制度'在外部约束力弱化的条件下更加有损于政府和司法的权威性"③。虽然信访制度在现实运作中出现了种种问题，也在一定程度上将由

---

① （明）丘濬著：《大学衍义补》，林冠群、周济夫点校，京华出版社 1999 年版，第 937 页。
② ［法］米歇尔·福柯著：《规训与惩罚》，刘北成、杨远婴译，生活·读书·新知三联书店 2007 年版，第 99 页。
③ 易虹：《宪政体制下我国信访制度功能的重构》，《求索》2007 年第 4 期。

法律途径解决问题悬置起来，找政府上访也已经成为部分纠纷解决的常态，于短时间内一概废除信访制度恐怕难于遽然实现。因而改造信访制度体系，使之渐进式纳入法治的框架就成为要旨所在。借鉴直诉制度，对于未经司法程序的纠纷，应当在信访中重回司法体系之内，经由上述制度考辨可以发现直诉制度无论是发起还是终局的处理都是在法律规定下进行的，是法内之制，因而信访制度也应当转为法内之制并最终消融于法治之中。同时应当建立有序的纠纷分流制度，推动调解制度的发展，厘清行政调解、法院调解、人民调解之间的关联，用以缓解因纳信访制度入法治轨道引发大量纠纷涌向法院而对法院司法造成的巨大压力。

三、会审

会审制度是中国古代有关官署协同审判重大案件的制度，主要适用于大案、要案、疑案、死刑复核案件等，以体现慎刑精神。[1] 早在西周时期就存有会审制度所表征的司法理念的萌芽，据《周礼·秋官》记载，在审判活动结束后，如果系疑难案件，承办官员还应该广泛征询意见，称为"三刺"之法，即"讯（询）群臣，讯群吏，讯万民"。这一程序在出土金文中有所反应。[2] 汉代有"杂治"，凡遇重大案件，御史中丞、廷尉等联合组成法庭，进行审判，以保证审理结果的公正。比及唐代则有"三司推事"，由大理寺卿、刑部侍郎、御史中丞对中央和地方发生的重大案件，临时组成最高法庭，加以审理。《贞观政要·论刑法》中唐太宗有言："古者断狱，必讯于三槐、九棘之官，今三公、九卿，即其职也。自今以后，大辟罪，皆令中书、门下四品以上及尚书九卿议之。"此种临时组成最高法庭审理案件的做法实开明清会审制度的先河。

形成于唐代的"三司推事"制度到明代成为规模较大定制完善的会审制度，主要有三司会审、九卿会审、朝审、热审、大审等形式。"热审"始于明成祖永乐二年，以后成为定制，每年小满节气后十余日由司礼监传旨，刑部会同都察院、锦衣卫、大理寺各派员审理京城各监狱在押未决囚犯。"朝审"，

① 参见范忠信、陈景良主编：《中国法制史》，北京大学出版社2007年版，第439页。
② 叶孝信主编：《中国法制史》，复旦大学出版社2008年版，第47页。

明英宗天顺三年规定在每年霜降后，由三法司奏请复审所有在押等候秋后处决的囚犯，皇帝批准后，由刑部尚书主持，召集在京公侯伯爵、驸马、内阁学士、六部尚书及侍郎、五军都督等高级官员会审已被判决秋后处决的死囚犯。"大审"，始于明宪宗成化十七年，后定制每五年举行一次，由司礼监代表皇帝本人至大理寺，召集三法司长官会审京城在押的累诉冤枉或死罪可疑、可矜的待决犯。外省则由刑部及大理寺派出官员至省会，会同巡按御史、省布政使、省按察使、省都指挥使会审上述案件。①

清代的会审制度在中国传统法制中可谓是一座高峰，制度建构的完备，程序设置上的细致，均超过了明代。清代取消了明代的大审制度，并将朝审进一步发展为"秋审"和"朝审"两种审判制度。有清一代尤以秋审蔚为大观，秋审前一般先由各省督抚将省内所有斩、绞监候案件会同布政使、按察使进行复审，拟处"情实""缓决""矜疑"等意见，雍正时又增加有"留养承嗣"。每年霜降前有中央各部院长官会同审理地方上报的上述斩、绞监候案件。若定情实则于秋后处决；若缓决则继续关押，第二年再次秋审，三审后定缓决，死囚可免死发落；若定为可矜，亦可以免死减等发落；若为"留养承嗣"者可改判重杖一顿，枷号三个月，然后回家侍奉父母。实质上清代的秋审与朝审制度属于对监候死囚的复核审判程序。与录囚、直诉一道会审制度同样随着清代的覆亡不复出现在以后的法律制度之中。

中国古代社会在"明德慎罚""以德配天"的儒家思想影响下，通过特殊的程序性设计来控制死刑的使用，会审制度的建构意图就在于此，上文涉及的录囚制度与会审制度具有同样的价值取向，即"慎刑""恤刑"的儒家传统司法观。应当说使用程序上的方法来建构司法制度以控制死刑的使用，在传统中国社会中具有特定历史时段内的进步意义和目的价值。此等"慎刑"、"恤刑"的司法理念，及其衍生出的"会审""直诉""录囚"等制度设计，究其终极意蕴应当是"人本主义"，"'人本'主义，可以简单概括为：伦理化的人性，人性化的天道，大道派生的道德，道德外化为法律"。② 传统社会中形成并获得相当程度发展的"人本主义"理念，在制衡君主专制政治体制的严苛统治上起

---

① 参见叶孝信主编：《中国法制史》，复旦大学出版社 2008 年版，第 317—318 页。

② 陈业宏、唐鸣著：《中外司法制度比较》，商务印书馆 2000 年版，第 327 页。

到了极大的作用。同样，在司法领域中，传统的"仁道""中道""和谐"等司法观念也极大地节制了专制格局下司法的"擅断"与非人道性成分。

会审制度展现出的"慎刑"及程序性价值与录囚类似，上文已经进行过解析。此处着重探讨会审制度对现今死刑制度的借鉴价值。"刑罚的人道性以不得剥夺人之不可剥夺的权利为内容，与此相适应，以剥夺人之生命权为内容的死刑，因剥夺的是人之首位不可剥夺的权利而不具有人道性"，[1]多年来死刑存废之争就是因为死刑所剥夺的是人之为人不可剥夺的权利，多数学者及司法实务界人士普遍认为，结合目前中国社会的现状，宜限制死刑的使用，并且此种限制应当有程序法及实体法的双重保障。会审制度蕴含的死刑审核程序的严格性、确定性，死刑适用的审慎性与时下的死刑制度的发展脉络是一致的。而既然短时间内无法废止死刑在我国的适用，程序法与实体法上双重限制就起到了重要作用，最高人民法院收回死刑复核权与《刑法修正案八》中取消13个非暴力性经济类犯罪适用死刑的规定及75岁以上老人不适用死刑的新增规定，上述程序性与实体性的变革表征着死刑制度在未来的走向，即随着公民人文精神与法治精神的进步与发展，承继传统的"仁道"司法观，"中道"司法观、"和谐"司法观[2]，慎用、少用法律的制裁手段（包括死刑）。值得一提的是有学者指出，《刑法修正案八》突破了以往我国刑法工具主义色彩，"不再是以打击犯罪为己任，而是通过取消死刑、加强对未成年人、老年人的保护及各个方面的努力，从而突出刑法的人权保障色彩"。[3]而此种人权保障色彩与传统中国的"仁道主义""人本主义"的绝大多数内涵是相互契合的。也是传统司法理念在现实的法治建设中型塑法治精神意蕴及公民内心精神结构中的法治观念及信仰之基石所在。

录囚与会审制度在中国传统司法文化中的价值意蕴在于保护直面司法活动的当事人的权利，是对人性的肯定与重视，崔永东教授将该种司法观念阐释为"仁道"司法观，即仁爱、怜悯之道，孔子所谓"仁者爱人"之道，"仁道"的

---

① 邱兴隆著：《刑罚理性评论》，中国政法大学出版社1999年版，第138页。

② 参见崔永东：《对中国传统司法观的理性分析》，《现代法学》2011年第2期。

③ 刘艳红：《刑法修正案（八）》的三大特点——与前七部刑法修正案相比较》，《法学论坛》2011年第3期。

司法观要求以仁道的态度从事司法活动，明德慎罚乃是重要面向之一。[①] 可以说录囚与会审制度是具体的明德慎罚司法理念在制度性层面的展开。直诉制度之目的在于平衡权利与冤抑，纵然传统法制有着完备的体系和超越体系之上的儒家的意识形态的指导，但现实运作的制度总会出现意料不到的问题，直诉制度恰好保证了在正常的司法体系之中，由逐级向上提高审级来处理案件的方式受到阻遏、案件审判无法正常开展时（通常是案件的当事人受到了地方官员的压制而无法进入正常的诉讼渠道），为了保护诉讼当事人，允许案件当事人通过直诉这一方式向更高一级的官员，乃至于向皇帝来表达自己受到的冤抑，请求保护自己的权利。直诉制度同样也是仁道司法观在制度层面的具体展开，仍然是围绕着对于人性，对于人之权利在中国传统文化中所能达至的高度予以保护。借用康德的语汇，此种保护是以人为目的的，而非以人为手段的。

---

① 参见崔永东：《对中国传统司法观的理性分析》，《现代法学》2011 年第 2 期。

【会议综述】

首届司法学论坛暨"司法改革与司法管理"研讨会综述

刘家楠 *

    2014 年 12 月，由华东政法大学司法学研究院主办的"首届司法学论坛暨'司法改革与司法管理'研讨会"在上海召开。最高人民法院咨询委员会副主任、中国女法官协会会长王秀红、华东政法大学副校长刘晓红教授、中国建设银行总行副行长黄毅先生、中国政法大学副校长张保生教授等嘉宾应邀出席并致辞。来自最高人民法院、最高人民检察院、江苏省高级人民法院、河北省高级人民法院、上海市高级人民法院、山西省高级人民法院、北京市第一中级人民法院、广西钦州市中级人民法院、重庆市第四中级人民法院、河北省衡水市中级人民法院及各地基层法院、苏州市公安局、华东政法大学、中国人民大学、中央财经大学、中国政法大学、外交学院、中南大学、湘潭大学、同济大学、上海大学、苏州大学、南京审计学院、济南大学的约 70 名法律实务界与理论界人士参加了本次会议。

    论坛围绕"司法改革""司法管理及其改革""司法传统与司法现实"三个主题进行了研讨。司法学研究院院长崔永东教授在开幕式上向与会人员介

---

* 刘家楠，济南大学法学院讲师。

绍了司法学学科的内容、意义以及司法学研究院成立以来开展的各项工作，开幕式上由刘晓红副校长还代表学校向司法学研究院名誉院长及学术委员会代表、理事会代表颁发了聘书。崔永东教授指出，司法学是一门新兴学科，具有广阔的发展前景。司法学是一门研究司法理念、司法制度与司法实践的学科，既有交叉性的特点，又有独立性的品格。交叉性是指用其他学科的视角或方法来研究司法问题，独立性是指司法学具有独立存在的价值和地位。司法学超越了诉讼法学、司法制度等学科的局限性，强调对司法现象进行整体观察与综合研究：它不但研究司法事实，还研究司法事实背后的司法思想；不但研究司法现实，还研究司法传统；不但研究国家司法，还研究社会司法（调解、仲裁之类的准司法活动）；不但研究国法（国家制定法），还研究"活法"（社会规则）；不但研究国家司法权的运行，还研究辅助司法权运行的那些制度安排（如司法行政领域的制度安排）；等等。

一

与会嘉宾认为，党的十八届三中全会对深化司法体制改革作出了全面部署，明确了司法改革的时间表和路线图。十八届四中全会通过了《中共中央关于全面推进依法治国若干重大问题的决定》（以下简称《决定》），提出了关于依法治国的一系列新观点、新举措，进一步明确和细化了中央关于司法体制改革的要求，为全面推进司法体制改革指明了方向。刘晓红教授在致辞中提到，建校于1952年的华东政法大学是新中国最早的几所法科院校之一，建校伊始就将学校的命运和发展与中国法治建设的进程联系在一起，在这样的大背景下，早在2014年6月，华东政法大学就率先成立了由著名法学家崔永东教授担任院长的司法学研究院，学校在司法学研究院的经费投入、人才配备及办公设施等方面都给予了较大的支持，司法学研究院的成立将汇聚精英，深度研讨司法理论及现实问题，成为司法改革研究中的重要智库。同时，她指出司法学是一门新兴的学科，新学科的发展需要来自学界和实务界的共同努力，亦希望借本次研讨会的契机，各位同仁能够给予司法学学科和司法学研究院以更多的支持。

王秀红认为，刚刚结束的十八届四中全会，是党第一次召开全会来专题研究依法治国的问题，对司法体制和工作机制的改革做出了新的全面的部署，并对建设公正高效权威的社会主义司法制度提出了明确具体的要求，可以说四中全会是为全党、全国、全面推进依法治国设计出了宏伟蓝图，成为中国法制史上的标志性事件，对法治中国建设具有里程碑式的意义。华东政法大学司法学研究院选择在此时举办研讨会，探讨、交流司法改革与司法管理问题正是将会议精神落到实处的具体体现。当前，"深化司法体制改革"已成为举国上下的呼声，研讨会以司法改革与司法管理为主题，正是顺应了当前的时代潮流和工作热点。期望通过此次研讨会，能将司法学与司法改革和司法管理紧密结合起来，将理论成果转化成指导司法实践的有力依据，为当前的司法体制改革提供理论支撑和智力支持，有助于"法治国家、法治政府、法治社会的一体化建设"，有助于司法体制改革的推进。

黄毅副行长在致辞中首先祝贺华东政法大学司法学研究院的成立及本次研讨会的举办。他表示百姓及学界对我国的司法体制改革有着非常高的期待和非常紧迫的愿望，党的十八届四中全会在决定中提出"完善司法管理体制和司法权力运行机制，规范司法行为，加强对司法活动的监督，努力让人民群众在每一个司法案件中感受到公平正义"，身为法律人，应当为这一目标身体力行地进行法学研究和司法实践，作出自身应有的贡献。

二

尊重司法规律，尊重常识，是司法改革应当具有的品质，中国政法大学副校长张保生教授也认为，对司法规律自身品性及结构的探讨在司法改革中具有重要意义。华东政法大学法律学院刘松山教授强调司法改革应当以宪法和法律为依据，任何改革都不能突破宪法划定的界限。

华东政法大学杨忠孝教授认为改革首先需要共识，没有达成共识的改革在行动中会遇到很多窒碍。党的十八届三中全会、四中全会的决定合在一起对中国未来的政治、经济、法律、社会等各个方面的发展形成了党内共识，党内共识应当成为全国人民的共识，并形成统一的行动标准，这种统一标准将为改革提供有力的支撑。在进一步的司法改革中应采取将共识法律化的方式来有效地促成"标准"形成。其次，改革需要理论支撑，尤其是重大改革应当缓进慢行，做好充分的理论准备工作。再次，改革需要按照规律进行，司法自身有独特的运行规律，不同的国家有其特殊性，不同的地域也有其特殊性，不同的行业领域同样有其特殊性，在找寻一般规律的同时也要发现特殊规律。最后，也是最为至要的是改革需要人才支撑，上述活动的落脚点均是以人为本，从人出发，而且人是最重要的资源，只有这样法治权威才能成为我们共同的权威，法治信仰才会成为不仅是法律人也是全社会共同的信仰。上海市李小华律师事务所李小华主任对司法改革与司法管理的核心是人的问题表示赞同，他认为法治的实现要依赖公检法律师等法律共同体的共同努力，要树立法治理念，清楚责任职责，并依法行为，司法改革工作才能得到有效的实现。

最高人民法院司法改革办公室副主任孙万胜认为目前的司法改革缺乏重要共识——中国司法制度设计的元理论，元理论的缺位导致司法改革缺乏理论性支撑。当前的现实是司法改革整体上取得了一些进步，但仍有多方面的问题：1.改革方案的设计应当强化整体性，既往的方案中带有明显的部门性。2.对司法改革方案应当强化本身的说理性和论证过程。3.强化制度设计的超然性，从国家需求和人民利益角度来设计制度，具有超然性才能具有科学性。4.强化本身的可操作性，改革应该整体思考，整体进步，仅就某一方面加以强化是不够的。因此，确立和完善中国司法制度设计的元理论是十分必要的，中国司法制度设计的元理论将成为司法改革不断深化推进的重要理论渊源。在进一步推进司法改革的过程中必须重视元理论建设。他认为元理论的建构应当以透彻地研究两个先行问题为条件，其一是对中国国情的研究，目前对中国国情的研究尚不够充分，主要表现之一是对中国传统文化，尤其是司法文化的研究不够深入，将取其精华弃其糟粕降格为纯粹的表达，而不是行之有效的实践。其二是对西方司法与中国司法不同之处的研究，在学习西方的过程中应当明确区分可借鉴的与不可借鉴的部分。

针对中国传统法律文化研究的共识性缺乏，中国人民大学赵晓耕教授认为，当下对历史传统的批判，未必是基于偏见，更多时候是基于不愿深度认知传统法律文化导致的无知。他认为从传统司法思想上、从广义的法文化上还是有可能借鉴传统法律文化的，例如《刑法修正案八》中关于老年人犯罪的问题就能够在《唐律》中找到相应的条文，且该条款本身的逻辑结构就非常严谨，值得当下再探讨。再如传统法律的谦抑性对现代法治建设的启示，即法律的稠密本身并不能天然的与其施行效果成正比。同时，对中国传统法律文化的研究亦是把握现实中国国情不可或缺的途径之一。

从法律史的角度看司法改革，往往会有独到的见解。以今日观今日，有时会陷于"当局者迷"的境况，相反将问题置于历史的长时段中，反而会加深对现实问题的理解。苏州大学法学院艾永明教授从中国古代监察权的设置及其异化的角度进行了分析，认为传统中国在强化监察权制约权力滥用的同时，也产生了一定的积弊，如混淆监察和行政，监察越位，扰乱行政秩序；混淆监察职能和审判职能的关系，扰乱正常的审判秩序；监察机关拥有巨大的权力又缺乏监督，所以其自身成了腐败的温床和发源地；监察机关的职能发生了异化，其本应具有的澄清吏治、澄清社会管理秩序的功能实际上成为君主的耳目、成为君主用来强化君权的工具。实际上，中国古代强化监察权产生的弊端与这一制度设计的初衷是相悖的，根本原因是权力一体化的本质，权力内部缺乏有效的监督制约，而一体化又需要一个权力核心的存在，导致所有的权力都不可能独立，各职能为核心权力服务，最终只能导致职能的异化。

同济大学法学院王谋寅博士从犯罪原因、犯罪预防、轻刑司法等三个方面对唐玄宗的司法思想进行了考察，认为唐玄宗的司法思想儒道并用，吸收了儒家和道家治世的优秀的成分，某种程度上他也代表了中国历史上比较开明的君主的司法理念。现在看来也可能给当下的司法改革带来某种借鉴，例如他对犯罪成因的分析，将政治的所作所为与普通民众的犯罪问题联系起来，还有就是重视守法意识的培育，培育对礼仪法度自觉地遵守。强调以官风带动民风，强调对待死刑的谨慎的态度，减少死刑的适用和执行，对当今的司法现代化建设均有所启示。

四中全会《决定》中多次提及司法公正，强调"努力让人民群众在每一个司法案件中感受到公平正义"。司法公正问题在本次研讨会上亦得到了多数学者的关注。最高人民法院应用法学研究所副所长范明志认为独立审判是司法公正的起点，而公正是一切司法问题的终点。

现行司法体系中，上下级法院间、法院内部的管理和案件审理中均带有一定的准行政化色彩。江苏省高院副院长李玉生认为，现实中地方化与行政化是影响司法公正目标实现的两个主要因素，相比较而言，他认为去行政化比去地方化更为根本。因为地方化对司法的干预主要是地方政府通过影响地方法院的院长和庭长这种内部行政化手段达成的，也就是说如果行政化色彩能够进一步淡化，那么相应的地方化的影响也会减少。通过进一步改革将法院内部的准行政化色彩降至最低，司法的公正性自然会得到进一步提高。中南大学法学院院长陈云良教授在发言中指出三中、四中全会中均提及了建立跨行政区划法院，在减少行政干预的同时，也可以减少公安机关对案件的先入为主的影响，是一种很好的改革尝试。跨行政区划法院设立后，由中央财政保障司法经费，并以庭审为中心，充分发挥庭审的作用，最终推动司法公正的实现。

同时，实现司法公正不能离开司法公开，最高人民检察院刑事申诉检察厅罗庆东副厅长从刑事检察法律文书公开制度倒逼法律文书制作水平和办案规范化水平的提高及促进检察人员业务素质和执法形象的提升等方面阐述了这一问题。他指出近年来检察法律文书的种类和体系基本完备，检察法律文书的改革亦成为检察改革的亮点，但在取得成绩的同时，也存在着多方面的问题，如文书制作水平参差不齐，说理性不足；检察改革过程中出现的新情况和新问题在法律文书上未完全得以体现；法律文书的科学性和协调性有待完善；检察法律文书的理论研究比较薄弱。应当在进一步的改革中继续丰富和完善检察法律文书体系。他强调刑事检察法律文书部分存在着说理性不足和法律运用不当等情况，在司法实践中难于服众，很多案件中当事人上访与法律文书说理性不足存在着相当大的关联。而司法文书公开制度为司法文书的撰写提出了更高的要求，无论是清晰的说理还是法律的适当运用，最终将促进司法公正的实现。

崔永东教授就司法公开促进司法公正实现这一问题进一步指出，四中全会的《决定》提到了司法公开的内容、范围、方式。现在的情况是流程公开、裁判文书公开、执行信息公开。裁判文书公开各地做法不尽相同，并有诸多限制。裁判文书的公开应当是除法律另有规定外的全面公开。不仅判决书要公开，司法调解书也应当公开，司法调解书本身具有法律效力，且较裁判文书更能体现法官的整体素养，因为司法调解书特别强调说理、说情、说法，法官必须精通法理、事理、情理才能制作出优秀的调解书，而优秀的调解书能够产生良好的社会效果，利于实现司法公正。司法公开应当面向全社会，如果司法公开是只针对当事人公开就会丧失公开的意义。

柯林伍德指出法律和历史的区别在于历史研究可以等到资料完全充分后再做出结论，而司法活动必须在限定的时序内做出结论。那么在司法实践中公正与效率就必须加以适当的平衡，华东政法大学王申教授认为，司法理念的最终追求是公正，效率作为原则性的存在并不及于理念的高度，因为理念是原则的原则，二者并非同一等级上的概念。司法在追求公正的同时也肯定了效率的要求，在诉讼法律的制定时，明确规定的时序就充分体现出这一特点。赵晓耕教授认为虽然公平与效率是两个不同的概念，但是在司法制度的设计和实践当中，其实两者相互之间会受到一定的影响，全然不维护效率的公平是难于实现的。济南大学法学院刘家楠博士从清末地方司法官员樊增祥的司法实践活动考察了变革（转型）社会中的司法公正问题，他认为公正作为司法的内嵌因素，有着深刻的时代性和社会性，研究传统社会司法公正的结构和要素，尤其是转型社会中的司法公正，目的在于发现司法官员与普通民众内心对法律规则和原则的认知结构，发现司法者与普通民众意识中的司法公正的具体结构。确立传统变革社会中司法公正的结构和要素，也就易于把握司法不公发生的情形，而明确司法不公发生的逻辑理路，也就可以为当下的司法实践提供一定的参酌。并且司法公正的最终确立不能离开人本身，不仅离不开司法官员，更不能离开普通民众。华东政法大学李桂林教授认为司法的品性包括司法的独立性、中立性和终局性。中西各国既有的经验和教训表明，司法如果缺乏独立性、被动性和终局性，就难以实现司法公正、树立司法权威。进行司法改革，就是要在国家政策权力体系之中，赋予司法权以应有的权力，使其有力量抵御其他权力对司法权的干涉。同时也应该采取合理的方法，限制和约束司法权，防止司法权超出其合理的边界，与立法和行政发生非正当的勾连。保障司法权的有效运行应当遵循三个原则：一是法院服从法律且只服从法律。二是以实现个案公正为首要价值。三是维护法院在纠纷化解机制中的权威地位。

华东政法大学科学研究院刘风景教授从方法论的角度对确立司法改革共识提出了自己的看法，他认为这样的一种方法或方法论就是"试点"。试点就是在中央统一部署下有序实施地方实验，从地方实验中找到可复制的经验做法，在可复制的经验做法中进一步探寻稳定的司法规律。在司法改革中采用试点的模式，不仅来源于党长期执政的经验，也是重视地方创新性经验和降低司法改革成本的要求。试点的推进应当遵循下述原则：一是根据法律推进，试点工作应当以法治思维和法治方式来推进。二是尊重司法规律，司法规律代表了人类最朴实的法治文明，在司法改革方面，普世的司法规律我们应该遵循。三是要坚持制度设禁，关于人权、司法公开、司法公正等已经成为社会共识的内容不能改。四是要发展司法制度。

同济大学法学院朱国华教授认为司法改革中最应当取得共识的内容是法律职业共同体的信用能力建设。四中全会《决定》强调提高司法公信力、建设守法诚信的法治政府，破解当前一定程度上存在的司法信用、政府信用、社会信用的缺失情况，司法信用的缺失化解必须配合政府信用、社会信用的重塑。在这样的大背景下，法律职业共同体内部包括法官、检察官、律师，行业协会等需要相互配合，共同努力才能赢得社会对法律共同体的信任。

三

法官员额制的核心价值在于建立职业化的法官队伍，为实现司法公正提供人力资源方面的保证。范明志认为提高法官职业保障水平，实行法官员额制是一个前提性措施。法官的职业保障一方面是劳动待遇问题，另外一方面是司法制度的设计问题。从深层次来说，又不仅仅是司法制度问题，更是一个宪法问题，我国《法官法》在1995年制定时就提到了法官职业保障，如单独序列工资，但实际上并未得到妥善落实，原因在于为司法部门制定的法律不可能成为财政部门的工作依据，这也是世界上其他国家未将法官待遇问题单单作为司法制度而把它作为宪法制度的原因。

河北省高级人民法院副院长王越飞、广西自治区钦州市中级人民法院院长卢上需从司法工作的实际出发，指出法官员额制应当充分考虑到全国不同地区之间和各级法院之间的实际情况，避免搞"一刀切"。现在全国法院，尤其是基层法院面临着人少案多的突出矛盾，同时还存在着法官职业风险较大，对社会吸引力不高，人才流失严重，司法实际状况与社会期待不相适应等诸多问题。如果严格按照试点城市百分之三十三的标准选任法官，将使得一些法院面对社会大量涌入的纠纷，却没有足够的人员进行处理的局面。王越飞建议，应当以基层法院60%，中级法院50%，高级法院和最高院40%的法官比例配置法官员额。卢上需认为在法官员额制改革中应当强化法官与诉讼参与人的沟通，避免既往的因人少案多，导致法官与当事人沟通不足，最终限制了判决发挥应有的作用。还应当在改革中强化法官的职业能力培训，尤其是弥补现实中司法理论与实践的培训不足这一短板。中央财经大学郭华教授认为法官员额制的目的是保证法律精英能够在司法实践中充分发挥作用，目前精英化法官的离开与法官待遇差和职级低有关。避免法官大量逃离司法体系，不能回避的问题是法官待遇问题，但法官的待遇和职级问题不应当绝对化的成为司法改革的目标，就员额制改革来说首先关注的是建立适当的遴选体系，因为员额内的法官自然会获得适当的待遇和职级。他赞同王越飞的观点，员额制改革注重解决实际问题，以中国的方式、方法解决中国问题而不是外国问题。

江苏省江阴市人民法院院长王立新从实践层面介绍了江阴法院启动司法改革以来的经验。江阴法院从 2012 年 10 月份开始启动司法改革，探索 1+1+1 模式，即由一个法官带一个助理带一个书记员与一个法官和一个书记员模式进行对比，发现 1+1+1 模式具有明显优势，于是此种模式成为该院司法改革的共识，并在法庭全面铺开，成效显著。而后，在院里改革由法庭入手形成共识后开始进行专业化审判改革，因为民一庭的案件最为复杂，便以此为突破，将案件划分为道路交通、劳动争议、建筑工程承包、一般借贷、家事五类，将刑事案件分为轻微刑事案件、侵犯财产型和人身侵害型，分别由组建的团队来进行专业化的审理，另有行政庭与知识产权庭两个组合，专业化审判在处理案件和配备法官比例方面起到了良好的效果。2013 年 10 月江阴法院成为最高院在全国确定的七家试点法院之一。

四中全会《决定》提出"推进以审判为中心的诉讼制度改革……实行办案质量终身负责制和错案责任倒查问责制"，与会专家在充分肯定《决定》对司法责任强调的同时纷纷对《决定》的落实提出了自己的见解。李玉生认为在当下中国的司法改革进程中，确保依法独立审判，更有利于建立司法责任制，保证了依法独立审判，按照谁审判谁负责的原则，司法责任制便水到渠成。他还建议在具体落实上应当明确规定调离和退休人员的司法责任问题。卢上需认为是否需要承担司法责任与是否达成司法公正的标准是一致的，即是否依法裁断，合法权利是否得到了保障与尊重。崔永东教授认为，强调错案责任的终身追究，既涉及错案认定的标准问题，又涉及人之认识的相对性问题。人因为年龄、素养、阅历、家庭背景、社会地位和价值观的不同，会对同一事物产生不同的认知。具体到案件，不同的法官对案件有不同的认知也是正常的，这是认识的相对性在司法活动中的具体体现。但不能因此否定认识的统一性，需要将对人的认识相对性的把握引入到错案认定标准的制定中，这是难点之所在，解决好这一难题，才能解决好错案认定标准的科学化、合理化问题，而后错案追究制才能落到实处。上海大学法学院李清伟教授认为，在法律研究中，我们都希望建立法律的帝国，在法律的帝国里，法治发挥着积极的作用，司法是法律的核心，司法是法律帝国的首都，法官应该是司法的君侯，在这个意义上，无论体制如何进行改革，司法的核心始终应该围绕着法官来构成，而法官制度的核心是法官权利义务的配置，四中全会《决定》中提出法官责任终身制，如果不从权利义务内的基本原理出发进行研究，就不能明晰法官享有的裁断豁免权与法官对案件负责之间的关系，归结到底探讨法官的权利义务应该是落实法官责任制这一具体问题的大前提。

北京市第一中级人民法院办公室副主任郑伟华围绕四中全会《决定》中提出的完善审级制度，一审要解决事实认定和法律适用问题，二审要解决对事实认定和法律适用问题产生的争议，结合中院工作实际，认为在司法改革中对中级法院的职能定位应当体现出四个特点：一是体现出中级法院的整体特点，不能过多地强调创制司法规则的职能，而应强调对个案纠纷的终局解决。二是要反映中级法院在审级中的特点。一个是依法纠错的职能作用，另一个是以更强的专业性，进行示范审理和积累类案审理经验，为辖区案件审理提供借鉴和样本。三是符合司法规律，去除审判指导行政化的影响，做到有法可依公开透明。明确二审审理的方式和原则，二审中对审理重点进行一些侧重。四是与多元矛盾纠纷化解机制相契合。应当加强与调解、仲裁等诉外化解机制的有机衔接。

最高人民法院民二庭王林清法官认为司法改革应当关注公检法三机关之间的关系问题。他指出早在1953年，董必武就提出了公检法分工负责、互相制约的原则，但实际上公检法三机关并未完全实现分工负责、互相制约，在深化司法改革的过程中应着重突破以下三方面：第一，检察院与公安之间互相配合有余，互相制约不足。第二，检察院与法院之间相互监督有余，相互配合不足。第三，人民法院与公安的关系，不仅体现在刑事诉讼中，实际上大量的民事诉讼已经涉及法院与公安的关系了，两者之间互相制约有余，分工负责不足。针对公安机关在公检法体系的定位和工作开展，苏州市公安局办公室副主任刘宝瑞进行了说明，同时他还结合苏州公安的工作实际介绍了公安工作环境下对依法治国问题的理解。

湘潭大学法学院副教授刘军平和华东政法大学科学研究院樊玉成副教授分别从修订《人民检察院组织法》及根据《宪法》和《人民法院组织法》确立的审判权分工研究等方面提出了各自的观点。刘军平认为《人民检察院组织法》于 1979 年制定，距今已经 35 周年了，现实中存在很多问题，法学界和实务界人士均提出了修改的建议，大致说来有两类修改原则，一类是方略型原则，包括合宪性原则、民主化原则、科学性原则、吸收性原则、借鉴性原则、协调性原则；一类是思想型原则，包括人权保障、权利法定、监督制约、检察一体和检察独立。樊玉成认为审判权的分工分为三个层面，第一是机制类分工，业务分工。大的业务性分工，一般是在法院这一层面上分工，例如军事、海事法院等，应当说人民法院的分工，属于宪法性的安排。第二是审判的具体的部门的分工。第三是程序性的分工。应当说分工的细化和相应司法责任的有效确立将促进司法效率的提升。

首届司法学论坛最后由司法学研究院院长崔永东教授作了总结发言。他认为本次会议各位专家的发言高屋建瓴，引人思考，提出了许多有价值的，学理性强的见解。并兼具较强的现实性和可行性，尤其是来自实务部门的专家，从各自工作实际对司法改革问题、司法管理问题，提出了建设性的意见，如改革需要确立共识、传统法律文化或司法文化优秀品质的现实转化与借鉴问题，司法改革的人才储备与培养问题，司法改革中的行政化问题等等，值得在今后的司法改革实践中加以借鉴。

编后语

在紧锣密鼓的筹备工作之后，《司法学研究·2014》就要问世了。她就像一棵刚刚破土而出的小草一样，虽显稚嫩，但却有一种向上生长的韧劲和冲劲。我们深信，她定会茁壮成长！

今后，《司法学研究》将以每年一卷的速度出版，主要刊登司法学理论研究及司法学各子学科研究的文章，以完善司法学学科体系，推进司法改革实践、建设现代司法文明。欢迎法学界和司法实务界的专家学者及高等院校、科研机构的博士生、博士后等踊跃赐稿。投稿邮箱：sfxyjy@163.com。

《司法学研究》面向全国，每年出版一卷。举凡司法学理论的研究，审判实务热点难点的探讨，域外司法学研究动向的介绍，以及司法理论的构建，无论古今中西，只要言之有物，持之有故，合于规范，皆在用稿之列。

《司法学研究》将开设如下栏目："司法管理·司法管理学"、"司法方法·司法方法学"、"诉讼程序·司法程序学"、"司法传统·司法传统学"、"司法伦理·司法伦理学"、"司法哲学"、"司法社会学"、"司法行政学"、"司法监督"、"司法改革"等等。

一、文章体例以及格式要求：

1. 文章的层次和序号依次为：

①标题一（篇名）样式：小二号＋黑体＋加粗＋居中，副标题用小四号字，右对齐，姓名如果是两个字的，中间空两格。

②标题二样式：四号＋宋体＋加粗＋首行缩进2字符，标题二用"一、二、三……"表示。

③标题三样式：小四号＋宋体＋加粗＋首行缩进2字符，标题三用"（一）（二）（三）……"表示。

④标题三以下的标题：五号＋宋体＋首行缩进2字符，标题四用"1.2.3."表示，标题五用"（1）（2）（3）"表示。

2. 正文格式：小四号＋宋体＋首行缩进 2 字符＋单倍行距。

3. 法律、法规、司法解释的名称，第一次出现时用全称，如有必要可注明简称，第二次出现时使用简称。

4. 数字的用法，一律采用国家技术监督局 1995 年 12 月 13 日修订公布的《出版物上数字用法规定》，尤应注意以下几点：

（1）公历世纪、年代、年、月、日，一律使用阿拉伯数字。如：公元 440 年 10 月 18 日，20 世纪 90 年代。

（2）年份一般不简写。如：1996 年不得写为 96 年。1990 年至 1995 年，不得写为 1990 年到 95 年。

（3）中国干支纪年和夏历月日使用汉字。如：丙寅年十月十五日腊月二十五日。表示起讫时间用连接号。如：1978—1980 年，1980 年 7—9 月，不用波浪号连接。

（4）中国清代和清代以前的历史纪年用汉字，并用阿拉伯数字括注公历。民国纪年用阿拉伯数字，并括注公历。括注也可省略"公元"、"年"等字，但要全书统一。如：清咸丰十年九月二十日（公元 1860 年 11 月 2 日）；清咸丰十年（1860 年）；民国 25 年（公元 1936 年）。

（5）引用文献资料，加引号的，数字用法仍旧；不加引号的，则改用阿拉伯数字。

（6）法律条文序号均采用阿拉伯数字，例如：《民事诉讼法》第 108 条。

5. 广泛收集和阅读第一手资料，注意引用国内外相关最新的法律、法规、司法解释、案例等，尽力体现最新的立法、司法和学术研究动态。所引用的法律、司法解释条文均应仔细核对原文。

6. 文字力求简明、通顺、全面、精练、准确、生动，言之有物，论之有据。

7. 文中涉及台湾地区的表述，应遵守相关规定，例如，不宜将台湾地区与外国并列，如确有必要，应称为"我国台湾地区"；对台湾的"立法院"、"最高法院"等机构，应加引号。

二、注释规范：

1. 一律采用页下注，每页重新编号，全书统一。全文脚注用小五号字。

2. 引用他人著作时应依次标明作者、书名、出版社、出版时间、页码。例如：①钱大群：《唐律疏议新注》，南京师范大学出版社 2007 年版，第 963 页。

3. 引用他人论文，应依次标明作者、论文题目、报刊名称、刊期（或日期），但不必注明页码。例如：①周一良:《关于崔浩国史之狱》,《法学研究》1982 年第 4 期。②高家伟:《行政诉讼本质论》,《当代中国行政法的源流》,中国法制出版社 2006 年版，第 690 页。

4. 引用译作，应依次标明作者、著作名称、出版社、出版时间、页码。例如:［美］罗伯特·C.埃里克森:《无需法律的秩序——邻人如何解决纠纷》,中国政法大学出版社 2003 年版，第 154 页。

5. 引用报纸的文章，应依次标明作者、文章标题、报纸名称、出版时间。例如:应松年:《修改行政诉讼法势在必行》,《光明日报》2002 年 3 月 3 日。

6. 引用网络文章的注释方式，例如:江伟、孙邦清:《对我国举证时限制度确立的反思》,http://www.civillaw.com.cn/，2008 年 11 月 8 日访问。

7. 引用外文著作，格式要求同中文著作，只需将杂志名、书名或文章名改为斜体。例如：① J. R. Stevenson & B. H. Oxman, The Preparations for the Law of the Sea Conference, in *American Journal of International Law*,1974, Vol.68, No.6. ② Albert P. Melone & Allan Karnes, *The American Legal System: Foundation, Processes, and Norms*, Roxbury Publishing Company,2003, p.192.

在《司法学研究》的编辑过程中，我的博士生李杰、李振勇、赵京朝（就读于中国政法大学研究生院）付出很多辛劳，在此表示感谢。

华东政法大学及科学研究院的领导班子对《司法学研究》的编辑出版给予了支持和帮助，在此特致谢意。

崔永东

上海华东政法大学司法学研究院

2014 年 11 月 18 日

责任编辑：张　立

责任校对：方雅丽

图书在版编目（CIP）数据

司法学研究·2014 / 崔永东　主编 . － 北京：人民出版社，2014.12

ISBN 978 － 7 － 01 － 014366 － 8

I. ①司…　 II. ①崔…　 III. ①司法制度 － 研究 － 中国　 IV. ① D926

中国版本图书馆 CIP 数据核字（2014）第 305963 号

司法学研究·2014

SIFAXUE YANJIU 2014

崔永东　主编

人民出版社 出版发行

（100706　北京市东城区隆福寺街 99 号）

北京市大兴县新魏印刷厂印刷　新华书店经销

2014 年 12 月第 1 版　2014 年 12 月北京第 1 次印刷

开本：710 毫米 × 1000 毫米 1/16

印张：19.5　字数：325 千字

ISBN 978 － 7 － 01 － 014366 － 8　定价：54.00 元

邮购地址 100706　北京市东城区隆福寺街 99 号

人民东方图书销售中心　电话（010）65250042　65289539